安徽师范大学口述历史项目（061813）成果

安徽省高校档案协会重点研究项目（2018zd01）成果

安徽师范大学校史研究中心菁华助研基金项目（2020JHJJ01）研究成果

安徽师范大学"庆祝中国共产党成立100周年"专项课题重点项目（QZJDBN2021XZD03）成果

安徽师范大学"口述档案"丛书

编委会主任　彭凤莲

赭麓记忆

安徽师范大学口述实录

· 第四辑 ·

主　编：陈孔祥　徐成进

副主编：鲁春玲　张　蓓　郝绵永

安徽师范大学出版社

·芜湖·

图书在版编目(CIP)数据

赭麓记忆:安徽师范大学口述实录.第四辑/陈孔祥,徐成进主编.—芜湖:安徽师范大学出版社,2022.10

ISBN 978-7-5676-5248-4

Ⅰ.①赭… Ⅱ.①陈… ②徐… Ⅲ.①安徽师范大学 – 校史 – 史料 Ⅳ.①G659.285.4

中国版本图书馆CIP数据核字(2022)第174430号

赭麓记忆:安徽师范大学口述实录.第四辑

陈孔祥　徐成进◎主编

责任编辑:李慧芳　　责任校对:汪碧颖

装帧设计:丁奕奕　　责任印刷:桑国磊

出版发行:安徽师范大学出版社

芜湖市北京东路1号安徽师范大学赭山校区　邮政编码:241000

网　　址:http://www.ahnupress.com/

发 行 部:0553-3883578　5910327　5910310(传真)

印　　刷:苏州市古得堡数码印刷有限公司

版　　次:2022年10月第1版

印　　次:2022年10月第1次印刷

规　　格:700 mm×1000 mm　1/16

印　　张:19.5

字　　数:344千字

书　　号:ISBN 978-7-5676-5248-4

定　　价:69.00元

凡发现图书有质量问题,请与我社联系(联系电话:0553-5910315)

前　言

安徽师范大学自1928年创办迄今，历经安徽省立安徽大学（简称"省立安徽大学"）、安徽省立安徽学院（简称"省立安徽学院"）、国立安徽大学、安徽大学、安徽师范学院（简称"安徽师院"）、皖南大学、安徽工农大学、安徽师范大学（简称"安徽师大"）八个时期。其间，合肥师范学院（简称"合肥师院"）部分专业和芜湖师范专科学校（简称"芜湖师专"）整体先后并入。

安徽师大是安徽省建校最早的高等学府，一向以名师云集为世人所知。刘文典、周建人、郁达夫、苏雪林、陈望道、朱湘、王星拱、杨亮功、程演生、陶因、张慰慈、丁绪贤、项南、许杰等一大批知名的专家学者、社会贤达曾在此著书立说、弘文励教。因此，安徽师大拥有丰富的口述资源。

2019年9月，安徽师大启动了第四期口述校史项目，并量化目标任务，提出新的要求。此后，安徽师大成立了《赭麓记忆：安徽师范大学口述实录（第四辑）》编委会，编制项目实施方案、健全项目实施机制、细化项目实施流程等工作随即展开。

安徽师大第四期口述校史项目由《赭麓记忆：安徽师范大学口述实录（第四辑）》编委会具体实施。该编委会主要由档案馆工作人员、安徽师大第四期口述校史项目团队指导老师和成员组成，依靠相关部门和单位，负责抽调研究生志愿者，组建口述校史采访组实施访谈；根据安徽师大"口述档案"丛书编委会的要求，按照拟定的条件，遴选22位年龄在65岁以上，不同部门、单位且有一定社会声望，经历学校办学不同阶段，对学校的发展情况比较熟悉的受访人接受访谈；负责《赭麓记忆：安徽师范大学口述实录（第四辑）》一书的具体编纂事宜。

　　2021年，《赭麓记忆：安徽师范大学口述实录（第四辑）》编委会将第四期22位受访人的口述实录汇编，并收录房列曙先生关于校史人物江靖宇的文稿，形成了《赭麓记忆：安徽师范大学口述实录（第四辑）》。我们从中可以体会到，安徽师大之所以不断发展壮大，如今又致力于高水平大学建设之路的探索，是因为师大人始终秉承"厚重朴实、至善致远、追求卓越、自强不息"的精神，一直践行"厚德、重教、博学、笃行"的校训。

　　安徽师大第四期口述校史工作，严格按照安徽师大"口述档案"丛书编委会的统一部署，紧紧围绕第四期口述校史项目展开，通过提升口述访谈质量，深度挖掘口述资源，强化口述资料整理，采用现代数字技术，推动口述校史精品化。这些不仅增强了师生档案保护与抢救意识，促使口述校史工作进一步推进，而且还使这种保护与抢救意识转化为一种具有安徽师大特色的档案资源开发与利用实践。

目　录

陈发扬先生访谈录

采访时间：2020年8月10日

访谈方式：电话访谈

受 访 人：陈发扬

采 访 人：黄雅娜

整 理 人：高 艳

陈发扬，男，1951年12月生，安徽青阳人，中共党员，三级研究员。1974年7月毕业于安徽师大生物系，后留校任教。曾任安徽师大环境科学学院党委书记。长期致力于农作物害虫天敌资源、农田蜘蛛区系、农业生态系统土壤动物、悬铃木减灭球果与集中落叶等方面的研究，发表论文50余篇。与课题组成员共同完成的五项成果均获得安徽省科学技术研究成果证书。先后荣获安徽省科技进步三等奖、安徽省科技进步四等奖、国家建设部科技进步三等奖等。

采访人： 陈老师，您好！很高兴您能接受我们的采访。首先请谈谈您在安徽师大的求学及任教经历。

陈发扬： 我自1972年2月入学，到2012年1月退休，在安徽师大度过了40年。回想起来，却是弹指一挥间。

1974年7月至1984年9月，我在生物系从教10年，师承李友才副教授，主要承担无脊柱动物学、农业昆虫学、植物保护学虫害部分等课程辅导、答疑，或指导学生实验等。当时系里的教学设备极其简陋，教学辅助设施几乎为零。因此，从教学挂图到实验的标本都是自己制作，甚至连教材都是自己编写。生物系的学生，每到二年级暑期都有一次野外教学实习，实习的内容以动物学、植物学的分类和生态为主，实习地点为黄山、九华山、庐山等地，每届学生选择其中一个地方实习。学生在开始实习之前，任课教师都要先到实习地点，将常见的动、植物编成检索表供实习学生使用。学生在实习的过程中，通过该检索表，能查到采集到的标本所属的门、纲、目、科、属、种。可以说，通过10年的磨炼和积累，我基本胜任了这几门课的教学和学生实习工作。在此期间，我的安徽稻田蜘蛛研究成果，于1981年5月荣获安徽省科技进步三等奖；安徽省农作物害虫天敌资源调查项目研究成果，于1982年1月荣获皖农科技三等奖；发表论文7篇。这是我在安徽师大的第一段工作经历。

1984年9月至1995年12月，我从生物系调到科研处。那时的科研处是学校新设立的机构，处长是严云绶教授（中文系的红学家），副处长是物理系的邢善丰副教授。内设办公室、科研科、研究生科，因处于筹建阶段，每个科室就一个人，我任科研科副科长，一个人撑起了一个科的工作。这是我在安徽师大的第二段工作经历，从副科长、科长、副处长，一干就是近11年。

科研处是学校顺应形势发展而新组建的机构,对于安徽师大具有开创性意义。比如,为了彻底摸清科研成果和正确评估科研水平,我们编印了《安徽师范大学科研成果目录汇编》,并将科研成果登记工作常态化;组织协调国家自然科学基金、国家社科基金、省部级基金项目的申请和管理,国家级和省部级科技奖和社科奖的申报和管理,专利申报以及研究生招生与管理等。

在科研处的工作经历,让我见证了高等学校从重视本科教育转向本科教育与研究生教育并重、从单纯的学术教育转向学术教育与科研并重的历史变迁,以及科学研究由重视基础研究转向基础研究与应用研究并重的历史转变。同时,我也收获颇丰,如三种农田蜘蛛生活史研究和瘤蟹蛛属一新种,于1989年荣获省级成果证书;长江南岸(安徽段)农业生态系统土壤动物群落研究成果,于1991年荣获安徽省科技进步四等奖;1989年5月荣获安徽省科技成果管理先进个人。

1996年1月至2000年2月,在校内机构改革中,我被安排到学报编辑部,任编辑部副主任、党支部书记,《安徽师范大学学报》(自然科学版)编委、副主编,开始了我在安徽师大的第三段工作经历。

这一次校内机构人员调整是在校党委书记沈家仕领导下完成的。当年调入学报编辑部时我是副处级,而当时学报编辑部是正科级单位,为了安排曾任科研处副处长长达5年之久、原本可以就地转正的我,学校煞费苦心地将学报编辑部升格为正处级单位。我平级调入,学报编辑部副科级的原副主任,连升两级为副处级、副主任。这成了当年机构改革的一个亮点。

学报是反映学校教学和科研水平的窗口。为改善办刊条件,提高稿件的质量,提升学报的层次,我们做了一些工作。例如,加入学术期刊光盘版,使我校学报的纸质版本和光盘版本同时走出了国门,学报纸张规格有了提升;为与国际接轨,将学报版本改为大16开,自然科学版成为省级优秀期刊和多种文摘的源期刊。当然,我个人也有收获。原先投稿的论文,大部分在这段时间刊登出来了,共发表论文20余篇。皖南低山丘陵农业生态系统土壤动物群落研究、悬铃木减灭球果及集中落叶的研究均荣获省级科技成果证书。1998年5月,我参加了省科委主办的科技期刊主编上岗培训,获得了国家新闻出版署和国家科委情报司共同颁发的主编上岗证书。

2000年3月至2012年1月,我的第四段工作经历,是在环境科学学院度过的。

采访人：环境科学学院成立的背景是什么？发展到今天，其演变经历了哪些过程？

陈发扬：2000年3月，学校进行机构调整，决定筹建环境科学学院。同时，成立环境科学学院筹备工作领导小组，组长是常务副校长刘登义，副组长是我和吕志强同志。那年3月29日下午，副校长刘登义在他的办公室召开了筹备小组工作会议，议定了两件事。第一，明确以校内分析测试中心、环境评价中心为依托，校内分析测试中心的人员、设备和房屋成建制地划给筹备组，用环境评价中心的环评证书承担环评项目，申报环境科学本科专业。第二，规定新学院办学所需的所有教学人员都必须自行引进，不能从其他学院"挖墙脚"。因此，我们学院的所有老师都是自行从硕士、博士毕业生中招聘而来的年轻人。第三，明确了我们两个副组长的具体分工：我负责学院的学科发展规划、方案策划、专业申报、落实分析测试中心的并入、房屋改造等各项工作；吕志强同志负责联系共建、筹建理事会、争取环评项目、专业申报等方面的工作。

随后，我对清华大学、北京大学、复旦大学、同济大学等高校进行了专项调研，旨在更好地制定培养大纲和本科教学计划，为申报环境科学专业做准备。可是由于时间间隔太短，在办学方面存在着先天不足，校内专家认为我们还不具备申报环境科学专业的条件，因此2000年下半年首次申报，以失败告终。2001年9月，作为专业建设带头人，我牵头再次申报环境科学专业，并获教育部正式批准，安徽省当年有四个学校申报环境科学专业同时获批，它们是安徽师大、安徽大学、安徽农业大学和淮南矿业学院。

2000年，环境科学学院筹备组成立以后，各项工作进展顺利，2001年即获得专业招生的资格。学校于2002年4月发布了16号文件，正式成立环境科学学院，同时任命吕志强同志为党委书记，我为院长，陆家法同志为副院长。2002年下半年，环境科学学院首届招录59名学生。2003年，我整合国土资源与旅游学院的力量，成功申报了环境工程硕士学位授权点，该硕士点有四个专业方向，分别是阎伍玖教授的环境科学方向、王心源教授的环境与遥感方向、赵广超教授的环境化学方向和我的环境生物学方向，归属环境科学学院管理。从2000年开始筹备，到2004年招收首届硕士研究生，环境科学学院实现了华丽的蜕变。2004年8月，我又作为专业建设的带头人申报了环境工程本科专业，并获得教育部批准，2005年就招收了该专业的本科生。

环境科学学院在短短四年时间就拥有了2个本科专业和1个硕士点，这就是我们环境科学学院建设初期的发展状况。2009年5月，我虽未满58岁，学校根据工作需要，让我退居二线，由于我一直是专业教师，与其他专职党政管理干部不一样，按照学校政策，他们退居二线仍可享受正处级待遇，而我从党委书记岗位上退下后直接回到教师岗位，不再享受任何干部待遇。因此退居二线之日，就是退出党政管理工作之时，从那时开始，我一直在教师岗位工作到2012年退休。其间，即2009年，环境科学学院改名为环境科学与工程学院。

采访人： 环境科学学院建设踏上新征程，有新机遇也有新挑战，您和学院师生一起，在学院发展的路上，一定经历过许多重要的事件，能具体说说吗？

陈发扬： 首先要提到的是，我们学院教师的引进过程并不是一帆风顺的，尤其是高层次人才引进比较困难，每批次引进的高层次人才仅三四人，这显然不能满足学院的需求。所以，师资队伍在建院初期比较薄弱，整个学院的教师可能还没有其他学院一个教研室的教师数量多，我们在工作中遇到很大压力。

学校测试中心并入的情况值得一提。20世纪八九十年代，学校利用国际银行贷款，购置了十几台大型仪器设备，并专门成立了安徽师大测试中心。该测试中心是专门为学校和社会做一些测试服务的，配备的人员先由化学与材料科学学院替学校代管，后由我们学院代管。当时测试中心只有七个人，经过专业的培训后，分管不同的仪器设备，正是这个测试中心成了我们学院的基础。

学院在建设与发展中确实发生过一些重大事件。第一件大事就是日元贷款项目，这个贷款项目是2003年启动的，日本为我国提供无息贷款，贷款项目可以用作购买仪器设备，我们学校共获得了几千万的贷款数额，分配到环境科学学院的数额是670万元。记得2003年8月25日下午，学校设备处召开了校内十个单位参加的日元贷款工作会议，会议要求每个单位在9月5日详细汇报这笔贷款的用途计划，包括所需仪器的类型、技术参数等内容，并编制中英文双语标书，为后续的招标工作做好准备。要做好这件事情，实际操作起来比较困难，除了时间紧、任务重，还要有充分的前瞻性。接到这个任务后，我把院里所有教师都组织在一起，充分地讨论学院的规划和发展目标，以此作为购置设备类型的依据。我们将任务分解、责任分工，比如，赵娟老师负责环境生物学所需仪器设备的选型，张凤美老师负责分析测试方向所需仪器设备的选型，戴万宏老师负责环境信息系统，陶秀成老师负责环境工程，等等。我们全体动员，人人参与，在学校规定的时间内完成了这项工作。这次日元贷款项目的采购，省教育厅委托中机国际招标公司来执行。国际招标与国内招标不同，国内招标可以把我们心仪的产品提出来，由供货人投标，价格低者中标，而这次招标要求在标书中不准出现产品的国别、厂家、型号和特定的技术参数等信息。比如采购高速冷冻离心机，只能提出要求的技术参数是每分钟多少转、温度范围、离心管的规格等，再给更细的技术参数就涉嫌特定产品了。因此，2005年4月13日，省教育厅日元贷款项目办又通知各相关单位到合肥对设备技术标书的参数进行修改，而其他内容一律不允许改动。当时戴万宏老师、杨如意老师和我一同前往，修改了我院的标书。同年4月29日，关于贷款项目，省内消息来了，大意是不符合本次招标要求的标书会被取消。差不多历经两年的时间，日元贷款项目的标书制定工作才宣告结束。所需的设备于2007年左右才陆续到位。

第二件大事是，2004年10月下旬校内领导班子调整换届。环境科学学院也不例外。学院新一届领导班子同样由三个人组成，我从院长转为党委书记，副院长为赵广超同志和陆家法同志。由于我们的日元贷款项目内含有人才培训项目，可以选派人员赴日本接受为期一年的培训，学院派了赵广超同志赴日本学习，这样一来，院领导班子就只剩我与陆家法同志了，院内的一切事务都由我们两人负责处理。2004年10月29日上午，校长蒋玉珉找我谈话，明确了赵广超同志出国期间由我主持学院行政工作，当天下午蒋校长和组织部部长孙良同志就到我院召开全体教职工会议，宣读了学校的决定。像我这样从技术干部转为政工干部的决定，学校在此之前从来没有过，很多人都说这是干部调整换届中的一大亮点。随后，我就遇到了两件大事：一是教育部本科教学质量评估，这是一项涉及面非常广的浩大工程，要对涉及的所有资料进行量化，包括图书室的面积、人均占有图书量等。可以说，我校花津校区建设最大的推手，就是教育部本科教学质量评估带来的压力。这项工作持续了几年的时间，我们学院也成立了评估指导组，包括师资建设组、办学指导思想组、教学建设组、教学条件组、学风和教学效果组、材料组，并明确各组分工安排。其中师资建设组组长和办学指导思想组组长是我，教学建设组组长为周宏标，教学条件组组长为陆家法，学风和教学效果组组长为杨文斌，材料组组长为陶秀成。全体教职工都是成员，分派到各组工作。虽然我们学院的教师数量少，可是需要做的工作并不少，为了圆满完成工作任务，只能全员投入其中。

二是花津校区环境科学学院实验楼的建筑设计。学校让我们提出自己的要求，我们就集思广益，结合大家的看法，基于理工兼备的学院，确定了实验楼建筑设计的指导思想：以学院的规划、两个本科专业的教学计划、研究生的培养目标和教学计划为纲，以开放实验室、创新实验室为主。当时我们的实验楼总设计面积为1万平方米，由设计院按照我们的要求，设计了建设图纸后交给我院审核，要求学院在图纸上对每个实验室的功能，水电、插座的位置，通风橱的位置等进行非常细致的标注。而这个实验楼建成面积为8800平方米，比原计划减少了1000多平方米（层数也由4层减少为3层）。之后我们根据原先设计好的图纸，对号入座搬进实验楼，直接"拎包入住"，所有人都没意见。尤其是一楼的环境工程实验室，层高4.5米，我们充分考虑了工程项目的非标准设备的特点，在室内预留了排水沟，完全解决了工程试验的瓶颈问题，这种设计受到了来自教育部专家的一致高度赞扬。这些专家到访过很多高校，但第一次看到环境工程实验室的这种设计。我也曾经到访其他高校，他们那时候的环境工程实验室大多设在搭建的棚里，我们学院的发展能有这么好的条件，那是学校给了我们很大的支持。我记得当时有一位专家跟陪同的学校领导说，作为工科的共同实验楼，面积看着有点小，我校领导听后当场立刻做出表态，将加盖楼层，扩大面积。

俗话说"麻雀虽小，五脏俱全"。我们学院虽小，所承接的工作一样都不少。最早进入学院的老师，除了完成教学任务等本职工作，还要兼职其他工作。比如，杨文斌老师兼任过团委书记、教学秘书，赵娟、曹玉红、谢建春都兼任过辅导员、班主任，等等。没有这些老师的无私付出和大力支持，学院的工作是无法顺利进行的。我向学院的教职工表示衷心的感谢。

采访人： 提起学校老师，您会想到什么，有没有哪些让您印象深刻的老师？

陈发扬： 我印象深刻的、对我影响比较大的老师非常多。"文革"期间，很多高级知识分子被下放到五七干校、农场劳动改造或中学任教，能继续留在高校的都是精英中的精英，而我们就有幸成了被这些精英人物手把手教出来的一代人。比如教我们脊椎动物学的陈壁辉先生，他的扬子鳄研究成果获得国家自然科学奖；教我们植物分类学的钱啸虎先生，他主持完成了《安徽植物志》的编撰工作，该项成果荣获安徽省科技进步奖；教微生物学的张林普先生、教无脊椎动物学的李友才先生、教植物生理学的孙昌璜先生等。这一代老知识分子兢兢业业的工作态度、一丝不苟的求索精神、爱生如子的高尚品德，深深地影响着我，并使我受益终身。

有一件很有意思的事情，就是在报考大学的时候，我经历了一次比较大的心理落差。回想我当年报考之时，曾数次被叫到县教育局招生办，单独接受复旦大学招生老师的面试和复试，最后一次面试后，复旦大学招生老师明确告诉我已被复旦大学新闻系录取，让我回家等通知。我满怀激动和喜悦的心情，焦急地等待着入学通知书的到来。

不知多少天以后，我们大队书记让我到县教育局领入学通知书，同时告诉我被录取在合肥工业大学。我们大队书记是"农业学大寨"时期的样板书记、县委委员，在县委会议期间，看到了我的入学通知书。从我家到县城，有十公里的路程，带着激动的心情，我一路上飞快地骑着自行车，估计也就20分钟就到了。当我拿到入学通知书时，被录取的学校——安徽工农大学生物系赫然在目，从最初的复旦大学，到后来的合肥工业大学，再到当时的安徽工农大学，这心理的落差，真是太大了。当时我就想放弃，因此入学前的一切准备工作都是我父亲帮我办妥的。我们这一届是春季开学，春节一过我就来到了芜湖，成为安徽工农大学生物系的一名大学生。1974年7月毕业以后，又通过组织考察留校任教，成为安徽师大生物系的一名老师。

留校工作若干年后，学院的吴贤聪先生告诉我是他把我招收进安徽师大的，他知道我是第一批次的，开始很多学校都希望招收我，但是都滑档了，吴贤聪先生就把我补录到安徽师大。听后我才恍然大悟，吴贤聪先生是我的贵人，我人生的第一个伯乐就是他，如果没有他我可能就上不了大学，一切都成了未知数。

第二位老师是李友才先生，他是我的授业恩师。李友才先生是湖南省沅陵县人，1954年毕业于华中师范大学生物系，1956年毕业于华东师范大学无脊椎动物学研究班，1972年到我校工作。李友才先生是我们无脊椎动物学的授课老师和质保课的带队授课老师，他的教导与关爱，几乎伴随了我整个大学时代。那时候学校实行开门办学，要求学生到农村开展实习、做植物保护。我留校以后，被分到他的门下做他的助教，李友才先生就成了我名副其实的导师，从绘制教学挂图、准备实验到教学方法指导、选题立项、科研设计路线等各方面都对我进行细致的指导。1982年，李友才先生因肺癌逝世，因为事迹先进，被安徽省委授予"优秀共产党员"的称号，被誉为我省蒋筑英、罗健夫式的先进模范人物。从1974年到1982年，是我跟着李友才先生活跃在教学科研一线的8年，是受恩师耳濡目染的8年，他的优秀品德深深地教育和启发了我，让我终身受益。1981年5月，我和导师的研究项目——安徽稻田蜘蛛研究，获得了安徽省科技进步三等奖，这是安徽师大首次获得的级别和等次最高的科技奖。1982年1月，我们的安徽省农作物害虫天敌资源调查项目研究成果，获得了皖农科技奖三等奖。在感谢恩师的同时，我也要特别感谢我的师母——关文英同志，她一直给我无私的支持和帮助。师母毕业于湖南湘雅医学院，随恩师调来芜湖弋矶山医院担任护士长。我和我的家人生病的时候，我的师母给我帮了很多忙，尤其是1986年，我被诊断为癌症，在上海中山医院住院期间，我的师母专门奔赴上海看望我，并利用她的人脉资源为我寻求最好的治疗条件。从上海出院以后，师母又帮我联系了北京的中日友好医院、首都医院等多家医院为我做了全面的检查，我由衷地感谢她提供的帮助。

第三位恩师是王义彰先生，他是烈士子女，大学毕业后分配到中国农业科学院，工作四年以后因要照顾母亲，从北京调回芜湖。1987年前后，我参加了王老师主持的AF试剂在果树的应用项目。这个项目是与砀山果园场合作的，持续研究了三年的时间，每年都要到砀山果园场住一个月左右，研究的对象是砀山梨、葡萄等水果。这个项目研究成果使砀山梨的甜度增加，成熟期提前了一个星期左右，果农的水果都能提前上市，受到了果农的欢迎。这个项目通过了省级科技成果的鉴定，获得了相关证书，但是并没有获奖。原因是申报奖项时需要提供税务发票，以便计算科技成果为国家所创造的税利，当时正值安徽实行包产到户时期，砀山果园场也实施了包产到户，果树都分到了果园场的每位职工手中，这样一来就没有了正式的票据，也就无缘奖项了。另一个科研项目是悬铃木的减灭球果及落叶研究。悬铃木就是我们常说的法国梧桐，它最大的问题就是落叶周期长，打扫起来非常麻烦，而且果毛分散在空气中影响人们的呼吸，很多地方因此把法国梧桐都砍伐掉。但它对净化空气有着很好的效果，硕大的树冠和树叶使得它有很好的吸尘作用。于是，我们针对它的问题进行研究，聚焦于如何集中悬铃木的落叶时间和减灭球果，最终解决了悬铃木飞絮对人们健康的负面影响，减少了落叶对环卫工作和环境污染的影响。这项研究一做就是三年多，我们在芜湖、合肥、淮南等地不断重复研究，直到成果定型。这项成果在1995年获得了建设部的科技成果三等奖。

另外，我还要感谢国旅学院的王宗英教授。她申报了国家自然科学基金项目，我承担蜘蛛方面的研究工作，与她合作研究。经过三四年的研究，研究成果于2000年获得了安徽省科技进步三等奖。还有华天苗、蔡亚飞两位博士对我的科学研究、教学工作的帮助也非常大，在此我一并表示衷心的感谢。

除此之外，我还要感谢我院的老师们。除了我、赵广超、陶秀成以外，我院的老师都是2000年及以后毕业的硕士生和博士生，他们的学历背景都与环境相关，是真正的专家里手。他们年纪虽轻，但学识积累、工作态度以及积极向上的进取心让人敬佩。我院2006届毕业生考研率为30.5%，2007届毕业生考研率为30.6%，同期的考研率与其他学院相比，我们排第一，就是最好的佐证。

采访人：作为老师，您为学生付出了很多辛劳，学生也没有辜负您的期望。您的学生给您留下的印象，除了考研故事，还有什么经历？又有哪些学生给您留下最深刻的印象？

陈发扬：那真的太多了！可以说，那些年，除了清华大学、北京大学没有我们环境科学学院的毕业生以外，国内几乎各大知名高校都有我们的学生。我院的毕业生考研率在学校是名列前茅的。我经常说这样一句话，一位老师的成功在于培养一个又一个超越自己的学生，一个学院的成功在于为国家培养了一批又一批优秀人才。

我院首届（2006届）毕业生高盈秋是年级团支部书记，考上了北京第二外国语学院的硕士研究生。这所学校隶属外交部，被誉为外交官的摇篮。她毕业后就在北京工作，发展得很好。叶文玲是班长，考上了中国科学技术大学的硕士研究生。2007届22名考研学生中，除了2名保研安徽师大的，其余20人都考上了"211"或"985"高校。

2003届学生屠传文，在校学习一年半后，积极响应国家号召，停学从军，于2004年12月告别校园，投身军营。他参与部队的全军无线通信教练对抗演练，最终以优异的成绩通过考核，并被评为"优秀士兵"，荣立个人三等功一次。从军两年，他先后担任过文书、军械管理员、副班长、班长等职，并被组织上吸收为中共预备党员。退伍后回到了学校，以优异的成绩完成了学业。

学生左方敏，在2006年的大学生职业规划大赛中，获得了安徽省"蜀王杯"大学生职业规划竞赛第一名和全国"航天杯"大学生职业规划之星的殊荣，毕业后考入了本院的研究生。

学生项艳，班级团支部书记，由于学习刻苦、成绩优秀、无私奉献，被学校评为"三好学生""三好学生标兵"，荣获省级优秀学生干部殊荣。

我院优秀毕业生还有很多，在此就不一一列举。安徽师大的校训是"厚德、重教、博学、笃行"，体现了我们学校的校风、学风和教风。我校学生的成功都不是偶然的，他们成功的背后有我校校风、学风、教风的熏陶，师辈的教导与关怀。

陈立濚先生访谈录

采访时间：2020年7月29日

访谈方式：电话访谈

受 访 人：陈立濚

采 访 人：黄雅娜

整 理 人：高　艳

陈立溁，男，1941年1月生，浙江鄞县人，教授，硕士生导师。1963年从上海科学技术大学分配至皖南大学（现安徽师大）物理系任教，直至2006年8月退休。曾任安徽师大教务处处长、教务长，政协安徽省第七、第八届委员会委员，安徽省物理学会副理事长。主要从事凝聚态物理方面研究，独撰和合作发表论文68篇，其中25篇被SCI收录。主持完成的五个科研项目，均通过省级鉴定，获安徽省科技进步三等奖1项、四等奖2项、自然科学奖三等奖1项、高等学校科技进步三等奖1项。个人传略被英国剑桥国际名人传记中心收入《国际知识分子名人录》，并被该中心推荐和确认为1992—1993年度世界名人。享受国务院特殊津贴。

采访人：陈老师，您好！感谢您这次接受我们的采访。首先，想请您给我们分享一下您的求学经历。

陈立溁：我在上海出生、长大，从小学到大学一直都在上海读书，1958年8月高中毕业后，参加高考，被上海科学技术大学物理系固体物理专业录取。记得当年我收到录取通知书时的校名是"中国科学技术大学上海分校"，后来听说，由于管理体制不顺，1959年上半年，教育部和中国科学院决定，改由上海市政府与中国科学院上海分院共同创办，并改名为"上海科学技术大学"。当年，在开学前（8月下旬），学校召集全校首届新生于中国科学院上海分院的大礼堂召开大会。会上学校负责人宣布，由于该校是新建大学，位于上海市郊嘉定县的新校区校舍还没有建好，经研究决定，把我们首届新生按不同的专业分派到上海市有相近专业的各高校借读两年，我们固体物理专业的首届30余名新生被安排到复旦大学物理系报到就读。因此，1958年9月—1960年7月，我的大学生活，或者说专业基础课的学习是在复旦大学度过的。1960年8月，母校（上海科学技术大学）位于嘉定县的新校区已完成建设，我就回到自己母校上课了。那时，我们固体物理专业的学制为五年，因此，我在1963年7月大学本科毕业。

毕业后就分配工作，我们那时候没有择业的自由，组织分配工作都要绝对服从，我觉得那是天经地义的事，毕竟读大学五年是国家培养了我，毕业了服从祖国的需要是完全应该的，心情也是愉快的。记得当年找我谈话的老师在我一进门时就立刻告诉我："你去报到的工作单位是位于安徽省芜湖市的皖南大学。"从1963年8月下旬来皖南大学物理系报到任教，一直到2006年8月退休，我在安徽师大工作了43年。其中，2001年1月—2006年8月，由于我是硕士研究生导师，因建设原子与分子物理硕士点的工作需要，经省教育厅、省人事厅一次又一次审批，连续延聘五年有余。因此，可以说我人生的大部分时间是在安徽师大度过的，我对安徽师大有着十分深厚的感情。

采访人：您几十年来辛勤耕耘，不仅桃李满天下，而且科研硕果累累，能分享一下您做科研的经历吗？

陈立溁：我的科研工作经历是曲折和艰难的，而取得的成果是丰硕和可喜的，很高兴与你们分享我的科研历程。

1963年8月—1965年7月，那时我作为一名新分配来工作的助教，承担物理系近代物理实验课的指导任务，一切都需从头学起，没有想过做科研。1965年9月—1966年10月，学校安排我去农村参加"四清"工作队，经受锻炼，接受再教育。记得当年是由校长沙流辉同志带队，先后在宣城县湾沚镇（现属芜湖市）和城关镇的农业大队开展"四清"工作。

我在1966年10月回校时，"文革"已经开始，学校就停课了。到了1972年和1973年，全国形势有了转机，提出工厂要"抓革命、促生产"，学校要复课了。那时，物理系陆同兴老师牵头想开展一些科学研究，把我作为主要成员拉进了科研组。我先后参加了两个研究项目，一是物理系自选项目"多晶硅制备"，二是省电子工业局下达、有经费资助的项目"试制光电色选机"。经过科研组老师们的共同努力，这两个项目都取得了初步成果。其一，我们用硅烷法成功制备出半导体材料多晶硅；其二，我们自行设计、调试制成了"光电色选机"的小型样机，而且，还在1978年上半年送往北京农展馆，参加由国家四机部主办的"七七四四"展览会展出，陆同兴老师和我一同去北京进行安装和调试，并用黄豆做现场演示。遗憾的是，这两项初步成果没有坚持下去。究其原因，主要有立项目标不清楚、技术指标不明确、检测鉴定手段（设备）缺失、经费投入严重不足等。

十一届三中全会明确提出改革开放的方针政策，鼓舞人心，让我看到科学的春天即将到来。那时，在科研选题方面，我已经吸取前两个项目失败的深刻教训，下决心结合自己擅长的专业选择课题，不再做应用型课题，而是做力所能及的基础理论研究课题。

这里，我要特别感谢杜宜谨教授多年来给予我的指导和帮助，他是我非常敬重的导师和朋友，与他一起共同探讨课题研究中遇到问题的次数之多已经无法统计，真的是受益匪浅。大约在1980年年初，杜宜谨教授邀约我和严祖同老师一起合作开展科研工作，他提出两个研究方向，一个是二维系统的统计热力学性质，另一个是高温高压条件下固体状态方程。我和严祖同老师欣然同意，于是我们志同道合的三个人就这样自发而愉快地走到一起了。当然，杜宜谨教授是我们的核心，在指点研究方向、确定具体的研究课题、最终完成学术论文的修改和审定以及避免"走弯路"等方面，他起了主导作用。

有一件事给我留下了深刻印象，让我至今记忆犹新。记得当初杜宜谨教授让我阅读的第一篇文献是日本学者Kawamura H.发表的学术论文，我花了很多时间阅读并认真查阅了其他相关文章，终于读懂了这篇文章，并且重复演算文章中的全部公式和图表数据，发现文章中的假设条件存在一些漏洞和不足。读后不久，我专门做了一次开题报告，除了详细解读日本学者论文的内容外，还提出了改进假设条件和深入探讨的建议。三人共同探讨，最终同意了我的建议，并由我对改进后的模型重新进行新公式的推演，以及各类图表的数值计算和绘制。我们的心血没有白费，改进后的结果令人满意，完成了合作后的第一篇学术论文，并在国内权威期刊《物理学报》上发表。这对我们三人组是极大的鼓舞，让我们信心倍增，研究思路更开阔，研究课题也更多、更深入了。不久，我们在两个研究方向上的研究课题都有进展，研究成果陆续在国内外学术期刊上发表。我还记得第一次收到英国物理学权威期刊 *J.Phys.* 编辑部的录用通知时的情景，非常开心，说明国内外同行专家对我们的研究成果给予了充分的肯定。

这些成果为我后来指导多名硕士研究生进一步深入探讨这两个研究方向上的新课题，完成他们各自的优秀硕士学位论文打下了坚实的基础。事实也是如此，我指导的硕士研究生在读研期间就已经在国内外学术期刊上发表学术论文了。

我在科研工作中遇到的困难是很多的，尤其是20世纪80年代初，毕竟科研不是我的主要工作，纯属业余的。首先，作为一名教师，最重要的任务是优先做好教学工作，那时我已确定要为物理系开设两门新课，即为1977级本科生（四年级）讲授固体物理，为首次招收入学的理论物理研究生班讲授研究生基础课群论。因此，我深感担子很重，压力太大了，最大的困难是时间不够用。怎么办？只能千方百计地挤出时间，合理安排，做到认真备课与科研工作两不误。其次，我们选做的课题在推导出数学公式以后，数值计算和制作曲线图表的工作量很大，那时还没有电脑和软件，计算和绘制图表完全靠手工来完成。如果稍不注意有一步出错，就前功尽弃了，又要从头开始，重新计算，非常耗时间。论文的英文稿也是借用物理系资料室的一台老式打字机，我自己动手逐个字母敲打完成的。此外，那时"文革"时期的一些陈旧观念没有消除，尽管大多数同志对我们的科研工作给予支持和鼓励，但也有少数人对于我们向国外期刊投稿的事并不理解，有人议论说即使在国外发表了，也没有一分钱稿费，没什么意思。对于这些议论，我听到后只能笑笑而已。

我还记得第一次去北京路邮局给英国期刊 *J.Phys.* 编辑部邮寄论文稿件时遇到的麻烦。在邮件称重时，我如实回答工作人员的疑问，里面装的是论文稿。他一听说是寄往英国的论文稿，就不让邮寄了。因为担心稿件内容是否存在泄密的问题。于是，我无奈地回学校，找到校长办公室主任沈家仕老师汇报此事，他听说我们是给英国期刊投稿非常支持，立刻出具"该稿件内容不涉及国家机密"的证明，并加盖学校公章。我拿到这个证明后，论文稿才顺利寄出。当然，这样的事仅此一次。

采访人：您在潜心科研的同时专注教学，取得了显著成绩。在教学生涯中，令您难忘的事情是什么？

陈立溁："文革"前，我只承担过近代物理实验课，指导学生做物理实验。"文革"后，我除了继续承担少量近代物理实验课之外，主要从事固体物理、群论和固体理论专题三门课程的讲授任务。这里，可以讲一下开设固体物理和群论这两门课的故事。

自从分配到物理系工作几年后，我就意识到作为一名大学教师不能仅仅停留在只会指导学生做几个物理实验的水平上，必须充分发挥自己的专业特长，能独立地站在大学讲台上给学生授课。但是，在那个论资排辈的年代，要实现这样朴素的愿望不是自己能做主的，需要等待和抓住机遇。恢复高考后，1977级首届新生入学了，全国许多高校都在进行教学改革试点，安徽师大也不例外，学校明确要求各系在制订教学计划时，为高年级学生增设选修课。那时，由于老师们业务上准备不足，教师主动要求为学生开设选修课的积极性不高。但是我听到这个信息后很受启发和鼓舞，我意识到这或许是让我走上大学讲台、发挥专业优势的好机遇。于是，我把自己在大学学习时的各门课程教材拿出来翻了一遍，我觉得固体物理作为一门新的选修课开设比较合适。过了几天，我就向系领导正式提出为学生开设选修课固体物理的要求，而且很快获得批准。由于那时系里没有其他选修课可供学生选择，因此1977级全体同学只能选修固体物理这门课，选修课变成了必选课。我为了首次讲好这门课，静下心来认真地编写课程教学大纲和教学要求、选订教材、编写讲稿等。由于开课前做了充分准备，因此首次为1977级学生讲授这门课，取得了比较满意的效果。不出我的预料，大约在20世纪80年代中期，根据教育部要求，师范院校已把固体物理列为物理专业必修课。直到我退休前，这门课程的讲授、辅导、批改作业、考试等都由我一个人承担。

再说一下群论这门课。1978年，物理系招收一届"理论物理"研究生班，根据教学计划安排，入学第一年是复习本科阶段的四门理论物理基础课（这是"文革"刚结束，针对第一届研究生的特殊安排），入学一年后才开始学习真正的研究生课程，其中第一门就是研究生基础课群论。这门课原先计划是聘请安徽大学物理系老师来校授课的，然而这门课怎么又由我来讲授呢？1978年4月，我有幸参加由复旦大学物理系举办的固体能带理论讲习班，时间为3周，这个讲习班开设群论和固体能带理论两门课程，晚上安排老师辅导答疑，此外还穿插几次固体物理方面的专题报告会。在学习期间，我听课非常专心，认真做好笔记，有时还在晚上带着问题去教室找辅导老师请教和讨论。在讲习班期间，学习时间很短，进度很快，但收获很大。我自己暗下决心，回校后再慢慢"消化"。

回校后不久，我获悉，安徽大学物理系提出派老师到芜湖讲课有困难，能否让我们的研究生每周去安徽大学物理系随堂听课。显然这个提议很难做到，应该是安徽大学物理系婉言谢绝的表示。离开课时间越来越近，而授课老师还没有落实，系领导着急和为难的情绪是可想而知的。恰好我从讲习班回校，系领导听说我参加的讲习班开设了群论课，有意想让我来讲授这门课，并请杜宜谨教授来征求我的意见。我知道后，感觉非常突然，我刚听完这门课，自己还没有来得及把复旦大学的"群论"讲义完全读懂，怎么可能给研究生班讲授呢？那时，国内外参考书极少，有问题也很难在系里找到可以请教和讨论的同事。况且，我参加讲习班时，系领导事先并没有给我布置这个任务，我感到非常为难。然而，考虑到系领导的难处和诚意，我只能让杜宜谨教授转告系领导，允许我认真考虑几天。经过数天思考后，我向系领导提出建议，先在系内组织一次年轻教师学习班，由我主讲群论课前两章（这门课的最基本内容），听取老师们的意见后，我再做决定。物理系领导给予大力支持，学习班很快就办起来了，不久，授课也顺利结束，获得了听课老师的充分肯定和鼓励。于是，我心中就有底气了，并明确告诉杜宜谨教授和系领导，我同意接受这门研究生课程的讲授任务。当然，在给研究生班讲课前，我花了很多时间，做了充分准备，精心备课，认真讲授，教材已别无选择，只能用复旦大学编写的"群论"讲义。其实，研究生们早就了解了这些情况，我与他们年龄相差不多，毕竟是第一次给研究生讲课，难免会有压力和紧张感，但是他们给予我很大宽容、支持和鼓励，我就这样圆满地完成了讲授任务。此后，历届理论物理和原子与分子物理专业硕士研究生的这门课都由我讲授。

我非常珍惜这次来之不易的讲授固体物理和群论两门课的机会。因此，在教学方面严格要求自己，必须在备课、撰写讲稿、授课、辅导、习题课、批改作业和试卷，以及学生成绩登记等每一个教学环节都尽力做到最好，让自己满意，尤其是备课和撰写讲稿。虽然这两门课已经讲授很多遍了，但是，几乎给每一届学生授课前，我都会根据给上一届学生讲授时在讲稿上留下的提示信息，对讲稿进行修改、调整或者补充内容，重新撰写讲稿是常有的事。退休前，我把这两门课历年的讲稿认真地重新整理成册，这是我近三十年在教学上所付出心血的结晶。退休后，2018年10月下旬，物理与电子信息学院副院长许新胜教授和石建平教授受学院领导委托，借出差上海的机会专程来我家探望，我很受感动。交谈间，他们提出想看看我的两门课讲稿，他们看后给予了很好的评价，认为这两门课的讲稿可以作为青年教师备课时的学习样板，希望我能捐赠给物理与电子信息学院作为资料保存。我表示，请他们回校后与学院领导班子商量一下，给我一个答复，只要学院需要，认为有保存的价值，我愿意无偿捐赠给学院，不必讲究仪式，只要颁发一张捐赠证书就可以了。学院很快就给我回复，希望我能捐赠给学院保存。因此，我一直在找机会把我的讲稿亲自送给学院，这是我的一个心愿。2020年10月下旬，我带着两门课的完整讲稿回芜湖，捐赠给学院保存，实现了我的愿望。

我对学生的要求十分严格，无论是本科生、研究生还是外国留学生，一视同仁，要求他们认真听课、钻研教材、多读参考书、按时完成作业、欢迎学生提出问题共同讨论等。学生成绩有高低差异，每届学生都会有少数人不及格而补考，这是正常现象。我说几个实例。

有一次，固体物理课考试成绩公布了，那天中午下班回家，有一名女同学在我家楼下等着我。她说："陈老师，我自己感觉考得蛮好，但是您公布出来的成绩和我预想的有差距。"我回答说："现在试卷已经全部送到系办公室保存了，关于你的答题具体情况，我也不太清楚。但是，你可以放心，陈老师批改试卷很仔细，每份试卷都要复查的。你如果不放心，下午上班时，可到系办公室来，把你的试卷调出来，自己核对分数。"下午，那位女同学来了，我让教学秘书把她的那份试卷调出来递给她，她拿到试卷阅后恍然大悟，原来试卷背面有一道题漏做了，分数没有错。我只是叮嘱她，要吸取这次教训，以后考试时，务必要仔细审题。

有一次，研究生的群论课考试结束，我在阅卷时发现有一份答卷的答题情况异常，其中有一道题答案反复多次涂改无结果，说明该生不会做这道题。但是，在后面突现正确答案，而且答题过程、采用的字母符号与另一份试卷完全相同，一字不差。我怀疑有可能抄袭，就向其他学生调查，果然不出所料，这位学生趁我在监考时离开教室去隔壁房间倒水的几分钟时间，偷偷地抄袭邻座学生的答案。后来，该生获知我在调查此事，很快就主动向我坦白，承认了错误。据校规，该生这次考试成绩按零分处理。后来，我考虑到该生主动坦白，且愿意改正错误，院领导同意给他一次补考机会。

还有一名外国留学生（研究生）在入学时，由于汉语没有过关，我发现他听群论课非常困难，期末考试成绩很差，给他补考机会，他也不来参加补考。我及时向学院领导汇报了，但学院迟迟没有答复。直到快毕业了，院领导才着急起来，找我商量。我坚决不"送分"给这个留学生，因为这不仅违反了教师的职业道德，而且会给安徽师大声誉造成恶劣的社会影响。鉴于该留学生的汉语已经基本上过关，没有语言交流障碍，我愿意利用暑假时间单独为他补课，帮助他真正读懂这门课的基本内容，达到基本教学要求后，重新单独命题，再给他一次补考机会，该留学生才勉强得以通过。

采访人：您曾经做过教学管理工作，为学校的教学、教研和良好教风、学风的塑造做出了贡献。有什么具体事件和我们分享吗？

陈立溁：1991年8月，有一天上午，校长张海鹏来到我家，虽然我们相互认识，但是他的突然来访，让我感到意外和措手不及。在聊了一会家常之后，他很快转入正题，明确表示，要把我调离物理系到学校行政部门工作，希望我能为安徽师大做点贡献，并且提出两个工作部门：教务处和图书馆，供我选择。他的谈话，让我感到十分突然，毫无思想准备，我完全没有行政管理工作经历，做梦也没有想过会到行政管理部门任职，一心一意只想着把教学和科研工作做好，当一名称职的大学教师就足够了。所以，在交谈间多次想婉言谢绝。但是张海鹏校长一直耐心地做我的思想工作，消除我的思想顾虑，并表达了他的极大诚意和对我的充分信任。他鼓励我说："我相信，你在新的行政部门领导岗位上，也会与你的科研工作一样做得很好。"最后，我被张海鹏校长对我的诚意和信任所打动，答应到教务处任职。我只是提出不脱离教学岗位的要求，他立即表示："这没有问题，物理系本科生和研究生的课可以照常承担。"

于是，1991年9月开学初，我就正式到教务处上班了，先后任副处长、处长，1993年5月由省里下文，又调任安徽师大教务长。直到2000年5月回到物理与电子信息学院当一名普通教师，算起来在教务处任职时间近九年了。回顾任职期间的工作，只想就本科教学管理工作方面印象较深的一件事，谈谈关于我校设置本科非师范专业的问题。

这是涉及学校今后发展的大事，也是我花较多精力稳妥探索的诸多工作之一。记得1991年9月到教务处任职时，由于我校受师范性的限制，因此，经教育部批准设置和允许招生的本科专业只有15个师范类专业。在20世纪80年代末，国家的大学招生政策有所放宽，安徽省教育厅批准我校可以自主设置一些非师范类专科专业，在国家招生计划外招收自费生，当时省内和全国各地高校都有这样的情况。一方面可以减轻社会上高中毕业生的升学压力，另一方面可以适当弥补政府对高校教育经费的投入不足。然而，随着全国各地计划外招生规模不断扩大，教育部发现了问题的严重性后就下达文件，明确要求全国各地高校立即停止国家计划外招生。我从思想上很支持教育部的正确决策，毕竟像我校这样的本科师范院校，培养应用类的专科生不是我们的任务，与我校的办学层次和培养目标不相符，而且还占用了学校的一部分教学资源。

国家计划外招生被叫停后，新的问题出现了。随着国家计划内招生人数增加，与学校允许招生的本科专业数量不足出现了矛盾，尤其是我校显得更为突出，如生物、地理、历史等专业受生源和毕业分配难的限制；美术、音乐又受学校自身条件的限制，想扩大招生规模是不现实的。这样的情况几乎全国各省师范院校都存在，期盼教育部能放宽设置新专业的政策，允许师范院校可以适当增设非师范类本科专业。为此，在1992年下半年，由教育部高教司主办、主持，我校承办的全国性座谈会在我校召开，教育部高教司一位副司长出席会议并讲话。会议的一项重要内容就是对于"师范院校能不能办非师范类本科专业"的问题，听取各省教育主管部门和各地师范院校代表们的意见。经过大家充分讨论达成共识，同意先进行试点，但是每所师范院校申报非师范专业数不得超过5个，而且每年要先经省教育厅审核同意，再上报教育部批准，下达文件后才允许招生。

于是，省教育厅成立了"安徽省高等学校及专业设置委员会"，具体负责安徽省新办高校（包括民办高校）和新设置专业的审核工作。我有幸担任该委员会的委员，一直延聘至2002年。

我认为，教育部放宽对师范院校设置非师范类本科专业的限制，是我校提升办学能力和办学水平的一次好机遇，抓住机遇可以为安徽师大长远的发展打下良好的基础。因此，如何谨慎申报第一批新专业是我思考最多的问题。记得那年各系申报非师范类新专业的积极性非常高，但是申报新专业除了有数量（5个）限制外，还限定在只能申报教育部公布的《普通高等学校本科专业目录和专业介绍》之内的专业。据此，我首先想到的是把"计算机科学与技术"和"教育技术学"列为首批申报的新专业。一是因为当年教育部公布的《普通高等学校本科专业目录和专业介绍》中，在这两个专业的名称的后面有括注（师范类），所以我校可以把这两个专业作为师范类申报而不受申报限额的制约。二是因为这两个专业已经有多年举办专科专业的经验积累，条件比较成熟，急需升格为本科。接着，我们对各系申报新专业的材料进行综合分析、比较和筛选，较全面地考虑以下这些因素：新专业的培养目标、课程设置、教师队伍现状、现有实验设施条件、高年级学生实践环节、学校财力投入、毕业生就业形势判断、该系是不是已举办过专科层次相同或相近专业、这些新专业在省内高校的分布格局、我校的优势等，经过同各系充分协商，最后确定新闻学、应用化学、电子信息工程、生物技术和旅游管理5个专业，作为我校首批非师范类本科专业上报省教育厅审批，如果加上前面两个师范类专业，实际上报了7个本科新专业。然后，在省教育厅召开的评审会上，我代表学校就办非师范类专业的原因以及我校这5个非师范类专业所具备的基本条件作了说明，获得与会评委的理解和支持，7个新专业顺利通过省级评审。不久，又全部获得教育部正式批准，可以招生了。真是得来不易。往后的几年，学校陆续获批准增加了一批新专业，如社会工作、经济学、法学、音乐表演、艺术设计等，在我2000年5月离开教务长岗位时，我校的本科专业数量已经超过30个（具体的专业名称可查阅教务处的相关资料），为学校后来在学科专业方面的布局和发展打下了良好的基础。

房玫先生访谈录

采访时间：2020年8月10日

访谈方式：电话访谈

受 访 人：房　玫

采 访 人：郝绵永

整 理 人：陈佳佳

　　房玫，女，1950年2月生，山东淄博人，中共党员，教授，硕士生导师。1974年从安徽劳动大学毕业后留校任教，1982年随学校调整到安徽师大工作，2012年当选为中共十八大代表。曾任安徽师大政治学科课程与教学论学位点负责人，安徽省应用哲学学会常务理事、哲学学会理事，团省委"青马工程"导师。先后被评为全国理论宣讲先进个人、安徽省优秀共产党员、安徽省道德模范、安徽十大新闻人物、安徽十大教育新闻人物，入选教育部首届"思想政治理论课'精彩一课'"、全国高校争先创优先进事迹报告团、安徽省"江淮先锋"事迹报告团，曾获全国思想政治工作研究会研究成果一等奖、安徽省教学成果一等奖、安徽省思想政治工作研究会研究成果特等奖。

　　采访人：老师您好！非常感谢您接受我们的采访。据我们了解，您从安徽劳动大学毕业后留校任教，走上高校教师岗位。安徽劳动大学撤并后您选择在安徽师大任教，是基于什么样的考虑？

　　房玫：1974年，我毕业于安徽劳动大学，留在政治系哲学教研室任教，讲授辩证唯物主义和历史唯物主义课程。那个时候，刚刚留校年龄不大，也不懂得教学是什么，好在有一批老先生扶持了我们，如任吉悌、文秉模、蔡德麟、钱广华、金隆德等先生，他们之中有的就是马克思主义研究专家。在他们那里，我感受到了马克思主义的魅力，我的第一份教案是文秉模老师修改的，我还担任了钱广华老师的助教，所以，在先生们的手把手指导下，我开始了自己的教学生涯；在先生们的鼓励下，我坚定了自己的教学之路。1982年，安徽劳动大学撤并，我和我先生到了安徽师大政教系，我在公共教研室，他在哲学教研室。为什么选择安徽师大政教系呢？的确，当时我们有多种选择，可以到其他高校，也可以选择做行政，还可以留在后改为皖南农学院的安徽劳动大学，但是，我们还是选择了安徽师大。从交通上看，芜湖离我们俩的老家近一些，方便照顾父母。从校园风貌等方面上看，原来在安徽劳动大学的时候，我们出差或者回家探望父母时都会路过安徽师大，觉得安徽师大很漂亮，依山傍水，又在市中心，加上校内有高高的教学楼、生化楼和标准的大操场，还有整齐的学生宿舍，这一切很是吸引我。从内涵上看，安徽师大有着丰富的文化底蕴，雄厚的师资力量，这为我今后的工作、学习和生活提供了良好的条件。况且，我喜欢当老师，也希望自己能培养出好老师，所以，我们高兴地来到了安徽师大，在新的起点上开始了我的教学工作。我主要从事本科生和硕士研究生的教学工作，讲授本科生的马克思主义哲学原理、马克思主义基本原理以及选修课唯物史观与全球化，硕士研究生的马克思主义专题研究、思想政治理论课教学论，以及公共政治理论（马克思主义原著选读、科学社会主义理论与实践）等课程。实践证明，我的选择是正确的。在安徽师大30多年的教学过程中，我坚定了自己的教学之路，积累了满满的快乐，我在安徽师大致力于教师的专业化成长与发展。

采访人：作为马克思主义学院的教授，您始终强调坚守马克思主义信仰的重要性。能跟我们讲讲，马克思主义对您的教学工作有什么影响？做合格的思想政治理论课教师应该具备什么样的特质？

房玫：我想从信仰谈起。其实，我们每个人都有信仰。在马克思主义哲学视野中，世界观、人生观和价值观是不可分割的统一整体，而信仰是这个统一整体中的核心或灵魂。信仰是对某一种现象、某一种制度、某一个原则和思想的极度信服和抉择，并以此为行动的准则。所以，信仰在本质上是一种自我意识或自我感觉，它蕴含着对未来的寄托、憧憬和向往。每一个人都会有自己的信仰，只不过有的人很明确，有的人还不太明确，有的人还正在明确中。当然，信仰具有高低之分。在日常生活中，以经验为基础自发形成的信仰是低层次的，比如，有些老人会以日常生活经验为基础形成了对神或鬼的一种极度信奉，这是低层次的信仰。高层次的信仰，不仅是以知识为基础，通过价值判断做出的一种理性的抉择，而且已经内化为一种稳定的情感状态，不可动摇的心理定势。因此，信仰是一种情感、一种立场、一种价值观倾向、一种人生追求目标。信仰一经形成，就从根本上制约了个人的知情意行，支配着个人的人生追求和对现实生活的价值抉择，所以，信仰非常重要。在现实生活中，信仰有三种类型：第一种类型是金钱第一的信仰，第二种类型是崇拜天启权威的信仰，第三种是经验积淀的信仰。作为思想政治理论课的教师，他必须坚守马克思主义信仰，而且也只能坚守马克思主义信仰。因为马克思主义是建立在科学基础上的，所以对马克思主义信仰就是站在彻底的唯物主义立场上，确信马克思主义是真理，为实现共产主义远大理想而努力。那么，在当代，确立中国特色社会主义理论体系是真理，为投身中国特色社会主义添砖加瓦的实践活动，就是马克思主义信仰。中共中央国务院〔2004〕16号文件指出，思想政治理论课是大学生思想政治教育的主渠道，是大学生的必修课，是帮助大学生树立正确的世界观、人生观、价值观的重要途径。在这个意义上，思想政治理论课的教学过程，直接表现为理论讲授与思想教育、教书与育人的高度统一过程。这个特殊性决定了思想政治理论课教师的特殊性，这个特殊性就表现在教师的作用是培养德智体美劳全面发展的建设者和接班人，这个特殊性就要求思想政治理论课教师必须确立并坚守马克思主义信仰，确立并坚守马克思主义信仰是思想政治理论课教师的特质。

马克思主义信仰对我的影响是非常大的，具体来说就是坚持实事求是原则。坚持实事求是是马克思主义最基本的原则，是彻底唯物主义立场的体现。就我个人来说，实事求是原则体现在三个方面。一是体现在教学上，实事求是原则要求我认认真真地上好每节课，做马克思主义的忠实传播者。二是体现在对待学生上，要关爱每一位学生，理论讲授要把握学生的接受度和期盼视野。我来安徽师大以后主要是讲授公共课，有马克思主义哲学原理、马克思主义基本原理概论等，这些课程面对的是全校学生，不是某个专业的学生，每个学生的情况是不一样的。学生愿意听课吗？说实话，还是有些不愿意听课的，特别是一些特殊专业的学生，更是不愿意听政治课，如何讲好这门课是我面临的最重要的一个问题。那么，怎么办呢？怨学生吗？不行。怨老师吗？不行。怨学校吗？不行。怨社会吗？也不行。那只有实事求是地对待教学，对待这个环境，并力争改变这个环境。所以，我就通过一些问卷调查了解学生到底在想什么，对我们这门课到底有什么看法。调查结果显示，很多学生都有不同的看法，比如，有的学生说："老师，有的知识在中学就学过了，它很简单，不就是世界是物质的，物质是运动变化发展的，变化是由矛盾引起的吗？"，这就是把马克思主义简单化了；还有的学生说："老师，我承认马克思主义是党和国家的指导思想，但是对我个人有用吗？如果有用，为什么许多问题解决不了呢？"；等等。面对学生提出的许多看法，我坚持实事求是原则，特别是对那些对马克思主义有误解的学生进行针对性的教学。

我记得在讲马克思主义基本原理概论的"绪论"的时候，有的学生一开始就说"这书真不好看，看不下去"。于是，我就想办法，根据学生提出来的问题，组织教学内容，如把马克思主义基本原理概论的"绪论"的标题改为"走进马克思主义",其三部分标题分别改为"什么是马克思主义""为什么要走进马克思主义"和"怎么走进马克思主义"。在具体讲授时,首先摆出学生对马克思主义的看法,然后再一一"从什么是马克思主义""为什么要走进马克思主义""怎么走进马克思主义"这三个角度来回答。随着我讲授的深入,学生的的态度慢慢地转变了,聚精会神地听着我讲课,几十双眼睛齐刷刷地望向了我,甚至连下课铃响了,都没有站起来休息的。实事求是地对待学生,实事求是地对待教学内容,就会出现良好的教学效果。我的幸福感在于:讲课时学生愿意听,愿意跟着我的教学节奏思考。三是体现在客观地审视自己,了解自己的不足,通过学习不断提升自己。我以前不会用电脑,是我的学生教会我的。我在课堂上讲马克思主义三大理论来源时,把德国马丁·路德的照片下载成了美国马丁·路德金,下课的时候有位学生就指出了我的错误,上课时我就对这位学生表示感谢。这样一来,老师和学生之间的关系就更融洽了,没有距离感。这些就是马克思主义信仰对我工作的影响。总之,思想政治理论课教师的特质应该是确立并坚守马克思主义信仰。

采访人:采访之前,我们从网上看到了关于您的报道,能感受到您非常热爱思想政治理论课教学,而学生也非常喜欢听您讲课。那么,对于思想政治理论课来说,您觉得怎样才能将马克思主义理论渗透到学生的灵魂深处?在教学过程中,您有什么教学秘诀吗?

房玫:秘诀谈不上,但我有自己的教学体会。思想政治教育有自己的特殊性,这就决定了教学过程不是单纯地传授知识,而是一个通过情感的激励、思想的引领、方法的启迪、行动的示范,潜移默化地感染学生的过程。但是,在现实生活中,一部分大学生对思想政治理论课不感兴趣,总认为思想政治理论课是枯燥、乏味、空洞的,而教师是在干巴巴、空洞洞地唱高调,所以它既不可亲,又不可爱,也不可敬,更不可信。面对这种状态怎么办?我的教学理念就是让教学快乐起来,让学生快乐起来。首先,教师要快乐,如果教师讲课不快乐,学生听课就不快乐,教师和学生都盼着下课,那这个课堂教学就没有意义了。要在快乐的教学过程中,展示马克思主义理论、马克思主义基本原理概论课的可亲、可爱、可敬、可信。那么怎么展示呢?一是用"四真"展示教师的"四可"。"四真"是指教师用自己对马克思主义的真学、真信、真讲、真做来感染学生。虽然有的学生喊我"马列老太太",当他们喊我"马列老太太"

时，他们会说："这不是贬义词，而是褒义词，您是我们可爱的马列老太太。"教师和学生在教学过程中应该有三重关系。第一重关系是师生关系，教师是教学的主体，学生是学习的主体。第二重关系是朋友关系，如果教师整天都是高高在上的状态，下课夹着书包就走，师生之间就会有隔阂，这样，学生就不会和教师接近，那么，教学效果就不会好。第三重关系是亲情关系。在生活上，教师要关心学生，心对心，情对情。正确处理这三重关系是非常非常重要的，我在每一届的第一节课上都会和所有的学生说："从现在开始，我们已经有了三重关系，第一重关系是师生关系，我教你们学；第二重关系是朋友关系，我们之间是平等的，可以互相帮助，互相促进，我可以做你们的宣泄桶，你们有什么心里话，遇到什么事情，不好与别人说的，都可以和我说，我肯定保密；第三重关系是亲情关系，我可以做你们的父母。"这样一来，学生都喜欢和我谈心，下课以后就会围着我问这问那，有的学生看到我的水杯没有水了，就帮我去教师休息室续水，我也很乐意和学生聊天。

二是用真实可信的理论态度激发学生。作为教师，千万不要讲大话、空话、套话、不负责任的话，这是不允许的。如何用真实可信的态度来激发学生呢？那就要解决"四入"问题，"四入"是让学生对思想政治理论课教学入门、入耳、入脑、入行。入门是指个人对特定事物、特定工作、特定理论的情感的移入或者是关注点的转入，对于大学生来说，入门是指学生对马克思主义理论课的情感移入或者关注点的转入，这是我们的教学切入点或出发点。如果学生对这门课不感兴趣，就不想听课，所以一定要解决入门的问题。

怎么解决入门呢？我采取了两个措施：一是调研摸底，把握学生的期盼视野，也就是大学生的所想、所思、所求是什么，每一届学生是不一样的，农村和城市学生不一样，北方和南方的学生不一样，省内和省外的学生也不一样。所以要通过一定的途径来调研摸底。我采用的主要方法是课堂问卷调查法，我一般在第一次上课的第三节课的最后十分钟，让学生做一些题目，比如：（1）你在中学期间是否读过政治理论方面的书籍，为什么？（2）你在中学期间是否组织或参加过思想政治课方面的活动，为什么？（3）你是否喜欢马克思主义基本原理概论课，为什么？（4）你认为马克思主义基本原理概论课应该怎么教与学？（5）最近你最关心的问题是什么，为什么？我告诉学生，自己有什么想法就写什么，我了解之后还会把问卷调查还给大家。问卷调查当堂上交，我会有当天晚上看完并分类，下次上课时就和学生总结问卷调查的情况。对于学生来说，他们会觉得这位老师与以往老师不同，是想做好教学的老师。二是课前热身，打开通往马克思主义的大门。了解了学生的期盼视野之后，还需要把学生的思想情绪移入我们这门课里，这就需要课前热身了。课前热身是指课前五分钟组织学生学马列、读经典的活动，从教学第三周开始，把马克思主义经典作家的有关著作的内容用PPT展示出来，每周请学生读一部分，然后再请一些学生谈体会，这样就把学生和这门课的情感搭建起来了。

入耳问题是教学着重点。我采取的办法是"以疑引思·重点剖析"的教学方法。以疑引思·重点剖析法和案例法是不一样的，案例法是就案例讲案例，以疑引思·重点剖析法是选择那些最能体现马克思主义的基本精神，理解难度大，又是学生普遍关注并存在种种模糊认识的内容，结合例题重点讲授，目的是给学生提供分析社会矛盾和思想困惑的科学的理论思维和正确的价值导向，展示马克思主义的可亲、可爱、可敬、可信。这个方法我从1993年开始用，一直用到退休。

入脑是想一想、思考问题的过程，这是教学的着力点。要选择那些学生比较熟悉的，中学学得比较多的，且参考材料比较多、学生容易理解、教师讲往往会使学生产生逆反心理的内容，组织学生自讲互评。每学期做两次，一次按照教科书的内容来讲，另外一次分专题来讲。学生讲过课之后，听课的学生要对讲课学生的内容、板书或PPT、教态和效果进行书面评估，最后教师归纳总结。此外，一学期举行一次理论论坛，形式与辩论赛差不多，就书中相关内容，分为正反方，让学生自己选出主持人、评委，让学生自己决定辩手，整个课时交给学生。这种教学方法反响非常大，很受学生欢迎。

入行是教学的落脚点。开设马克思主义基本原理概论课不仅是要让学生记住马克思主义的结论，而且是要让学生内化为自我意识，形成一种情感、一种信仰、一种精神力量，学会用马克思主义的立场、观点和方法来认识和解决问题，这就是入行问题。我的方法就是主题演讲比赛，从教学第四周开始进行马克思主义基本原理学习心得体会的演讲比赛，每周的第三节课进行，评委、主持人、点评都由学生自己来决定，自定比赛主题和评分标准，顺序可以按照学号顺序或按照团小组或按照寝室，每场比赛10位同学参加，每人3分钟，前一轮的第一名做后一轮的主持人，第二名、第三名做下一轮的点评，最后一轮的学生是第一轮的评委，第一轮的主持人由我来指定，这样一来，学生的热情非常高，每位学生既是演讲者又是评委，比赛成绩记为学生平时成绩。这些教学方法的效果比较好。学生在学校校报写文章时这样评价这些教学方法，说"今天我来当主角"，"这样的教学味道好极了"。

总之，以以疑引思·重点剖析为主轴，穿插学生自讲互评、理论论坛、主题演讲比赛的教学方法，是比较适合大学生实际的教学方法。学生对马克思主义基本原理概论课的兴趣越来越浓。有一个学生是这样写的："当我上完马克思主义基本原理概论课时，我觉得我的思想发生了变化，我要做一个坚定的马克思主义者，为实现共产主义这一崇高理想而奋斗终生，我已经要求加入中国共产党，争取做一名合格的好党员。"这就是我的教学经验。组织一些实践教学活动穿插在课堂中，不仅能够使学生感兴趣，解决思路问题，而且能够帮助学生确立马克思主义信仰，并且能够坚守马克思主义信仰，这让我感到非常高兴。

采访人：您在职期间曾主持和参加项目多项，并围绕课题研究开展了系列教研活动，研究成果多次受到校级以上表彰。您能把具体情况跟我们说说吗？

房玫：比起其他老师，我的科研和教研成果一般。我的教龄是36年，加上退休后的几年返聘，差不多有40年。我主持和参加了国家社科基金以及教育部、省规划办、省教科办、教育厅和学校等项目19项，其中教研项目11项。包括主持教育部人文社科研究专项项目"高校思想政治理论课实践教学研究"、安徽省高等教育振兴计划项目"弘扬社会主义核心价值观'名师工作室'"、安徽省教育科学研究项目"中学思想政治课教育教学实效性研究"，参与教育部哲学社会科学研究重大课题委托研究项目"高校思想政治理论课'精彩一课'教学研究制作"等。教研成果主要发表在《中国高等教育》《高教教育研究》《政治思想理论教育导刊》《思想理论教育》《广西高等教育研究》《安徽教育学院学报》等刊物上。2005年，出版了《思想政治理论教育教学导论》一书。教育部人文社会科学研究专项项目"高校思想政治理论课实践教学研究"的研究成果《思想政治理论课教学过程的优化》，已由安徽师范大学出版社出版。该书是我与其他两位老师共同撰写的。我是教育部首届思想政治理论课"精彩一课"获得者，获得了省教学成果一等奖，学校优秀教学特等奖、优秀教学一等奖。在科研方面，主持和参与的科学研究项目共8项，我是国家社科基金项目"马克思主义社会历史观研究"第一参与人，其成果《现实的人及其历史发展——马克思主义社会历史观研究》，已由安徽师范大学出版社出版。我主持的科研项目包括安徽省哲学社会科学规划办项目"中国马克思主义理论教育的历史演进与当代视野"、教育厅项目"三个代表与共产党宣言""走出社会主义误区"等。研究成果发表在《当代世界与社会主义》《毛泽东邓小平理论研究》《理论视野》《理论月刊》《高校理论战线》《学术界》等期刊上。研究成果获全国思想政治工作研究会研究成果一等奖、安徽思想政治工作研究会研究成果特等奖、芜湖市首届哲学社会科学论文一等奖、社科联优秀研究成果二等奖、三等奖等。其中两篇论文被中国人民大学复印报刊资料《哲学原理》转载。总之，我在教学、教研、科研等方面都尽力了。

采访人：您曾任思想政治教育、学科教学（政治）、政治学科课程与教学论等专业硕士生导师，无疑承担着重要责任。回望这一段工作经历，您最大的感受是什么？您有遇到过哪些令您印象深刻的学生或事件吗？

房玫：我认真地思考了一下，我觉得最大的感受就是在本科生教学和硕士研究生教学的过程中，在理论上厘清了教书与育人的关系，在实践中努力去实现教书与育人两者的统一。在我看来，无论是本科教学还是硕士研究生教学，都必须正确处理好教与育的关系，"教"是传授知识，目的是教人成才，"育"是塑造人心，目的是教人成人，两者是对立统一的关系，就像硬币的两面，谁也离不开谁，缺一不可。我们在现实生活中往往未能把两者有机统一起来，教书并没有做到育人，而育人又是死板的，没有更好地教书。我做了三个学位点的导师，分别是思想政治教育、学科教学（政治）、政治学科课程与教学论。这三个专业的学生是分类别招生的，思想政治教育的学生大部分是文科应届生，当然也有历届的，只有极少数的在职学生。思想政治教育学位点还承担着高校教师在职攻读硕士学位的任务，来的都是高校教师、辅导员、学生思想政治工作管理者。学科教学（政治）这个专业都是中小学政治老师，他们是寒暑假、节假日来校上课，统称为教育硕士。这三个学位点都与思想政治密切相连，培养的都是思想政治教育工作者，包括高校思想政治理论课教师、辅导员、中小学政治课教师等。从这个意义上讲，实现教书与育人的统一很不容易。和本科教学一样，我坚守自己的信仰，坚持一个原则，这个原则就是讨论无禁区、宣传有纪律，不讲大话、套话、空话，不搞无聊的低级趣味的故事会，也不讲毫无根据的奇闻轶事，忠实于马克思主义，讲清马克思主义精髓，在理解、接受、信仰马克思主义上下功夫。这就是说，实现教书与育人的高度统一，就是要以学生理解、接受、信仰马克思主义为教学的着力点。研究生教育和本科教育又不一样，公共政治课是大课堂，而专业课只有几个人、十几个人，一开始只有一个人或两个人。实现教书与育人的统一，就是通过专题讲座和学术讨论，让研究生做深层次的理性思考。

给我印象深刻的就是与同学们一起做教研。安徽省教育科学研究项目"中学思想政治教育教学实效性研究"，就是我和六位教育硕士一起完成的，研究成果被公开发表。我们首先集中讨论主题，然后拟定提纲，让他们自己撰写，我提出修改意见。到目前为止，这六位同学在中学里当老师，成绩都很突出，有的成了政治课教研室的主任。我的硕士研究生还真不少，他们现在都活跃在省内外的高校、中学等教育单位或部门。比如，我校历史学院的党委书记顾凌、皖南医学院的副院长徐朝阳、安徽师范大学出版社总编助理谢晓博、安徽三联学院马克思主义学院院长余晖等，他们干得都很出色。所以，我觉得只要认真工作、真心对待学生，就是教书与育人的统一。

采访人：您在此期间还担任了政治学科课程与教学论学位点的负责人。对于该学位点的建设和发展，您肯定做了很多工作。背后有哪些故事？能具体谈谈吗？

房玫：我校政治学科课程与教学论学位点是从2004年开始招生的。它不是一个独立的招生专业，而是从属于学校的课程与教学论学位点，所以政治学科课程与教学论是课程与教学论的分科，也可以说是分支，从这一点来讲，建立起来是不难的。然而，正因为它是分支，建立起来又很难，因为政治学科课程教学论主要是培养政治学科教学研究的专门人员，换句话说，培养的学生可以当老师，也可以不当老师。从地位上来讲，该学位点开始一直是学校的边缘学科，是不被重视不被看好的学科。从师资上来讲，教授不多，因为研究的人不多，大多数是半路出家，基本上是以自己的爱好和兴趣去研究教学问题，论文很难写，研究成果很难发表，没有期刊专门发表这方面的论文。从生源上来讲，也很少有人报考，报考的学生很少了解这个学科，所以我们第一届就只有一个学生（两个人报考，其中一个过线就被录取了）。从这些方面来讲，这个学科点的建设是困难重重的。我既然是这个学位点的负责人，就必须把这个学位点支撑起来，建设起来，发展起来。我采取的主要措施是：首先，在学生中加大学位点宣传力度。记得我是在花津校区教学区五号楼一楼的阶梯教室给学生介绍这个学科的，并鼓励学生报考。其次，请比较关注教学研究的老师做导师。我们学院的朱平教授、戴锐教授、彭凤莲教授等都是我们学位点的导师。最后，明确培养方案、规范教学内容、确定研究方向。导师们齐心协力，共同研究培养方案、制订教学大纲、厘清教学内容、调整教学安排。因为我们的导师都是一人兼了几个学位点的导师，必须注意调整课程安排。每学期都是等这些老师的课程安排过了，我才开始安排我们学位点的课程，尽量不与其他学位点的课程时间冲突。

我在职的时候这个学位点规模最大的时候就四位学生，我们还专门邀请《思想政治理论教育导刊》副主编来校做答辩委员会主席，他对这四位学生的毕业论文给予了很高的评价，认为他们都坚持了教学论的研究方向。现在，我听说这个学位点已经成了一个热门的学科，招了很多学生，我感到非常高兴。当然，在我带的一届又一届的研究生中，有两位还是比较突出的，第一位是现任安徽师范大学出版社总编助理的谢晓博，她的学位论文《从课程论的角度看"两课"教育教学建设的历史发展》写得非常好。第二位是韩可，一直都喜欢课程论，博士研究生期间仍然攻读课程论：德育课程论。两位学生都坚定了课程论的研究方向。

采访人：2012年，您当选为中共十八届全国代表大会的代表，2014年，您又作为安徽省教育界唯一代表列席了中共十八届四中全会。会议期间，您有没有针对教育尤其是高校思想政治教育提出相关意见或建议？

房玫：在这里首先说明一点，党代表与人大代表的职能不同，党代表只对党的报告、党的决议负责，首要任务是审议并通过党的报告和决议。作为党代表，我怀着兴奋而忐忑的心情参加了党的十八大，2014年又列席了中共十八届四中全会。在十八大会议期间，我们对十八大报告的修改稿《坚定不移地沿着中国特色社会主义道路前进，为全面建设成小康社会而奋斗》进行了认真热烈的审议。那个审议是认真的，一个字一个字地抠。按照会议规定，参会代表必须提出审议的意见和建议，也就是针对报告修改稿的某一思想观点来阐述自己的看法。审议的过程对我来讲更是一个学习的过程，我格外珍惜。我在学习讨论的过程中，针对十八大报告中提出的"坚持和完善社会主义核心价值体系，弘扬和培育社会主义核心价值观"的内容提出了自己不成熟的看法：要把社会主义核心价值观落在实处，必须正确理解核心价值观和核心价值体系的关系。我认为，核心价值体系是从意识形态的角度、从理论的层面，确定了我们国家主流意识形态的四大内容，而核心价值观是从实践的层面规定了个人、社会和国家的行为规范，所以两者是不可分割的统一整体，不能把核心价值观和核心价值体系各自独立起来，割裂开来。这个看法还登上了中共中央秘书处会议简报。在中共十八届四中全会上，在审议《中共中央关于全面推进依法治国的若干重大问题的决定》时，我提出了自己不成熟的看法：社会主义法治教育与社会主义核心价值观教育必须融为一体，不能形成两张皮，各敲各的锣，各打各的鼓。各敲各的锣，各打各的鼓是没有实效性的，因为社会主义法治观，其实就是社会主义核心价值观的一个内容，这个看法也登上了中共中央秘书处会议简报。这是我当时提出的两点看法，也是我参会的最大感受。可以说参加了这两次会议之后，我的内心非常震撼，因为党和国家领导人和我平等地交换意见。我们小组共有53个人，只有我是教育界的，其他更多的是省委书记、省委副书记、省纪委书记、市委书记等。我们讨论起来非常认真，争执起来非常热烈，这也是我在会上得到的最大启发。我们不管干什么事，都要认真、热情地对待。

采访人：2016年，您又参加了习近平总书记在合肥主持召开的知识分子代表、劳动模范代表、青年代表座谈会。会后，习近平总书记接见了与会代表，并对高校思想政治理论课教学作了重要指示。请您从个人的角度，结合我校思想政治理论课教学实际，谈谈习近平总书记重要指示的深远影响和重大意义。

房玫：2016年4月26日，我非常荣幸地参加了知识分子代表、劳动模范代表、青年代表座谈会，这个座谈会是由习近平总书记在合肥主持召开的。会上，六位代表先后发言，习近平总书记发表重要讲话。随后，习近平总书记与每一位代表一一亲切握手并简短交谈。当我介绍自己是安徽师大思想政治理论课教师时，他马上大声说，高校思想政治教育很重要，你们要好好研究教材、研究教学方法，让学生喜欢听。这就是习近平总书记对高校思想政治教育，尤其是思想政治理论课教学的重要指示。

从我个人角度来看，聆听了习近平总书记的话语，我感悟很多，受益匪浅。高校思想政治理论课是直接培养德智体美劳全面发展的社会主义建设者和接班人的课程，课程的性质决定了思想政治理论课教学不是冷冰冰的说教，而是一个育心育德育人的过程。思想政治理论课教学的有效进行，既不能靠抽象、空洞的说教，也不能靠聪明、智巧的卖弄，更不能靠奇闻轶事的罗列，而只能靠教师对马克思主义理论的准确把握，应用灵活的教学方法。就这点来说，习近平总书记的重要讲话对我们思想政治理论课教学有着深远的意义。具体来说，习近平总书记之所以重视教材研究，就在于教材是课程之本，一门课程的目的和要求能否得以实现，关键就在于教材。而我们国家的统编教材，从2005年以来，就比较全面、准确地体现了马克思主义、毛泽东思想和中国特色社会主义理论体系的基本原理，体现了社会主义核心价值观和中国特色社会主义法制观的基本精神，体现了中国共产党的自信，为课程教学提供了根本遵循。教师越是娴熟自如地掌握教材，讲课时感情色彩就越丰富，学生就越爱听，而那些对于教材了解很肤浅的教师，尽管使用漂亮的词句、高昂的情绪，然而最后只是渲染了一种可悲的虚假气氛，实际上是空话连篇，言之无信，这些只会使学生的心灵变得空虚。所以要认真研究教材，吃透教材。

习近平总书记之所以关注教学方法的研究，就在于方法是教学有效进行的关键。教师对学生的教育在什么时候表现得最积极、最深刻，那就是在教师的情感接触了学生情感的时候。这种接触机会有很多，如推心置腹的交谈、面对面的沟通等，但是接触最频繁的还是在课堂上，因为课堂既是传授知识的场所，也是引导学生审视、矫正、转变自己思想观点的熔炉。教师要在课堂上创造出和谐、情景交融的教学氛围，以生动的形式吸引学生的注意力，激发学生的求知欲，激活学生的思维，通过魅力引领，共识引领，信念引领，促使学生形成正确的理念，并将之转化为自觉追求和行为。教师要研究并优化教学方法，让学生喜欢听课、认真听课、听进去课，如此才能达到思想政治理论课的教学目标。虽然习近平总书记对我说的只有三句话，却是非常重要的三句话。回来以后我写了一篇小短文，题为《我与总书记面对面》，校宣传部把它发表在校园网上。

采访人： 您对我们师大青年学生有何建议和期望？

房玫： 我退休已经十年了，但是非常看好我们师大的青年学生，因为青年是国家的栋梁，国家建设的主力军，国家的希望。我们学校不仅培养各种类型、各种层次的教师，还培养各种类型、各种层次的研究者和工作者。总体来看，我们学校每一届学生都是朝气蓬勃、积极向上、勤奋学习的，但在多元化社会中，学生难免会出现一些迷茫和困惑。有的学生就从网上寻找解决困扰的办法，我觉得这个是不可行的。因为网上学习知识是碎片化的，所谓便捷的文化快餐，一些所谓的心灵鸡汤，是不能够解开迷茫和困惑的。

我认为青年学生要读书，不仅要读教材，还要读课外书，做到博览群书。当然，从我的角度来看，更要学习马克思主义经典著作，因为马克思主义经典著作是马克思主义理论的本原和基础，而且马克思主义的立场、观点和方法给我们解决个人问题提供了方法和原则。例如，马克思在中学毕业时写的论文《青年在选职业时的考虑》，对我们青年学生的职业选择有着指导作用。马克思集中考虑了职业选择的原则，认为影响职业选择的因素有三个方面：个人喜好、身体条件和自身能力。个人的虚荣心容易让人产生不切合实际的幻想，还能让人对职业产生短暂的热情，遇到挫折就会沮丧和抗拒；身体条件很重要，不能脱离身体条件的限制来选择职业；要正确地评估自己的能力，要选择有尊严的职业、深信其正确的职业、能为我们提供广阔发展舞台的职业。而马克思选择的则是最能为人类福祉劳动的职业，他说："选择最能为人类福祉劳动的职业，重担就不能把我压垮、压倒。"马克思告诉我们，对人生理想的追求、对职业的选择要建立在深刻的理性思考基础之上，这是值得我们青年学生学习的。青年学生要读书、读书、再读书，读书、读书、多读书，读书、读书、读好书。这既是我与师大青年学子共勉之语，也是我对师大青年学子的期望。

宫必成先生访谈录

采访时间：2019年12月27日
采访地点：宫必成先生寓所
受 访 人：宫必成
采 访 人：黄雅娜
整 理 人：高 艳

宫必成，男，1937年2月生，安徽巢湖人，中共党员。1958年考入合肥师院，后调整到皖南大学（今安徽师大）生物系就读。毕业后分配到滁县师范学校任教，讲授化学、达尔文主义、生理卫生、动物学、植物学等课程，多年担任班主任工作。长期在中学执教，工作勤奋努力，教学兢兢业业，为国家培养了一批批建设人才，深受学生爱戴、家长好评、领导夸奖。曾多次荣获县市级优秀园丁、优秀教师称号。

采访人：老师您好！感谢您这次接受我们的采访。首先请您介绍一下您在安徽师大的求学经历。

宫必成：那时候考大学就是千军万马过独木桥，全国高校的数量比较少，入学机会也就少。高考后我在安徽师大的求学经历是这样的：1958年，我考入合肥师院，在此就读期间经历院系调整，文理分院。具体来说，当时安徽师院的文科生集中到合肥师院就读，合肥师院的理科生则统一到安徽师院（今安徽师大）学习。这样，合肥师院的生物系、物理系、地理系、数学系等并入位于芜湖的安徽师院，同样的，安徽师院的历史系、中文系、政治系、外语系等都迁去了合肥师院。如此一来，我作为理科生因院系调整由合肥师院转入安徽师院继续完成学业。当时的院系调整规模较大，不仅老师和学生需要集中迁至新学校，就连实验仪器之类的全部"家当"都一起搬走。自此之后的一段时间内，安徽师院成了一所以理工科为主的院校，这和现在院系、专业齐全的安徽师大现状有着天壤之别。

采访人：安徽师院后来更名为皖南大学，您在这一过程中，经历过哪些难忘的事？

宫必成：我在合肥师院学习一学期后来到安徽师大，那时候的校名还是安徽师院。我清晰地记得当时安徽师大的校园刊物封面上醒目的校名以及学生的校徽设计都极其精美，学生都必须戴着校徽出入校园。关于学校更名的由来是这样的：我们搬来安徽师大不久后，时任中共中央副主席、全国人大常委会委员长刘少奇来到芜湖视察工作，他在视察时为即将启用的新校名"皖南大学"题写了校牌。皖南大学的校徽上印有刘少奇主席题写的校名，我把这枚珍贵的校徽看作传家宝一直悉心保存。我毕业的时候拿到的也是皖南大学的毕业纪念章，因此我们是皖南大学的首届毕业生。2019年10月，我参加了在安徽师大花津校区桃李苑宾馆召开的巢湖市第一中学1957届毕业生联谊会，安徽师大校友工作办公室的王婷老师为我们举办这次活动提供了莫大的帮助，给我们提供了诸多方便。我在与王婷老师的谈话中了解到，目前学校里还没有皖南大学的实物校徽和毕业纪念章。这两枚徽章对我来说固然十分珍贵，但一想到学校馆藏关于这方面的空白，我毅然决定忍痛割爱，于2019年10月29日将它捐献给了安徽师大，由校友工作办公室的李裕鑫主任和王婷老师接收后转交安徽师大档案馆收存。

采访人：在您大学时期，安徽师大的师资力量如何？有没有哪些让您印象深刻的老师？

宫必成：总的来说，安徽师大的老师都是非常优秀的，有很多很好的老师都是我们学生心目中由衷敬佩的偶像。我想跟你们重点介绍我最敬佩的一位老师——王岐山老师。王岐山老师教动物学，他是给我留下印象最深刻的一位老师，他毕业于东北师范大学，业务能力很强，在东北师范大学读书期间曾跟随苏联专家学习。

首先，我记得他带领我们到野外实习鸟类知识的时候，只要有鸟儿从头顶飞过鸣叫一声，他就能立马判断出鸟的种类，并向我们介绍这种鸟的相关知识。当时同学们都觉得非常惊奇，后来一想人能够学会这样的本领也不是没有可能，比如说我们能从公鸡打鸣和母鸡下蛋时发出的声音判断出是公鸡还是母鸡。但是我们普通人能够判断的动物类别大多只局限于日常生活中经常接触到的动物，如果能凭借叫声识别野生动物的详细类别确实是一件极其困难的事情。冰冻三尺非一日之寒，这需要花费大量的时间去观察研究，反反复复地深入了解陌生的野生动物，直到对野生动物的了解程度达到对日常生活中常见动物的了解程度才可以。王岐山老师就是本着热衷钻研、热爱学问的好学之心习得了这样的超常本领。

其次，王岐山老师上课时总能调动同学们学习的积极性，讲解知识生动有趣又充满学问。有一堂课上，王岐山老师提出在大自然中，"美"这个字用来形容雄性更为贴切，这与我们习惯将"美"与"女"联系在一起有一些冲突，这样就很好地激发了同学们的好奇心。紧接着王岐山老师就引出几个自然界中的例子，比如说开屏的孔雀是雄性的，雌性孔雀是没有那么华丽精致的羽毛的，同样的，雄鸳鸯、雄狮、雄鸡等动物都比雌性更美。

最后，我敬佩王岐山老师的最重要的理由是他为了科学不妥协、不畏惧、不退缩的精神。我读书期间，全国曾经开展过轰轰烈烈的"除四害"运动，即大力消灭麻雀、老鼠、苍蝇、蚊子。在运动期间，王岐山老师在课堂上跟我们明确地说这种做法是错误的、反科学的，事实也证明了"四害"并没有被消灭。尊重自然规律基础上的人类发展才是可持续的发展，除非濒危物种，一种生物不可能很快就会彻底地消灭另一种生物。在当时那个年代，在大学课堂里公然发表这样的言论是一件非常危险的事情，听闻后我们都很紧张，默默地为王岐山老师捏了一把汗。但是王岐山老师丝毫不在意对自己的负面影响，我非常敬佩他的勇气、胆量、学识和科学观！

采访人：您提到的"除四害"运动，当时在校的你们也参与运动了吗？有什么印象深刻的事件可以说明这一点吗？

宫必成：是的，全社会都参与到运动中，我们学生也不例外。当时经常可以见到坐在楼顶上、树上的居民敲锣打鼓，摇旗呐喊，迫使麻雀不间断的飞行，以此驱赶和消灭麻雀。麻雀确实会吃粮食，但是王岐山老师却说它在育雏期间是吃掉很多害虫来抚育小麻雀的，虫口夺粮。总体来说，麻雀是"功大于过"的益鸟，消灭麻雀是反科学的。繁衍是生物的本能行为，蚊子和苍蝇的繁衍能力确实很强，但是存活率却很低，人类干预的影响在这些高繁殖能力的生物面前是很微弱的，低存活率会制约蚊子和苍蝇数量的无限增长。

王岐山老师已经驾鹤西去，但是几十年前他所坚持的科学言论，以及为真理勇敢发声的胆识令我至今难以忘怀，我由衷地敬佩王岐山老师作为学者的真知灼见和科学家风范。

采访人：生物系是我们学校的老牌专业，听说建校之初就有了，而您在生物系学习期间，正是生物系转型发展的时期。当时的生物系是什么样子的？有什么具体的事情和我们分享吗？

宫必成：那时生物系同其他系科一样，对口招生属于国家统招。学生进校后被分成两个班，小班有45名学生，大班有90名学生。学校开设了达尔文主义、动物学、生理学、植物学、动物生理学、动物分类学等课程，还有政治、外语公共课。生物系的教学安排很注重对学生实践能力的培养，常常开展一些生物实验和户外学习。比如，在系里安排下，我们到马鞍山采石矶观察自然景

观，到南京中山植物园研究植物分类，还有前面提到过的王岐山老师带领我们
到户外研究鸟类，出发的时候我们还会带着猎枪以收集鸟类标本。有一次在采
集鸟类标本时，我看见一只非常美丽的翠鸟，叫作"鱼狗"，就举枪射击，在
射击的同时王岐山老师连忙喊住我，可是已经来不及了。他告诉我不能在这么
近的距离内开枪，因为子弹的冲击力太大，标本会被完全破坏。果然，那只美
丽的翠鸟已经死不见尸，不能作为标本了。王岐山老师的悉心教导，使我明白
了个中道理。随后，我开始选择射击树上的斑鸠，击中后落地，整个标本很
完美。

我们还亲自动手制作昆虫标本。根据安排，各组同学带上捕虫网、瓶子等
器具，去郊野实地捕捉昆虫，包括飞蛾、蜻蜓、甲壳虫及蝶类昆虫等。制作过
程包括以下步骤：用毒药将昆虫杀死，整理足肢，触角朝向前方，腹部平直向
后，用大头针展翅固定，最后保留插入胸部的虫针，阴干附上标签，注明采集
地点、采集日期和采集人姓名。

每当我们完成一份份制作精美的昆虫标本时，心里总是美滋滋的，充满了
成就感、愉悦感和自豪感！究其原因，那就是每份标本都是我们同学亲自动手
制作的，里面有我们付出的劳动！正如生活中花钱买了一条大鱼远没有自己钓
来的鱼更令人兴奋，哪怕是条小鱼！

在配合社会消灭血吸虫病的活动中，我们参加了在深夜十二点敲门入户为
全校师生抽血检验血吸虫病的工作。

学校还组织我们赴南京中山植物园参观、学习和调研。南京中山植物园位
于南京市玄武区钟山风景名胜区内，又称江苏省中国科学院植物研究所，隶属
中国科学院，始建于1929年，是中国第一座国立植物园，中国四大植物园之
一。植物园建成专类园（区）10个，占地面积186万平方米，拥有馆藏标本70
万份，设有观赏植物中心、药用植物中心、植物信息中心、植物迁地保护重点
实验室和华东地区最大的植物标本馆。整个植物园分南北两区，北区以保护、
研究、利用中国、中亚、北亚热带植物为重点，南区为植物博览园，其以热带
植物宫为中心。南京中山植物园保存植物5000余种，10万余株，其中不乏珍
奇特、新特优的物种，如国家一级保护植物——珙桐（鸽子树）、台湾杉等，
南京特有植物——秤锤树，亚洲最大的块根植物——睡布袋，世界上最毒的树
木——见血封喉等。

采访人：大学生活中，一定有许多难忘的事情发生，哪几件事情给您留下了深刻的印象？

宫必成：在安徽师大读书的时候，我最大的感受就是同学们都在努力地学习，生活非常清苦，但国家对我们大学生倍加关心！大学生的粮食标准是每人每月 27.5 斤，粮食供给有保证，而且学校还会每月给每人发 1.5 元的补助费，我们通常都会把钱攒着，等到放寒假的时候作为回家的路费。学校宿舍的条件比较简陋，那时候一间宿舍只有一张桌子和一把椅子，住着八位同学，与现在学生的住宿条件相比差距太大了。虽然生活在那样一个艰难的年代，但是同学们的思想觉悟都很高，学习氛围非常浓厚，毕业后他们奋斗在社会各行业不同的岗位上，都是各个单位的顶梁柱。当时学校里设有勤工俭学的岗位，旨在照顾有困难的学生，我们几个同学会去食堂帮忙运煤，食堂会支付我们相应的运费，以此增加生活费。

这次我去花津校区桃李苑宾馆参加联谊会的时候，注意到校园里有自由恋爱的学生，而在我们那个年代，学校明文规定在校学生是不允许谈恋爱的，另外规定已婚学生不允许生孩子。不过那个时候，我们年轻人的思想都集中在学习上，绝大多数人没有谈恋爱的想法。校园里除了学习氛围好之外，娱乐活动也丰富多样，校、系经常会组织一些体育活动和竞赛。校园里有文工团和体育代表队，当时我就是我们系排球队的队员，学校有时候会组织学生看电影，等等。

在那个年代，我们学校还有一项特殊的规定，即城市里的学生放寒假可以回家过年，农村来的学生一律不允许回家，必须留在学校里。这么做并不是学生城乡之间的差别对待，这是学校基于国家的现状所做出的一项理智有效的安排，照现在的说法，就是"维稳"。我拥护学校这一决定。那些年，城市的生活已经比较清苦，农村的条件更是艰苦异常，学校之所以不准农村的学生回家过年，就是担心这些学生回家以后看见艰苦的生活状态会产生难以排解的悲观情绪，这样会给学生的学习和生活带来负面影响。

我家在城市，寒假返校的时候，在校园里，经常会看见有同学痛哭流涕，这是家乡传来了亲人去世的消息。我有一个关系较好的同学，他来自定远，那一年他的家中在很短的时间内就逝去了三个亲人。这些痛苦虽不是我亲身经历，但那些频繁的生离死别将每个人都笼罩其中，每每想起来都唏嘘不已。因此，对于我们那个时代的年轻人来说，或许这些规定使得我们没有那么多的自由，但却是保护我们最好的盾牌。我希望当代的青年大学生将更多的精力投入在求学上，将来能够为我们的国家多做贡献。

另外，我想向你们介绍我们生物系当时发生过的一件大事。当时全民大炼钢铁运动掀起，全国上下都在炼钢，安徽师大校园内也是如此，大家一鼓作气，用耐火的材料砌炼钢用的小高炉，一边收集炼钢的材料一边炼钢。但是我们生物系没有参与大炼钢铁运动中，而是响应号召参加了"大跃进"运动，专门在学校农场内种了一块实验田，深耕五尺，施肥万担！号称实验田小麦亩产万斤。显然，这是不可能实现的、违背自然规律的。在这块实验田，我们付出了莫大的心血，却换来了颗粒无收的结果，更别提亩产万斤了。这是一个彻底失败的实验，这次实验失败以后就再也没有进行过相关的活动。

采访人： 那时我们生物系的毕业生主要就业方向是什么？回想在安徽师大读书的时光，您有什么收获和感触？

宫必成： 我们主要的就业方向是在学校当人民教师，即毕业后由国家分配到各级各类的学校当老师。我的大学同学中既有在大学工作的，也有在中小学工作的，我们的就业按照国家下达的计划指标统一安排。此外，经常会有一些同学被调剂到其他科目从事教学，例如教授化学，我们班大多数同学最终都成了化学教师。我毕业后被分配到滁县师范学校（现滁州学院）教授化学，后来教过达尔文主义、生理卫生学等课程。在滁县师范学校工作五年后，教育主管部门对教师进行调整，我就被抽调支援中学了。毕业后班上的同学分散到各处，那时候没有发达的科技产品——手机，同学们基本上都断了联系，处于"失联"状态。

安徽师大是我的母校，在这里我收获了很多。我很感激学校对我们的全力培养，国家包办了学费和伙食费，每月还发足额的补贴，如果不是共产党和安徽师大，我是不会有今天的。

采访人： 作为校友，您有什么话要对母校说的吗？

宫必成： 2019年10月，我回母校参加了长达四天的同学联谊会，参观了学校的赭山校区、花津校区、博物馆和校史馆，切实地感受到学校优越的办学条件。我发自内心地羡慕现在就读于安徽师大的校友们，你们是多么幸福的一代啊！我希望我的母校蓬勃发展，也希望我的校友们在这样优越的校园环境里尽量集中精力完成自己的学业，以后为祖国的发展做出自己的一份贡献。在当今社会，一些在国内培养出来的人才最终选择去国外工作和定居，甚至不再回国，我认为这是十分不应该的！中国培养的人才，就要坚定理想信念，成为中华民族的栋梁。我一想到那些外流的人才，心中总是感到十分惋惜！惋惜祖国付出的心血！如今看到母校越来越兴旺发达，充满希望的景象，我感到心旷神怡，喜从中来，我坚信安徽师大以后会更好！

黄成林先生访谈录

采访时间：2019年11月13日

采访地点：安徽师范大学出版社会议室

受 访 人：黄成林

采 访 人：郝绵永

整 理 人：陈佳佳

黄成林，男，1954年3月生，安徽贵池人，中共党员，教授，硕士研究生导师。曾任地理系、旅游系副主任，安徽人民出版社安徽师大编辑部副主任，安徽师范大学出版社副总编辑。主要研究旅游经济与文化、文化地理学，发表论文约30篇，出版著作和规划教材各4部。先后获安徽省科技进步三等奖、安徽省第四届社会科学优秀成果著作类三等奖、安徽师大教学特等奖、贵州省高等教育省级教学成果一等奖、"第三届中国大学出版社图书奖"优秀著作二等奖各一项，被授予安徽师大教学名师（2007年）、安徽省教学名师（2009年）、全国第二届教育硕士专业学位优秀教师（2010年）等称号。

采访人：黄教师，您好！非常感谢您接受我们的采访。据我们了解，您在安徽师大读的本科，那是什么原因让您选择了当时就读的大学？

黄成林：衷心感谢安徽师大"口述档案"丛书组织者安排你们采访我，我只是师大众多退休教师中的普通一员，愧对大家了。

能够进入安徽师大读书，得益于恢复中断了11年的高考，高考的恢复让我们那一批人有了一次改变人生的机会。从历史看，安徽师大前身是安徽省第一所高校，能来到安徽师大读书，我感到非常高兴和自豪。

我属于"小三届"，1968年初中毕业。1970年秋季开始在牌楼中学读了两年半的高中，在"教育回潮"（1913—1974）之初高中毕业。我的高中老师基本上都是城里下放的老师，而且大多为大学本科学历，如语文潘维来老师、英语陆维刚老师都是合肥师院毕业的，数学徐淦老师是复旦大学毕业的，化学陈体崇老师是浙江大学毕业的。所以，我在高中期间就从老师那儿知道了合肥师院，知道了合肥师院部分专业从合肥搬到了芜湖。

我在店上中学当民办教师的时候，公社教育干事丁老师推荐我上了安徽师大中文函授（很遗憾，上大学后没有坚持下去），似乎也可以说我来安徽师大前就是安徽师大的"在册学生"了。

1977年高考填志愿时，我去征求高中老师的意见，潘维来老师建议我填安徽师大中文系，陆维刚老师建议我填安徽师大地理系，他说学地理好，有野外实习。所以我填的第一、第二志愿都是安徽师大。结果，第一志愿没有被录取，第二志愿被录取了，我就这样来到了安徽师大。

能到安徽师大读书，除了高考制度的恢复和我的读书经历，我要感谢三年多的乡村教师工作经历，因为这期间我的学业没有荒废。临考前几周，公社齐书记还通知说凡是参加高考的民办教师，可以停课在家复习几周。关键时期，"临阵磨枪，不快也光"，还是有用的。

采访人：初入安徽师大校园，您的第一印象如何？大学期间有什么事情给您留下了深刻的记忆？

黄成林：初入安徽师大校园，包括读书期间，安徽师大给我留下了很多很深的印象。

第一个深刻印象是老师非常热情。很巧，我到安徽师大上学途中从池州港登上到芜湖的轮船不久，就在船上遇见了不曾相识的在安徽师大教务处工作的何卫国老师。途中说了什么已无印象，但他非常热情，一直把我领到了安徽师大西大门。拉着板车到西大门给我拉行李的是一位高高身材、衣着讲究、眉清目秀的老师，同样很热情。开始我不知道他是谁，后来上课才知道，原来他是我们的地貌课程孙毓飞老师。

第二个深刻印象是校舍非常规整，有历史悠久学校的厚重感。当时学校只有一个校区（即现在的赭山校区），就觉得学校的建筑非常有秩序，有厚重感。东操场东面是6栋男生宿舍楼，西边是3栋女生宿舍楼，一律是两层的清水灰墙灰瓦建筑（目前这些建筑是后来改建或拆除后新建的），操场的后面是荷花塘，旁边是生物系的花房，荷花塘后面是大礼堂，附近有教学楼、生化楼，绿化都很好。

第三个深刻印象是学风非常好。学校地处闹市区，走出老东大门，不远处就是位于春安路旁的工人文化宫，然后是中山路商业区。尽管地处闹市区，但是每到晚上快要上自习课的时候，只见学生从校外往校内走，按时去上自习课。1977年570多万知识青年参加高考，录取27.3万（包括1978年第一季度增招的6.2万多），录取率不到5%，有过"该读书、想读书、无书读"的经历，所以我们格外珍惜读书的机会。

第四个深刻印象是领导和老师工作认真、扎实，诲人不倦，师生关系非常融洽。老师没有课间专用休息室，课间休息时多待在教室里，学生可以请教老师问题，老师非常乐意解答。晚上还有辅导课，老师坐在教室后面，学生有问题就问。当时招生人数少、班级小，我们班开始只招了40人，后来从芜湖市补招了5人，到我大学毕业时全系只有200名学生左右。那时高等教育还处在精英教育阶段，整个学校每年只招收1000人左右，每年招收的本科生数量远没有现在招收的研究生数量多。

采访人：到安徽师大读书之前，您还在中学当过几年老师，您觉得老师和学生的身份有何不同？

黄成林：先谈谈我当中学老师的经历。

我是回乡知青，在大队搞了一年多的多种经营，种植香菇和银耳。1974年国庆节之后，已经调到区中学殷汇中学当教导主任的我高中时的教导主任汪泉老师（军事本科院校英语专业毕业，文职军人转业），派与他同时调往殷汇中学的物理杨应华老师到我家，说殷汇中学缺一位初中英语教师，让我到殷汇中学教初中一年级英语。见面后我问汪主任："我教英语可以吗？"汪主任风趣地说："可以，初一学生刚认得几个字母，几个字母放在一起就不认得了，几个字母放在一起你还认得几个！"就这样，我在区中学教了三个多月的英语，身份是区中学"代课教师"。

1975年年初，我的中学母校牌楼中学缺老师，公社蒋书记通知我去他办公室，大意是既然我可以在区中学当老师，同样可以到公社中学当老师，春季开学后就让我到牌楼中学教书。就这样，我回到了母校当老师，教的是初二和初三的数学，兼开大喇叭播放早操、课间操音乐，偶尔还刻钢板、印材料，身份是公社中学"代课教师"。幸好当时徐淦老师还没有回上海，每当我遇到不懂的问题（如立体几何）就向他请教。

当了一年公社中学数学老师之后，1976年春季，我们两个生产大队于1975年办的一所初中要招一年级新生，同样缺老师，村干部认为既然我可以到公社中学教书，同样可以到村中学教书。就这样，我便到店上初中教了两年的初中语文，从初一到初二，同时当班主任，身份是大队联办初中"民办教师"。我在店上初中任教时，教我六年级语文的纪自强老师和数学的刘老师也在同一所学校任教。"文革"期间，此前的小学老师教初中、高中毕业生教初中，在乡村比较普遍。

我共有3年多的乡村中学教师的经历，虽然那时高中毕业生当初中老师比较普遍，但现在回想起来依旧百感交集，况且我说普通话都不普通，竟然还教上了三个多月的初一英语！从另外一方面说，在当时那个大背景下，"代课教师"和"民办教师"在特殊时期对中国基础教育是有贡献的。

大学毕业留校工作以后，我还根据系领导安排，到安徽师大附中、安徽劳动大学附中、六安师专（今皖西学院前身）支教过。关于老师和学生身份有何不同，无论是过去还是现在，既有相同点，也有不同点。相同的方面，他们都是学习者，孜孜不倦地学习、学习、再学习，老师可能更多的是自学，学生更多的是跟老师学，自学是一个重要方面；不同的方面是重心不一样，老师的重心是教书育人，学生的重心是学习。

无论是老师还是学生，道德品质都要好，道德品质不好，即使其他方面好，也可能是歪点子多。"科学虽没有国界，但科学家却有自己的祖国。"过去有一句话叫作"又红又专"，"红"指道德品质好，"专"指专业素养高。"又红又专"者对社会的贡献最大。我们应该向智者学习，向自己觉得应该学习的东西学习，努力实现从"不知道自己不知道"向"知道自己不知道"和"不知道自己知道"的跨越。

"教书育人"四个字说起来很简单，但要做个好老师还真不那么容易。我们会在什么情况下记住一位老师呢？一种情况是严厉批评过自己甚至打过自己板子的老师我们会记住，另一种情况是在我们人生发展历程中给我们很多教诲、我们觉得从中受益匪浅的老师我们会记住。"教书"与"育人"这两件事的关系非常密切，教书不仅仅是教科学知识，更要全员育人、全面育人，教书的过程也是育人的过程，教师虽然教的是某一门课，但是教学过程中隐含的情感态度价值观、做人的道理、规矩和教师的言行举止都是育人的重要方面。教书过程中，怎样才能教好学生？首先要让学生"亲其师，信其道"，怎样把学生吸引过来带进门是一门大学问。很多学生对某个学科的热爱，首先是从偏好老师教的这门课和喜欢这位老师开始的。很多教科书学生都可以看懂，但是为什么还需要老师教呢？为什么老师讲过以后学生能够记住呢？原因在于老师可以因材施教，可以给你很多启发，除了教科书，老师知道得多一些，能让学生在学习的过程中不知不觉地学到了教科书之外的知识、技能和方法，在耳濡目染中养成了自己的科学的情感态度价值观。这一点很重要。做一个好老师是一辈子的事情，不是一阵子的事情，能成为一个学生喜欢、尊敬的老师很不容易。当看到学生在聚精会神地听课，课后甚至毕业多年后见面时还能亲切地喊你一声，当老师的应该感到欣慰。当然，当大学老师，除了教书育人以外，还要做科研，还要在力所能及的情况下做好社会服务。

对于好学生的概念，过去是"三好学生"，即品德好、学习好、身体好，现在是"德智体美劳"全面发展。学生的重点就是学习，但是取决于你和谁一起学、学什么和怎么学。俗话说得好：物以类聚，人以群分；近朱者赤，近墨者黑；在什么圈子，成什么样人。所以说，和谁一起学、学什么、怎么学很重要。现在大学生劳动次数和时间少了，教室卫生、宿舍楼道卫生、环境卫生有专人打扫，但仍然坚持参加日常劳动、热爱劳动和劳动人民，这就是学生的好品质之一。

听说现在极个别大学生自控能力不强，学习风气不是特别浓厚，上课的时候睡觉，该睡觉的时候玩手机，该动脑时不动脑，该动手时不动手，我有点不可理解。任何时代都有那个时代消磨时光的方式，关键是要有自控力。我们那个时候大学生的自控能力很强，可能与生活磨砺、社会阅历、高考录取率低、上大学不容易等有关。自律对每个人都很重要。我们不可能时时都生活学习在学校里，不可能时时都在家长的怀抱里，总是要走向社会的，到社会上如果不能自律就会出问题。

采访人：您本科毕业后留校工作至今，您的专业是地理，那么关于安徽师大地理专业的建设情况，您有什么印象深刻的事情与我们分享吗？

黄成林：我们学校地理专业，最早始于1952年，到现在60多年了，总体上发展良好，20世纪末以后发展很快。从师资队伍看，1978年前后教职工约50人，这种状况大概维持到20世纪80年代中后期，到2014年，全院教职工接近90人；从本科专业看，从1个地理专科专业发展到2014年4个本科专业；从研究生教育看，自从1996年实现硕士学位点"零"的突破，到2014年已经发展到1个博士点、1个一级学科硕士点、10多个二级学科硕士点和专业硕士学位点；从招生规模看，从1977级招收45人到2014年招收本科生402人、硕士生101人、博士生5人。

我上大学的时候只有一个地理专业，1993年开始招收旅游管理本科生，1994年成立旅游系，单位名称是地理系旅游系；1996年获批自然地理学硕士学位授予权，1997年开始招收自然地理硕士研究生；2000年创办土地管理专业。从1978年到2000年，由1个本科专业发展到3个本科专业，硕士学位点实现"零"的突破，应该是地理专业老师们的贡献，因为师资的班底是地理人。

采访人：您加入过各种与专业相关的学会，参加这些学会的经历对您的发展有多关键？能否结合自己这一亲身经历，谈谈您对安徽师大地理专业发展的建议和期望？

黄成林：虽然我加入了几个专业学会，但是我的学术圈子很小，很是遗憾。我觉得加入相关学会，就是一种"走出去"，能够认识业内一批人。这些人多是这个领域的精英，和他们在一起就是敞开胸怀、接受新知识，了解学科或专业增长点，甚至找到自己的发展点。和他们建立联系之后，相互交流的机会就会比较多，他们在学术领域研究问题的思路、方法、成果都值得学习，对自己的发展有很大帮助，正所谓"听君一席话，胜读十年书"。

就这种形式的"走出去"推广到对于安徽师大地理专业的发展而言，就是要开门办学，向同行学习，向行业主管相关业务部门学习，和更多的一流行业精英交流，才能掌握这个专业或行业内的前沿知识、了解社会的最大需求，帮助和促进教师成长。所以，只要有可能，就要鼓励老师多参加专业学会，出去学习，回来以后和同行多交流，与大家分享，这对专业发展有很大帮助。

20世纪八九十年代，地理系领导和老师们"走出去"服务社会，让相关部门领导和专家认识我们老师和系科，对专业和系科的发展都具有重要意义。卢村和、韩也良老师带领地理系老师为广德太极洞、贵池大王洞的旅游开发编制开发规划，冯学钢老师带领我和其他老师在旅游系成立之前就为省旅游局编写导游考试教材、担任省旅游局组织的全省导游入职考试面试考官等，至少说为旅游系成立奠定了很好的政界和业界基础。在系主任方觉曙老师、系副主任王长荣老师的带领下，部分老师为省土地局做安徽黄淮海平原土地利用规划，以及后来为当涂县做土地利用总体规划，亦不能说这与2000年获批土地管理本科专业一点关系没有。

安徽师大地理与旅游学院在专业发展方面做得不错，开门办学，开放办学，教师对外交流很广，学院经常组织专家来学院讲学。

我退休五年多了，对专业和学院发展很不了解，谈不上有什么建议。期盼专业和学院越办越好，组织好团队，发挥团队力量，凝练好研究重点方向，教师科研小方向要与学院科研大方向有机结合，毕竟"众人拾柴火焰高"。

采访人：在安徽师大工作期间，您去过东北师范大学进修，这对您之后在安徽师大的教学有什么益处？

黄成林：刚开始我教的课程是世界经济地理。当时我国高校研究世界地理的大体分为几大块：华东师范大学研究西欧和北美，南京大学研究非洲，东北师范大学研究东北亚和俄罗斯等。世界地理的两本大学教材的主编都是东北师范大学的老师（《世界自然地理》教材的主编是刘德生教授，《世界经济地理》教材的主编是陈才教授），所以我就选择去了东北师范大学进修"世界经济地理"。我先后两次去东北师范大学进修，第一次进修半年，第二次进修一年，上"世界经济地理"助教进修班。改革开放之初，高校师资相对不足，当时不少高校教师是留校工作的优秀本科毕业生。相对于高等教育需要，他们学识相对不足，所以要去进修提高，包括教育部委托重点高校办的助教进修班，都是基于提高高校教师专业素质的考虑。

我去东北师范大学进修，一是聆听专家教诲（当时给我们上课的有陈才教授、张文奎教授、孟春舫教授、袁树仁教授等），受益匪浅；二是结识了很多老师和同行，这无论对我所在的系科还是对我个人的发展都是非常有益的。比如，1996年我们申报第一个硕士学位点时，王宗英老师和我去了东北师范大学请国务院学科评议组成员陈才教授为我们"把脉"；科学出版社出版的国家级部规划教材《人文地理学》，就是我的助教班同学贵州师范大学地理系陈慧琳老师、信阳师范学院地理系郑冬子老师和我共同主编的，这本书从2003年到现在一共出了3版，每年一到两次印刷。

采访人：您于1987年加入中国共产党，1988年如期转正，您认为在我们师大成为党员应该具备哪些特质？作为一名教师党员，您是如何立足岗位发挥党员作用的？您担任地理系、旅游系副主任期间，有哪些记忆深刻的工作？

黄成林：安徽师大发展党员，同样按照党章要求办事。如果说"应该具备哪些特质"的话，那就是结合教职工工作岗位考察要求入党的积极分子，考察师德、师风、师能等。

无论退休前还是退休后，作为一名党员，我必须不断追求进步，严格遵守党章，教书也好，做其他事情也好，都要尽可能比他人做得多、做得好，责任心要强。党员最重要的就是要发挥表率作用，要有责任意识。责任两个字不是空洞的，至少包括态度和能力等方面。态度不端正，能力不行，难以承担起应有的责任；态度端正，能力不行，同样难以承担起应有的责任。

我当了三年的地理系、旅游系副主任，从1995年到1998年，能力有限，一言难尽。时任系党总支书记俞士超同志和系主任钱复生老师到我家找我谈的，或者说是动员我当副主任的。我认为，当干部关键是要自己带头干，讲真话，讲诚信。快离任时，组织上找我谈话，让我去一个中心当主任，我觉得自己不是那块料，没有去。衷心感谢这三年对我工作大力支持的各位老师。

记忆最深刻的是那时系领导班子决定做并且让我具体操作的三件事。第一件事就是申请硕士学位点。科研成果是老师做出来的，但是需要宣传让他人知晓。我除了陪王老师去东北师范大学，还陪潘宝林老师去了华东师范大学。当时没有经费，尊贵客人来了顺道游览黄山很正常，硬是凭借潘老师等的关系，黄山风景区等单位全程高规格接待，现在想想还欠人家厚厚的一份情。第二件事是承办全省旅行社总经理岗位培训班。旅游系刚成立，受省旅游局委托，办旅行社总经理培训班，留校工作不久的章锦河、王朝晖老师勇挑教学重担，机电学院杨老师和生科院李沛儒书记鼎力相助，办公室毛成潮老师、团总支书记朱棣老师密切配合，先后办了三四届，培训效果良好，得到了省旅游局夏兴涛书记、陈亚萍书记、王业友处长和学员们的认同，提高了老师和系科的知名度。第三件事是当涂县土地利用总体规划一事。老师们的责任意识、团队意识、集体荣誉感都特别强，很多老师都去做外业，不谈任何条件，都认为这件事情是我们系承担的，就要齐心协力把它做好。

行政工作非常重要，单位发展好不好，与行政管理能力密切相关，浮在上面、不懂装懂、讲外行话是不行的。我觉得当领导应该眼观六路："上"看党的方针政策，方向不能错；"下"看我们的实际工作，干事脚踏实地，路不能偏；"前"看要有目标，包括追赶的目标，目标要具体可行；"左"看"右"看别人在干什么，思考我能不能干，我又能干什么，我能不能选择一个突破口去超越它；"后"看自己的行动轨迹，看自己有无值得反思之处。当领导还要善听、兼听，耳听八方：要全面地听，专心地听；不能只愿听表扬的话，不愿听批评的话；只愿听奉承的话，不愿听真话；只愿听领导的话，不愿听群众的话。应该说，有人批评你，表明有人在乎你，这比不言不语、一团和气要好很多。良药苦口，善意的批评是关心和爱护的一种重要形式。

采访人：您于2014年退休，同年又被安徽师范大学出版社返聘从事版前审读工作，能介绍一下安徽师范大学出版社建设情况吗？

黄成林：我是2006年5月到安徽人民出版社安徽师大编辑部的。安徽师范大学出版社成立于2010年，其前身是2005年成立的安徽人民出版社安徽师大编辑部。我从2006年一直到现在都在这里，退休之前"双肩挑"，退休以后被出版社返聘，主要从事版前审读工作。

安徽师范大学出版社的成立凝聚着多位领导和众多专家的夙愿和努力。全国部属和省属重点师范大学总共三四十家，全国师范类大学出版社只有12家，其中部属院校就占了6家。安徽省属高校只有安徽大学和安徽师大有出版社。应该说有没有出版社是一个高等学校发展的重要标志。办好出版社、甚至举全校之力办好出版社，理所应当。

成立出版社凝聚着师大几代人的心愿和辛劳。从20世纪80年代起，学校就开始运作申报成立出版社事宜，一直未能如愿。到了21世纪初，学校再次申报成立出版社事宜。在校内外领导重视和具体经办人的努力下，在方方面面的帮助下，先于2005年成立了安徽人民出版社（时任社长汪鹏生编审）安徽师大编辑部，总署每年下发50个书号，用于编辑部出版安徽师大老师们的学术著作。又历经5年磨练和培育，2010年出版社正式成立。

出版社成立以后，人员从少到多，部门逐步齐全，每年出版图书从200种发展到四五百种，各方面进步都很快。2020年是出版社正式成立10周年。10年，对于人生来说还处于小学阶段，对于百年企业来说同样处于起步阶段。过去已经过去，永远从今天开始。祝出版社越办越好，百尺竿头更进一步。

我敬畏出版。出版无小事，责任重于泰山，态度决定一切，细节决定成败。出版社是宣传阵地，图书质量头等大事；出版社是知识密集型服务性企业，人员素质至关重要：没有一流的策划队伍，难有一流的产品线；没有一流的编辑队伍，难有一流的产品；没有一流的营销队伍，"内容为王"亦枉然；没有一流的管理队伍，难有一流的企业。

采访人：在安徽师大的这些年里，包括在学生期间、任教期间和出版社期间，您遇到过哪些令您印象深刻的人和事？

黄成林：在我的人生道路中，遇到很多贵人，即那些在生活和工作中给我帮助和引路的人。在我脑海里，包括校内外的领导、老师、同事、同行、朋友和学生，印象很深的人和事很多很多，限于篇幅，即使有千言万语，也只能说说其中一二。

过去当大学老师要先做一到两年的助教工作，主要是跟班听课。我的指导老师周厚勋老师，给我的印象特别深：讲义每轮必写，每写必有新意；上课必带讲稿，但从不看讲稿并娓娓道来；板书层次分明，布局讲究；做事规规矩矩，认认真真。给我们上高等数学的朱作宾老师也是这样，一边讲课一边板书，嘴里讲的和手上写的还不完全一样，从未出过差错。我们的老师受到同学们的尊敬和爱戴，我在工作中努力学习他们，向他们看齐。

我做科研和开展社会服务也是在领导和老师指导下开展的。当时我教世界经济地理，对我来说，研究世界经济地理比较难，一是外语水平低，二是缺少一手外国文献。在一次教研室会议上，不知什么缘由谈到了做研究之事，路有成主任说可以做徽州文化地理研究，后来我真就顺着这条路走了下去。1988年前后，韩也良、潘宝林老师带我参加了国家自然科学基金项目"黄山风景区开发理论的地学研究"，我开始与黄山结缘，与旅游结缘。1988年暑期，卢村和、韩也良老师和王长荣副主任带领我们考察贵池大王洞并编制其旅游开发规划，这为我后来主持相关项目奠定了基础。1989年前后，韩也良、喻家龙、潘宝林老师带领我们编制当涂县太仓生态村规划，让我学会了编制农村农业类区域生态规划的部分本领。1994年前后，潘宝林老师带领我研究黄山旅游与环境，让我幸会了黄山风景区管委会专家型领导王桂梭副主任等，受益匪浅。2006年4月，时任副校长王世华教授找我谈话，让我来编辑部，我说我不懂，他说不懂可以学，于是我就来到了编辑部。编辑部主任张传开教授和总编辑房列曙教授，还有目前仍在出版社工作的吴顺安、吴毛顺、郭行洲、胡志恒四位老师，他们对我的帮助都很大，让我初步了解了出版。出版社成立之后，从首任社长张传开教授，到继任社长汪鹏生编审、张奇才教授，以及他们的副手和同事，都给予了我很多帮助，同样让我念念不忘……

我是"新三届"，读书很少，学历太浅，领导和老师大力帮助我，他们这种关心后学的蜡烛精神永远值得我学习和谨记在心。在工作中，我也努力秉承老师们的蜡烛精神，我认为这是我的责任和义务。

一路走来，除了亲人们的抚育和教养，我得到了众多领导、老师、同事、同行等的不同形式的关心和帮助。唯有时时怀有一颗感恩的心，像蜡烛一样，有一分热，发一分光，给人以光明和温暖，我方能对得起抚育、教养、关心和帮助过我的每一个人。

谢谢你们！

李运明先生访谈录

采访时间：2019年12月19日

采访地点：赭山校区教职工活动中心

受 访 人：李运明

采 访 人：徐兰婷

整 理 人：王晓琪

李运明，男，1950年3月生，安徽太和人，中共党员，副教授。1972年4月—1974年8月在安徽师大历史系学习。毕业后留校，历任历史系世界古代中世纪史教研室主任，校教育工会副主席（主持工作），安徽省高等学校师资培训中心常务副主任，校发展规划办公室副主任、校友会副秘书长、校史编写办公室主任等职。1978年9月—1979年12月在东北师范大学研究生班进修。曾任安徽师大第二届、第三届教代会执委会副主任、中国世界古代中世纪史研究会副秘书长。发表学术论文及有关文章30余篇，并参与多部专著、教材、辞书的编写。

采访人：李老师，您好！感谢您能抽出宝贵时间接受我们的采访。您毕业后选择留校任教，背后的原因是什么？

李运明：我留校不是个人选择，完全是组织安排。当时国家对大学毕业生实施统一分配制度，毕业生不存在双向选择，也没有个人就业选择的余地，学校根据需要按省里下达的留校名额，由各院系选拔留校生。所以我当时是学校（主要是系里）选留下来的任课老师。1974年9月8日是我们毕业分配的日子，历史系一共毕业79人，选留在学校工作的有8人：尹祥霞、陈力、谭文凤、俞丽青、周怀宇、汤德用、宣守有和我。尹祥霞到学校党委宣传部当干部，宣守有分到政教系当老师（当时政教系刚刚成立，需要补充教师），汤德用为专职辅导员，我和其他4位同学留在系里当老师。系领导召集我们5个人开会讨论分专业时，有的选择了中国古代史，有的选择了中国近代史，有的则选择了世界近代史。我是最后一个发言的，我说大家都有了自己喜爱的专业选择，我没有任何专长，哪一个专业对于我来说都是一张白纸，我服从组织安排，领导认为我适合干哪个专业，我就干哪个专业吧。没承想系领导就把我安排到历史系最难搞的一个专业"世界古代中世纪史"。说这个专业难搞，因为该专业一是外国史，二是外国的古代史，可谓又洋又古，大家都不愿意去从事该专业的教学和研究。我既然表态服从分配，只好接受系里安排。因为这个"又洋又古"的专业，一起留校住在一起的中文系同学开玩笑说："我们以后不喊你名字了，就叫你'李洋古'吧。"说实话，凭我的能力水平在这个专业是很难做出成就的。第一，我不懂外语，我的中学、大学时代都没有学过外语。第二，我毕业时已经24岁，这时从头开始学习外语，主要靠自学，是不可能学好的。不懂外语，去开展外国古代史及中世纪史的教学和研究，能有什么成就呢？只好赶鸭子上架，逼着自己硬着头皮干，后来硬是把这个阵地坚守下来了，并把老专家、老先生的教学接力棒薪火相传下去。回过头来看看，觉得自己所走过的路、所做的教学研究和取得的成果还是对得起当年选留我的师长和领导的。最近，历史与社会学院领导倡议退休的老师把各自的教学研究成果汇编起来，交出版社出版，传承给后辈参阅，这是很有意义的事情。我也不揣冒昧，把教学中发表的文章汇集成书交给了出版社出版，书名为《拙学集——李运明教学与研究文汇》，我想在我那个时代，像我这种专业、以我的能力水平，有几十万公开发表的文字，也算对得起培养我的母校、教诲我的老师和我个人了。

采访人：您于1978年参加东北师范大学研究生进修班，从进校到结束前后一年半时间。回顾这一年多的进修学习，您有哪些收获或改变呢？

李运明：在这一年多的进修生活里，我有很多的感想和收获。1977年12月，全国有一个世界史学术会议在我校召开，是我们历史系承办的，全国各大学的世界史专家都云集在安徽师大进行学术研讨。我作为青年教师参加会务组，为大会服务，见证、目睹了专家们的讨论，这件事对我的触动很大。与会者中有一位东北师范大学的朱寰教授，他是世界中世纪史专家，是我国这个领域的权威，学问做得好，影响力很大，我就主动接触朱寰教授，向他讨教，并提出了想去他那里进修的想法。当时我的信息比较滞后，那一年是他第一年招收研究生，如果我提前知晓，我会去报考他的研究生。他说："我招的三个研究生下学年就进校了，新学年开学时你要来进修，就和他们一起学吧。"我系副主任张海鹏老师也亲自和朱寰教授谈了我进修的事情，朱寰教授满口答应。系里原计划派我去进修两年，实际上我就学习了三个学期，第四学期我提前从东北师范大学回来了，主要是当时中世纪史就张少叔老师一个人上这门课，当时系里探索教学改革，1979届学生（1976级，最后一届工农兵学员）的课程改革，即世界史课程倒开，先上现代史、近代史，后上古代中世纪史，1977级、1978级学生进校后世界史又恢复顺开，加之这两届学生仅相隔半年先后进校，这样一来三个年级都集中在一个时间段授课，张少叔老师实在太忙，就让我早点回来分担上课的压力，而我在东北师范大学进修的主要课程已学完了，亦想早点回来，于是就提前一个学期回来了。在三个学期的学习中，我主要是跟着带研究生的郭守田教授、朱寰教授后面学习，同时还兼听了东北师范大学林志纯先生、孙义学先生等给本科生上的世界古代史、世界中世纪史课程。我一边和研究生在一起学习，一边去听不同老师上的本科课程，领略了东北师范大学许多老师的教学风格、讲课水平，从他们身上学到了难能可贵的知识，他们精湛的教学方法、高尚的师德师风和品格，使我深受影响，收获很大。东北师范大学的藏书量比安徽师大多一些，我在那里读了一些安徽师大图书馆没有的图书，这对我以后的工作和成长都起了很大的作用。

采访人： 在您的求学生涯中，有哪些让您印象深刻的老师？

李运明： 印象深刻的老师有很多。我有一本书要出版，在这本书的"序言"中，我打算回忆那些年我的老师们，谈谈自己的感受，对他们给我的教诲、帮助表示感谢。我们历史系世界史著名教授光仁洪先生没有给我们班上过基础课，我留校后，他在教研室活动中的很多发言很有水平和见地，我从他身上学到了很多宝贵的东西。他担任系主任的时候，很关心我们青年教师的成长。世界史教研室里还有几位德高望重的老先生如陶秀教授、陈正飞教授、高亨镛教授等，虽然没有给我们上过课，但在我留校后的教研室活动中，他们都言传身教，深刻影响了我。

当年给我们上过课的老师有陶梦安老师、杨帮兴老师、张少叔老师、管敬绪老师、孙仲伟老师、汪宏玉老师、徐正老师、周美云老师、陈怀荃老师、夏子贤老师、万绳楠老师、杨国宜老师、张海鹏老师、叶梦明老师、宋佩华老师、黄绮文老师、王自敏老师、姚国琪老师等。有的老师如陈怀荃先生、陶梦安先生、叶梦明先生等都是国立安徽大学时期的老师，1949年随学校从安庆迁到芜湖，他们都有渊博的知识和很高的教学水平。所有这些老师对我们的学习、进步和成长都起到了很大的作用。

我是1972级工农兵学员，是推荐上大学的。我们这届学生进校时学历水平、层次有差异，学校很重视对我们的培养，为我们进行了一学期的"补课"打基础。这时，除本系老师上课外，中文系、政教系、地理系等一些老师也给我们授课、"补课"。如中文系的祖保泉教授讲授了李白的《蜀道难》，孙慧芬老师讲授了巴黎公社与国际歌，陈文行老师讲授了诗歌欣赏与创作，李顿老师讲授了鲁迅；马列部（后改为政教系）的路修武老师、吴奎罡老师讲授了政治经济学，张绍龄老师、田崇勤老师、杨千朴老师讲授了哲学，杨荣华老师讲授了中共党史；地理系的左振平老师讲授了世界地理；教育教研室的夏瑞庆老师讲授了教育学；等等。这些老师的授课让我们受益匪浅，为接下来的学习打下了坚实的基础。

在东北师范大学进修期间，指导我学习的老师主要是朱寰教授和郭守田教授。朱寰教授作为我进修的导师，很关心我的学习。记得他有一次去北京出差，在中国社会科学院待了十多天，他在北京期间还给我写了一封信，关心、指导我的学习，这封信我一直都珍藏在身边。朱寰教授言传身教，关心学生成长，让我受益良多。郭守田教授为人儒雅，平易近人，他给研究生上课多是座谈式的讲评，边讲边和学生进行问答，课后会立即布置作业，并要求第二天上课带给他看。两位老师都喊我到他们家里吃过饭，体现了对我这个身在异乡进修生的关爱。尤其在郭守田教授家喝的小米粥，给我留下了深刻印象，那个时候，他们家的生活很艰苦，细粮都是定量供应的。前几年郭守田老先生过世，我不知消息，没去给他老人家送行，很遗憾。孙义学先生给本科生上世界中世纪史这门课时，我随班听了他的全部课程，他讲课风趣、幽默，水平很高，他在课堂上讲的内容，给了我很多启发。我后来发表的两篇文章都是受到孙义学先生的启发而撰写的。他在讲日本史的时候，提到大化革新，其中一些观点让我觉得很新颖，回来后我对他的观点进行了深入研究，广泛搜集资料，发表了两篇关于日本大化革新的文章，这都是我进修期间受到的教诲、启发、影响而取得的成果。

采访人：您曾担任过历史系世界古代中世纪史教研室主任一职，您印象深刻的人和事有哪些？有哪些事情是您做的？遇到令您觉得最遗憾的事情是什么？

李运明：在担任教研室主任期间，我力求把教研室的老师团结起来，秉承老一辈教师的传统，继承他们的师德师风，承担起教学和研究工作，完成世界古代中世纪史的教学任务。我记得印象最深刻的就是，系里的青年教师对我都非常敬重，刚毕业留校的青年教师都是我授过课的学生，他们很尊重我，当然我也很关心他们的成长。如1987届学生方青，毕业后选留下来当辅导员，我曾对他说不能只满足于当辅导员，可以先选个专业方向进修，有目的地读书，往专业教师方向发展，欢迎他结束辅导员工作以后来我们世界古代中世纪史教研室。也可能是听了我的建议，方青当了四年的辅导员后，就转行到世界古代中世纪史教研室当老师了。不久他又考取了研究生，有了自己喜爱的专业，现在已是很有成就的专家学者了。解光云也是如此，他毕业后当辅导员带了一届学生后，在我的建议下转岗到了世界古代中世纪史教研室当老师、做教学研究。他现在学问做得很好，为人很聪明，在学科专业上也有了一定的成就。还有一些老师如韩家炳，他在毕业前和我进行过交流，表明想留校深造，我也给予了支持。我是从青年教师走过来的，深感年长教师对青年教师成长、关爱的作用，看到青年教师有上进要求，有发展潜力，那么就要关心他们、帮助他们、鼓励他们。后生可畏啊！现在很多青年教师都超过了我辈，这是可喜可贺的现象。

要说最遗憾的事情，就是世界史学位点申报没有尽如人意。我们历史系在全国20世纪60—80年代的高校尤其师范类高校，是很有影响力的，在安徽师大也是最重要的文科支柱学科之一，老专家比较集中，学术影响力很大。但很遗憾，我们世界史硕士学位点获批较晚，博士点至今仍然没有申请下来，这对我校培养人才、造就人才造成了不利的影响。如果能早些获批世界史的学科硕士点、博士点，我们的人才培养、梯队建设就可能更好一些。

采访人：您还担任过安徽省高等学校师资培训中心常务副主任一职，这中间印象深刻的人和事有哪些？

李运明：这段工作是我在历史系从事教学工作二十多年之后从事的新领域。由于当时一些主客观的原因，我一度产生了想调出学校的想法，也联系了一些单位，这些单位也直接发函调我过去。我年轻时曾经有几次调离历史系的机会，第一次是1984年。学校第一次机构改革，学校领导想把我调到教务处教学研究科当副科长，这个事情我事先是知道的。学校组织部负责同志和我通过气，只不过我没向系里汇报。当学校做出决定通知系里，系主任汪宏玉老师亲自到我家说杜宜瑾校长找他谈话，要调我去教务处，又说他当时留我在历史系是想让我以后接班的，他们这一代人眼看着都老了，要退出历史舞台了，系里的青年教师力量还很薄弱，他建议我继续在系里当老师，将这个台子顶下去。我立刻表态，系里不要我走，我就不走。他说："那明天我就去向杜校长汇报，就说你不愿意调到教务处。"我说："好吧。"说实话，我是历史系培养出来的，汪主任对我那么器重，亲自到我家里做我工作，我不能辜负了他。其实我心里还是很纠结、很矛盾的，只能默认了他的意见。这是我的第一次思想波动。

第二次是1985年。我去合肥出差时，和大学同学刘奇葆一起在省委食堂吃饭，他问我可愿意到省里工作。他毕业时分配在省委宣传部理论处工作，后来给省委书记赵守一当秘书。他说省委正在组建讲师团，理论处处长李家蓬担任团长，正在征召、挑选人员。征得我同意后，他就推荐我了。于是省委讲师团的办公室主任韩宝玺亲自来到芜湖考察我，和我谈了话。韩宝玺主任是吉林长春人，听说我在长春读了两年研究生班，感到很亲切，我们的交谈很愉快。他回去后作了汇报，不久就直接发了调令给安徽师大人事处。我到学校找领导申请调动时，张海鹏校长把我批评了一顿，他批评我的口气虽然很严厉，但劝我留下时又体现了师长对后生的无限关爱。张海鹏先生是我敬重的恩师，时任历史系主任，后调到学校任副校长、校长。我只好放弃到省委讲师团的念头。回想起来，这是我人生的一大遗憾。

到了20世纪90年代，学校发生了很多变化，包括组织人事的变化、队伍的变化、教学环境的变化等，我的思想也出现了很大的波动，下定决心离开安徽师大到外地去寻求发展。我在出席一次学术会议时，一位同行好友冯国正先生推荐我去他的学校广州师范专科学校（后并入广州师范学院），与此同时，我还联系了常州师范学院，这两所学校都同意接收我，先后发了商调函到安徽师大。安徽师大领导知道此情况后，沈家仕书记、丁万鼎校长就来挽留我。尤其是丁校长语重心长地和我谈了话，动员我不要去其他高校了，可以给我换个环境工作。于是1998年3月，我被调到学校教育工会任副主席（主持工作），并同意我"双肩挑"，到机关任职，系里的教学工作继续做。

2000年4月，学校进行干部轮岗，又把我从工会调到安徽省高等学校师资培训中心当副主任（主持工作），主任是副校长王世华兼任的。我在这个师资培训中心工作了五个年头，主要负责全省高校师资队伍建设和培训，其间和教育厅的人事处、高教处、师范处等来往比较多，和各个高校来往也较多。中心每年召开两次全省高校师资培训工作会议：一次是师资培训工作会议。组织各个高校负责师资培训的负责人参加会议，布置培训任务、征求师资培训的意见和建议；教育厅主管部门负责人到会讲话，进行政策的解读等。另一次是岗前培训工作会议。每年全省各高校都会引进很多刚毕业的新教师，这些新教师在上岗前都要经过培训，主要学习三门课：高等教育学、高等教育心理学、高校教师道德修养。教育部规定这三门课是青年教师上岗前必学的，学过以后要考试，考试合格者颁发证书，确认高校教师资格，然后才能上岗。与此同时，教育主管部门对解决青年教师的学历问题很重视，教育部发文要求各省教育厅要举办"同等学力申请硕士学位教师进修班"，也就是那些进入高校的本科生、没有获得研究生学历的，分不同专业集中进行研究生学历培训，学完规定的研究生课程，通过外语统一考试，合格者授予硕士研究生文凭。这一工作由各省的高校师资培训中心组织实施，或举办培训班。那几年，我们把这个班办得很红火，带来了很大的经济效益，同时也解决了一大批全省高校教师的学历学位问题，为全省高校教师队伍建设做出了应有的贡献。

2004年8月，学校又进行了一次干部轮岗，我从安徽省高等学校师资培训中心调整到学校新组建的一个机构"发展与规划办公室"，校长助理沈洪为主任，吕志强和我为副主任，我主要从事校友会的工作，后来学校又发文让我兼任校史编写办公室主任，组织、主持编写《安徽师范大学校史》（1928—2008）。此后几年间，我和几位老师合作编写了一部几十万字的安徽师大校史。

采访人：您组织、主持编写了1928—2008年的安徽师大校史，可以具体谈谈吗？背后的故事能否与我们分享？

李运明：编写校史，对我来说是一件高兴的事情，也是件很有意义的事情，安徽师大之前是没有一本完整校史的，可以说这是一项填补空白的工作。

这项工作当时可谓是应时之作、奉命之作。当时的背景是，教育部要组织专家在2007年对学校进行本科教学评估，评估专家需要了解学校的历史。学校虽然在20世纪80年代初期曾经编写过一本《安徽师范大学简介》，但写得很简略，不详实、不全面、不系统，有些事情没有交待清楚，语焉不详。而专家组需要看的是安徽师大整体的、系统的、详细的历史全貌。此外，2008年是学校建设80周年，举办校庆庆典时，也亟需向校友和来宾展示一部底蕴深厚、历史悠久的校史。于是，蒋玉珉校长就把这个任务交给了我，专门成立了校史编写办公室，由我当主任，负责撰写人员物色、挑选、撰写、出版等事宜，学校每年给两万元的编写经费。我为了完成任务，动员一些退休的老教师参与编写，并且到处走访、调研，搜集资料，其间去了安庆、合肥、北京、南京等地的档案馆、图书馆，采访健在的老专家、老领导。我当时想，我是学历史出身，写出来的校史一定要言之成理、言之有据，要经得起推敲、经得起检验，对历史的评判要附上原始资料来说明，资料详实，历史才能真实。为此，我把20世纪30年代民国政府在抗日战争时期让学校搬迁的来往电文都录入了校史，再现了历史原貌。这些原始电文都是我从南京第二历史档案馆摘抄、复印回来的。我走访了一些还健在的老领导，比如打听到靳树鸿先生还健在，几经周折，才找到他。靳树鸿先生是1949年安庆解放时接管国立安徽大学的军代表，安庆1949年4月解放，6月中国人民解放军南京军管会派出四个军代表到安庆接管国立安徽大学（安徽师大前身），靳树鸿是首席军代表，黎洪模是副代表。郑玉林、徐静斐（著名画家徐悲鸿女儿）为联络员。他们四人等完成了接管工作，将国立安徽大学接收到党的怀抱，并于1949年按上级领导指示，将国立安徽大学整体成建制地从安庆搬迁到芜湖赭山南麓。因此，靳树鸿先生对学校这段历史特别清楚。要写好这段历史，必须采访靳树鸿先生。2007年9月，我利用去北京出差的机会，专程去拜访了靳树鸿先生。他告诉我1949年、1950年他在学校工作的情况，并把一些原始的老照片送给了我，部分照片编入了校史，原件都交给了学校档案馆保存。考虑到学校不久即将举行建校80周年庆典，需要征集一些老领导的题词，我即提出请他为学校建校80周年题词。他欣然同意，他老伴杨老师说："他年纪大了，写不了太多的字。"我说："就写八十春秋，薪火相传吧，但落款署名要写上'原安徽大学军事代表靳树鸿'。"我的想法是以此撇清原安徽大学与"今安徽大学"的关系，彰显安徽师大才是原安徽大学的真正传人。靳树鸿先生带领学校从安庆搬迁到芜湖后，又在学校工作了一年半才离开，调到华东局人事处工作的。

在北京期间，我还走访了王郁昭先生。王郁昭是1951年继靳树鸿之后任学校的军代表，他曾长期在学校工作，担任过学校校长办公室主任、马列部主任、宣传部部长、副校长等职，对学校历史十分清楚。他还提供材料，让我代笔撰写了校史的序言。校史序言，其实是我按照他的观点、以我的逻辑需求和想法而进行语言组织的，目的是彰显学校历史的传承性、真实性，其中有些内容如个人生平、工作简历等是从他提供的回忆录草稿里摘抄的，其他的则是按我的思路写的。我还请他为学校建校80周年校庆题词，我拟了"杏坛桃李万千树，一脉相承八十年"，请他书写。我把这幅题词交给了学校档案馆保存。其实，请靳树鸿、王郁昭二位老领导题词，完全是我个人的爱校之举。当时校领导并没有让我请他们题词，是编写校史走访他们时临时起意的，也可以说是编写校史的副产品，这两幅堪称"绝笔"的题词带有一定的抢救性。2008年3月，我再去靳树鸿先生家时，先生已在两个月前去世了。不几年，王郁昭先生也驾鹤西去。

采访人：您还担任过校工会主席，您在这个岗位上都做了些什么事情？收获最大或较大的有哪些？

李运明：这段工作经历还是很愉快的。我作为一位副教授，从教学岗位调到行政序列担任校工会主席，这种情况是不多的。我到校工会以后，省教育工会很重视，增补我为省教育工会常委，委任我为省教育工会江南片片长，并派我到北京"全总"参加学习班学习（全省只有3个名额，我是其中之一）。我在担任校工会主席期间，除了组织开展本校的教职工活动，如球类比赛、歌咏比赛、青年教师演讲比赛、拉丁舞培训、组织旅游、提高职工福利等，还组织开展了本省江南片高校的系列活动，如在黄山学院举行江南片高校乒乓球比赛，在芜湖举办高校工会系统理论研讨会，组织高校工会互访、调研、交流等。

我虽然担任校工会主席的时间不长，但给了我很多的历练机会，受到很多启发。校工会是一个群团组织，所有工作和活动都与教职工的切身利益息息相关，学校的民主管理也离不开工会，但民主管理不能存在于口头上、文件上，要在行动上体现出来。校工会一定要在党委的领导下配合党委来开展民主管理工作。从发扬民主管理、维护教职工利益等方面来看，我感受最深的是学校成立分房委员会，起草了安徽师大教职工分房管理办法。在20世纪70—90年代，安徽师大的教职工住房十分困难，因为合肥师院1970年与安徽工农大学（1972年改名为安徽师大）合并，学校教职工队伍骤然增多，而学校的现有住房很少，大家对住房的要求很迫切，省里拨的用于建房的款项也有限，住房分配矛盾很大。我作为校工会主席并担任分房委员会副主任，要出面做工作，要帮助解决困难，深深感到"当官要为民做主"做起来着实不易。

采访人：您从安徽师大毕业后留校任职，在历史系（历史和社会学院）担任世界史教研工作，一干就是几十年。历史系的世界史是怎么发展的，能跟我们具体说说吗？

李运明：我现在离开教学岗位很长时间了，退休将近十年了，所以对当前学科发展趋势以及目前历史研究水平都不太了解了，不像当年在教学第一线时，又教书又做科研，时刻关注学术动态。目前学院世界史的后起之秀们都实力突出，表现得很优异，同时学科、学位点建设也很完备，今后的发展会更好。前面提到的几位青年教师，现在都步入中年了，都很优秀。如解光云、方国学、张士昌、韩家炳等都是世界史专业的中坚力量，我相信他们会做得更好。老一辈的杨国宜先生、管敬绪先生等还健在，杨先生九十岁了还笔耕不辍，每年都写文章，出席一些研讨会，精神可嘉，值得后辈们去学习。特别值得说的是董光琨先生，他是一位好老师，也是一位好领导，给我印象深刻的是他为人正派、待人诚恳、心地善良。他任历史系党总支书记时曾于1992年到我家里找我谈话，要推荐我担任历史系副主任。我很感谢他看重我、推荐我，但囿于个人原因，我谢绝了他的好意。

采访人：您怎样看待历史与社会之间的关系？您觉得安徽师大在您的成长中扮演着怎样的角色？

李运明：这第一个问题是一个新的问题、新的命题，当前社会信息发展迅速，我实在是跟不上这个发展形势。以前的理念是"板凳要坐十年冷，文章不写一句空"，但是现在这个理念似乎在当今的一些青年教师和学者身上不存在了。不久前，我在朋友圈看到一个口号"跨越知识的创新"，我个人认为这是一个不切实际的口号，知识是基础，没有知识的创新，即便别出心裁的"标新立异"，也没有生命力。我们要在读书中发现问题、研究问题，如果一些教师仅仅为了评职称而发表文章，以完成规定的条件要求，但是文章研究的内容、方向却和本专业联系不太紧密，这就很难把自己从事的学科、专业研究做深、做强。学术研究还是应该专业化、专门化，不能急功近利。

安徽师大是我的母校，是我成长的地方、生活的地方，没有安徽师大的培养，就没有今天的我。母校给了我教诲、给了我知识、给了我能力、给了我政治生命、给了我学术生命。可谓"无校无我、无师无我、无我无我"，我的一切成长、进步成就都离不开学校的培养以及悉心指导、教育、爱护我的老师和领导。我永远感谢母校，热爱母校，永远做一个忠诚的、骄傲的"师大人"。

李宗楼先生访谈录

采访时间：2019 年 12 月 14 日

采访地点：李宗楼先生寓所

受 访 人：李宗楼

采 访 人：郝绵永

整 理 人：陈佳佳

李宗楼，男，1951年2月生，安徽全椒人，教授。1974年安徽劳动大学政治理论专业毕业后就读北京师范大学科学社会主义研究班，1982年安徽劳动大学调整，政治系并入安徽师大政教系。1993—1995年为北京师范大学和国家行政学院高级访问学者。曾任政法学院公共管理系主任，政治学硕士学位点负责人。兼任中国政治学会理事、安徽省政治学会副会长、安徽省科学社会主义学会副会长。主持、参与3项国家社科基金项目，主持4项省级社科规划项目，发表论文80余篇，出版专著、合著6部，主编出版地方治理研究报告3辑，先后获4项省部级社科优秀成果奖，被评为安徽省模范教师、教学名师。享受省政府特殊津贴。

采访人：李老师，您好！非常感谢您能接受我们的采访。政治学学科在安徽师大有较长的发展历史，其开端与发展经历了哪些阶段？省立安徽大学时期该专业设置以及现在专业教学情况是怎样的？

李宗楼：政治学是现代社会科学的一门重要和基础性学科，在现代社会发展中有着重要地位，对推动人类社会进步有着不可或缺的重要作用，加强和推进政治学科人才培养成为国家社会发展的必然要求。20世纪初，中国现代政治学在欧美政治学科的发展影响下逐渐形成，北京大学等部分高校较早设立政治学科，培养政治学人才，省立安徽大学从1928年建校伊始就设置了政治专业。从1928年算起，直至今日，安徽师大的政治学科发展大约经历了三个发展阶段。

第一个阶段：1928年4月省立安徽大学成立至1952年原安徽大学政治专业停止招生。1928年建校时在文法学院设置经济政治专业。1929年，法学院独立建院并设政治专业，直至1939年省立安徽大学因抗战被迫西迁途中停办。1941年成立安徽临时政治学院设政治系，抗战胜利后的国立安徽大学（1946年）保留政治系，培养社会需要的政治专业人才。1949年12月，学校从安庆迁至芜湖后，仍有政治专业和在校学生，直至1952年全国高等院校专业设置调整，政治专业取消不再招生。从这一时期办学情况看，不论省立安徽大学还是国立安徽大学，在创建中都比较重视政治学科建设和人才培养，尤其是20世纪30年代初期，学校聘请国内一批知名大学教授或著名大学毕业的博士、硕士来校任教，其中包括北京大学任教多年且毕业于美国爱荷华大学的政治学博士张慰慈，美国斯坦福大学政治学博士崔宗埧等一批教职人员为教授，担任政治专业的教学，对提升政治专业人才培养质量起到了积极的作用。

第二个阶段：20世纪70年代初设置思想政治教育专业，到80年代中期获政治学二级学科中共党史硕士学位授予权以及人才培养。1970年全国部分高校开始恢复招生，1973年安徽师大设置了思想政治教育专业（简称思政或政教专业），从那时直至20世纪90年代，教育部将该专业归为政治学类本科专业（现划分为马克思主义理论学科），主要培养中学思政课教师，根据专业要求设置了多门政治学课程，如政治学原理、西方政治思想史、马克思主义原著选读、当代中国政治制度等，政治学老师编著出版了《政治学新编》等教材，促进了专业建设。20世纪80年代初，全国高校恢复设置政治学本科和研究生专业，1985年安徽师大获准并招收中共党史硕士研究生，1986年获中共党史硕士学位授予权，成为当时华东地区仅两所高校有授权点之一。中共党史硕士属于政治学硕士一级学科的二级学科，我们师大获得中共党史授予权后更加重视专业和学科建设。1986—2000年，为适应社会对人才发展需要，突显中共党史硕士学位理论课教学的同时，加强了政治学理论和当代中国政治等课程教学，提升了研究生的理论研究能力。20世纪90年代中后期，培养质量不断提升，考取博士的数量越来越多，且考取中国人民大学、中央党校、北京师范大学、复旦大学等著名高校人数不断增多，带动了在校硕士生的学习热情和报考博士的愿望，其中有两三届毕业生，除了个别外，先后都考取了博士，为学科与专业建设和他们个人发展打下了良好基础，受到学界和相关高校同行的充分肯定、赞许。

第三个阶段：2001年政治学与行政学本科专业申办，到近年来政治学硕士一级学科人才的培养。随着我国改革开放深入推进和社会发展对人才培养的需求，我校于2001年成功申报政治学与行政学本科专业，2002年开始招生，结合专业培养目标和发展要求，在注重政治学基础理论课程教学基础上，同时设置管理学、法学、行政学、国际政治等课程教学，突显专业的基础性和应用性，专业教学质量得到稳定提升，学生就业率和考研率逐年提升。第一届应届毕业生报考硕士研究生录取率达35%，部分毕业生工作后继续报考并被录取。后来政治学与行政学专业每届本科毕业生考取硕士研究生占比28%～38%，包括录取到北京大学、中国政法大学、南京大学、厦门大学、武汉大学、北京师范大学、中央民族大学、华东师范大学、华中师范大学等重点大学的政治学、国际政治、行政管理等专业。在招收与培养政治学与行政学专业学生的同时，合理利用学科和教学资源，2006年起行政管理专业开始招生，将政治学专业与行政管理专业人才统筹培养。由于社会上对政治学与行政学专业了解不多，或存在一些误解，第一志愿报考学生人数较少，2015年起学校暂停该本科专业招生。而随着社会快速发展对硕士研究生人才需要，在学校大力支持下，2006年我们成功申报政治学理论、科学社会主义与国际共产主义运动二级学科硕士学位点，至此，我校获得包括中共党史在内的政治学3个二级学科硕士点专业。学科团队从20世纪80年代中期开始培养研究生，积累了一定的硕士人才培养经验，师资力量得到较好的充实和发展，教学水平和教学质量得到提升，2010年，成功申报政治学一级学科硕士学位授权点。2012年，结合社会需要特别是省内对应用人才的需求情况，又申报政治学一级学科目录外自设二级学科点——地方政府学专业。在这一个时期，除重视加强本科专业建设，整合师资力量和各种资源，突出课堂理论教学外，还注重社会实践教学，建立实习基地指导学生参与社会实践，提高学生的综合素质和动手能力。在学科建设方面重视专业理论探讨，加强基础理论研究，引导学生参与社会调研和课题研究，提升专业理论水平和运用能力。总的来看，近二十年来我校政治学专业获得较好发展，政治学科人才培养数量和质量不断得到提升，保障所有毕业生按时毕业，就业率达95%以上，且获得社会用人单位的认可和积极评价。

采访人： 20世纪30年代省立安徽大学聘请著名政治学家张慰慈先生为法学院政治学教授，为省立安徽大学政治学学科建设做出了重要贡献，他的学术思想在学界有什么影响？今天我们学校对他的学术思想开展了哪些方面研究？

李宗楼： 张慰慈先生是中国现代政治学研究的开拓者、著名政治学家。1912—1917年留学美国，就读爱荷华大学政治学专业，1917年获哲学博士学位，同年与胡适一同回国，受聘国立北京大学，成为国立北京大学最早的政治学教授之一，直至1927年辞去国立北京大学教职南下。在国立北京大学期间，他在《新青年》《每周评论》《努力周报》《国立北京大学社会科学季刊》等期刊上发表了大量时政文章和学术论文，撰写出版了《英国选举制度史》《政治学大纲》《政治概论》《市政制度》等著作，不仅在政治学理论体系研究上有重要贡献，而且在市政学、宪法学、政治制度以及国际政治研究方面亦发挥了独特作用。尤其是《政治学大纲》从1923年2月出第1版，到1930年出第8版（改订本），成为当时国内大学最有影响的政治学著作，被很多大学政治学系选为指定教材。当代著名政治学家、北京大学资深教授赵宝煦先生称张慰慈《政治学大纲》"为民国时期出版政治学比较著名的几本专著中的首本"。政治学家、复旦大学政治学教授孙关宏先生认为张慰慈《政治学大纲》的出版表明，"中国政治学研究已经有了一个基本框架，因此带有学科标志意义"。张慰慈的学术研究对中国现代政治学产生了重要影响，对省立安徽大学的教学及人才培养也做出了重要贡献。据省立安徽大学档案记载，1930年，张慰慈受聘省立安徽大学政治学教授，兼任校务会议委员、图书馆馆长，担任法学院政治系市政、政治学概论、欧美政治制度三门课程讲授。其间，他将之前出版的《市政制度》以及重新改订出版的《政治学大纲》作为教材，把研究成果带到课堂教学中，使省立安徽大学的学生获得高水平的政治学课程学习与教育。

1932年，张慰慈先生离职省立安徽大学后便就离开了大学讲台，但他对中国现代政治学的影响还是很大的。2016年，我和郭敬东博士着手整理张慰慈先生过去出版的著作。2017年春，在中国政治学会副会长兼秘书长杨海蛟教授等领导的支持和鼓励下，经我组织并邀请省内外高校有关专家教授组成张慰慈学术思想研究团队，从多方面多视角对张慰慈学术思想和学术理论贡献进行整体研究。首先，在搜集整理张慰慈先生过去出版的著作、文章的基础上，于2017年、2018年由安徽师范大学出版社重新出版张慰慈《政治学大纲》（外二种）[即《宪法》和《政治制度浅说》]、《市政制度》两部著作，以利于对张慰慈政治学著述的阅读与研究。其次，由我院主办召开张慰慈学术思想研讨会，中国政治学会、中国社科院政治学研究所以及十多所高校科研单位和有关媒体40多位专家学者出席，围绕张慰慈的政治学研究领域与研究方法、突出成就与学术贡献、学术思想以及对未来政治学发展的把握与建议等方面展开热烈讨论，取得积极成果。再次，由我和时为南京审计大学吴汉全教授担任主编，组织十多位教授撰稿并于2018年2月出版了37.9万字的《中国现代政治学史上的张慰慈》专著。该书基于理论逻辑与历史逻辑相统一的视域，注重文本阐释与学术思想梳理相结合，较为全面地研究和评定张慰慈的政治思想及在政治学上的重要贡献，重点阐发了张慰慈《政治学大纲》的突出成就及其在政治学科学化系谱中的地位，借以呈现张慰慈在"政治学"理论上的独特建树。该书是国内第一本从整体上研究张慰慈政治学思想的著作，受到中国政治学会、学界和政治学者的积极肯定，中国社会科学网"政治学"栏目作了专题详细报道，产生积极影响。该书的出版，给安徽师大90周年校庆呈现了一份有学术价值的礼物，是对我校学术前辈的学术思想、治学精神和学术资源的传承与纪念。

采访人：20世纪70年代，我校就设置了思想政治教育专业，在人才培养方面有哪些成就？为后来政治学专业本科和硕士研究生的培养发挥了怎样的支撑作用？

李宗楼：20世纪70年代初，安徽师大作为师范院校，办学任务主要是培养中等学校师资，包括中学思想政治课教师。为适应安徽中学教育教学发展需要，1973年学校设置政教系招收思想政治教育专业，开始每年招生60～70人，80年代中期每年增至100～120人，90年代有的年份达200多人。90年代中期之前，政教系只有一个专业，60多名教师（包括教授、副教授）为这个专业授课。以马哲、中西哲等哲学类，中共党史和科社与国际共运类，经济学和法学类以及马列原著选读等课为主，后来不断增加适应形势和社会发展需要的优质课程。可以说，思政专业的教学既涉及多门学科，又注重基础理论教学，培养的人才基础理论扎实，社会适应性强。在老师们全心投入培养和长期形成的良好学风下，所培养的学生在毕业后受到社会和用人单位的广泛肯定，成为全省高校教学质量最好的思政专业，2019年入选国家级一流本科专业。这个专业在教学质量及人才培养方面最突出的成就：一是报考研究生人数多，录取率不断攀升，一般每届均为35%以上，有的年份占50%以上，且重点大学居多；二是社会用人单位对毕业生的认可度高，特别是省内重点中学思政课教师安徽师大毕业的占比大，高职称和课程负责人多，成为安徽中等学校思政课教学的中坚力量。三是培养了一批知名专家学者和中高层领导。如二级大法官胡云腾、安徽省政协副主席肖超英、四川省人民检察院检察长冯健、中国人民大学著名法学教授史际春、全国十大杰出青年法学家孙长永、全国百名优秀县委书记金维加等，有的成为省内和部分外省高校马克思主义学院有影响的教授、博士生导师或院长，还有的担任省厅或高校领导。

思政专业的发展，为政治学本科和政治学硕士研究生培养提供了有力支撑，主要体现在三个方面：一是思政专业相关课程开设积累了丰富的理论教学经验，如政治学原理、中外政治思想史、当代中国政治制度、马列原著选读、法学概论等，是思政专业的主干课，也是政治学专业必修课，这些课程教学为政治学专业建设打下坚实基础。二是注重选用思政专业授课教师担任政治学专业相关课程的教学，如中共党史、毛泽东思想概论、中国近现代政治制度等课程师资中教授多，有很多研究成果，由他们指导学生和授课，保证了政治学专业人才培养质量不断提升。三是思政专业办学多年，形成了一批教学严谨、注重教学方法、对学生要求严格又极其负责的教师队伍，为政治学本科或研究生人才的培养提供直接借鉴。

正因如此，政治学本科、研究生培养有好的资源支持与支撑，教学质量与培养质量稳步上升。从多届毕业学生情况看，培养质量值得肯定。比如，每届毕业生考研录取率占30%以上，重点大学占比也较高，2009届政治学与行政学毕业班多位学生考取北京大学、武汉大学、厦门大学、南京大学、中国政法大学等校硕士生，有的硕士毕业后继续考博士。我校毕业的政治学硕士生，现在有的已晋升高校副高职称；有的担任高校学院的副院长；部分毕业生已成为企事业或行政岗位上的骨干；2009届毕业的一位本科生现担任一家大型民企高管，并当选为团中央委员；还有一位毕业生出国读研究生毕业后，进入联合国粮农组织拉加区域办事处工作。这里列举的只是部分毕业生发展与工作情况，也可以说明我校培养的质量相当不错，得到用人单位积极评价和欢迎。

采访人：我校1985年开始招收作为政治学二级学科——中共党史专业硕士研究生，1986年获得学位授权点，在国内都有一定影响，这个专业和人才培养方面情况是怎样的？

李宗楼：谈到我校政治学科的发展，就不得不说中共党史硕士专业建设和对人才的培养，也就是说，我校政治学一级学科是在中共党史学科基础上建立和发展起来的。中共党史硕士专业从建立至今已有30多年的发展历程，1985—1996年是建设初期，主要是在黄德渊、杨荣华两位教授带领下创建起来的，那时他们高度重视学科与专业建设，注重培养青年导师，毕业生培养质量稳步提升；1997—2007年为发展期，指导老师得到充实，以中青年为主，其中包括王先俊、汪青松、李宗楼、张奇才、高正礼、章征科、胡安全、金怡顺等教授先后担任导师，招生人数逐年增多，学科科研能力和培养质量获得较快发展；2007年至今是学科和专业发展新的时期，学科和专业建设成绩显著，特别是在2013年成立的马克思主义学院大力支持下获得新的发展。

这30多年的发展中，中共党史学科与专业建设取得很好的成绩，在国内有较高的知名度。据《中国研究生教育评价报告（2008—2009）》，我校中共党史二级学科全国排在A类第十名，后来有所下降，但也有相当不错的名次。1997—2010年的十多年间，我认为是中共党史学科发展最重要也是最好时期。如1991—2005年，中共党史共毕业硕士研究生68名，其中有41人先后考取博士研究生，包括中国人民大学15人，中央党校7人，北京师范大学7人。还有一些学生考取中国社会科学院、清华大学、复旦大学、南京大学、华东师范大学等重点大学的博士，现已有多位成为北京大学、中国人民大学、清华大学、中央党校、复旦大学、华东师范大学、首都师范大学、上海市委党校（上海行政学院）等高校党校的教授、博士生导师，有的是中央党史研究室（现为中共中央党史和文献研究院）研究员，有两位已任中央国家机关司局级领导，有的当选全国人大代表，有的是高校或县处级领导干部，也有多位毕业生在安徽师大、安徽大学、安徽省委党校（安徽行政学院）等省内高校、党校担任教授、博士生导师，成为学术研究骨干或学科带头人，在各自的岗位上发挥着重要作用。

采访人：学科和专业建设离不开教师队伍的作为，我校政治学学科发展已有一定的历史和成绩，教师队伍建设、科研成果状况如何？特别是老师在科研项目、科研平台、科研成果方面获得了什么成就？

李宗楼：学科与专业建设在很大程度上取决于师资队伍、科研项目和科研成果以及科研平台的支撑。有优质的专业教师队伍、高级别的科研项目和丰硕的科研成果，就能保证学科建设和专业发展达到较高水平，就能培养出高质量的符合社会建设需要的专业人才。我校政治学专业不论是本科还是硕士培养，是建立在现有师资队伍基础上不断建设和发展的。从20世纪80年代至2013年之前，政教系或政法学院内统筹政治学科与专业建设，分设政治学和中共党史两个教研室，后来称为公共管理系和政治系。至2010年，两个教研室专任教师有30多人，其中教授8人，副教授12人，获博士学位8人，还有8人在读博士。据不完全统计，2004—2010年，获国家社科基金项目7项，国家社科基金重点项目子课题1项，省部级科研项目14项，在《政治学研究》《中共党史研究》《中国行政管理》《马克思主义与现实》《当代世界与社会主义》《科学社会主义》《党的文献》《社会主义研究》等重点学术期刊发表学术论文100多篇。出版著作15部。有毛泽东思想和中国特色社会主义理论体系概论国家级教学团队、中共党史省级重点学科以及校级当代中国政治发展研究所等平台，获省部级以上科（教）研究奖励10项。师资队伍中有教育部新世纪优秀人才1人，安徽省学术与技术带头人2人，享受省政府特殊津贴2人，安徽省高校中青年学科带头人2人，省高校优秀中青年骨干教师3人。这些方面的突出业绩有力促进和保障了专业的建设与发展。

因形势发展需要，2013年，学校将原政法学院调整为政治学院（现为马克思主义学院）和法学院，中共党史硕士专业由马克思主义学院负责培养建设，政治学其他硕士学科和政治学本科由法学院负责培养建设。近年来，两个教学单位努力推进政治学科和专业发展。法学院公共管理系15位教师中，教授4人，副教授6人，博士学位10人，1人在读博士。他们承担政治学与行政学、行政管理两个本科和政治学理论、地方政府学、行政管理等硕士研究生的教学与培养。2014—2019年，成功申报国家社科基金项目6项，省社科规划项目和教育厅人文社科项目等12项，研究经费共190万；安徽省级质量工程项目1项，研究经费50万。在《政治学研究》《哲学研究》《马克思主义与现实》《世界经济与政治论坛》《北京行政学院学报》《浙江社会科学》《世界哲学》《中国社会科学报》等学术期刊和报纸上发表论文40余篇，出版著作10多部。有8篇论文分别获中国政治学学术年会（2016）、安徽省社联学术年会（2018）和安徽省社联"三项课题"（2016—2019）优秀成果奖。2015年以来，由我和王义德教授主编，在公共管理系全体老师努力下，连续出版了具有安徽社会改革发展特点的地方治理研究报告系列，每辑研究报告围绕一两个主题开展实证研究，包括已经出版的《地方行政改革发展与基层治理》（2015）、《践行五大发展理念与县域治理》（2016）、《全力推进新时代县域治理能力建设》（2018）和即将出版的《共建共治共享：基层社会治理创新之路》（2020），共70余篇，120多万字，受到社会和学者的肯定和赞扬。

另外，政治学科教师积极参与全国和省政治学会等多个学会的学术活动，开展学术交流，承办学术会议，如2017年承办中国政治学主办的"十八大以来中国的政治发展"学术研讨会和省内其他相关学术会议，在2019年中国政治学会第九届会员代表大会上，王义德、周仁标、严宏三教授当选中国政治学会理事，我也再次当选（2001年以来均为理事）。安徽师大是安徽省当选中国政治学会理事人数最多的高校，有1人为安徽省政治学会、科社学会副会长，1人为省政治学会副秘书长，多人当选学会常务理事，成为学会的学术活动骨干，发挥着我校学科建设与学术研究的影响力。客观地说，近年来在全体老师们的共同努力下，重视建设，积极作为，硕士研究生和本科生人才培养获得显著成绩，政治学科研究取得较多成果，有力推进了安徽师大政治学科稳步发展。

采访人：目前，我校政治学科与专业建设存在哪些不足或问题？

李宗楼：我校政治学科与专业经几十年的建设取得不少成绩，为社会培养了一批又一批人才，但从社会改革发展的形势对政治学科人才的需求，国内政治学科整体发展的态势，以及与其他高校学科和专业快速发展的步伐角度来说，我们存在明显不足，需要清醒认识和着力解决。一是整体办学力量包括师资队伍不足。政治学科与专业在我校发展虽然较早，学科基础理论研究有一定的传承优势，但还停留在一般层面，师资队伍数量不足，主干课程正高称职的人数偏少，学科与专业发展受到一定影响。二是缺少在国内学界有重大影响力的学科带头人。学科与专业建设不仅需要团队力量，同时需要有带领团队发展和凝聚团队力量的学科带头人，虽然有的时期发展比较好，但缺少有重大影响力的学科带头人，从而使学科与专业发展步伐比较慢。三是学科整体建设与专业发展特色不够突出。作为地方大学，学科与专业建设发展必须要有自己的长处或特色，有了办学特色才能显示人才培养优势。这些年来学院已经注意到办学特色发展问题，也着手朝着有特色方向建设，但还没完全形成自己的显著特色和学科优势，需要加强这方面的努力。四是学科与专业建设需要领导重视和支持。21世纪初院校领导比较重视政治学科与专业建设、发展问题，支持力度也比较大，形成较好发展时期，现在处在建设与发展的关键时期，期待学校和学院领导进一步重视和支持。

采访人：作为一位政治学老师，您对安徽师大政治学发展发挥了什么样的作用？

李宗楼：20世纪90年代初我任政教系政治学教研室主任。1997年2月学校发文批准我为中共党史硕士点指导教师，当年招收硕士研究生至2009年，共指导十届中共党史硕士生。2007年起招收政治学理论、科学社会主义与国际共产主义运动两个硕士专业研究生，直至2018年指导的最后一届政治学硕士生毕业。2002年起为公共管理系主任，是政治学与行政学、行政管理两个本科专业负责人，也是政治学理论、科学社会主义与国际共产主义运动两个硕士点负责人，直到2011年退休。2013年政治学科划归法学院，2014年学院返聘至今。

在30多年的学科专业建设与发展中，我主要做了几方面工作：

一是积极组织学科、专业申报和建设。在21世纪初，为适应社会快速发展对高校专业人才培养的需要，根据学院安排，2001年我着手政治学与行政学本科专业申报论证，2004年进行行政管理本科专业申报论证，分别获教育主管部门批准后，于2002年、2006年开始招生。2005—2006年组织政治学理论、科学社会主义与国际共产主义运动两个二级硕士学科的申报论证，2010年主要参与政治学一级学科硕士授权点申报论证，申报成功后，公共管理系于2011年着手政治学一级学科目录外自设专业——地方政府学硕士点申报论证。我亲自拜访华中师范大学、武汉大学、吉林大学、复旦大学、苏州大学等大学的多位教授并得到他们支持，后获得授权招生培养。可以说，我校硕士学科以及本科专业成功获批与招生培养，我投入了很多精力，起了重要的组织作用。在此期间，为使本科人才培养适应现代社会发展需要，增强动手能力和应用能力，以我为项目主持人向学校申请了政治学与行政学本科专业实验室（电子政务实验室），获100万建设经费支持，建成后保证了几门实验课程的教学和动手能力训练，这在当时省内高校是第一家。在学生专业实习基地建设方面，与当时芜湖市人事局、4个区人事局、芜湖市政府办公室等单位直接联系，签订了几个实习基地，使本科学生有了良好的实习环境，保证了专业实习课有序开展。在政治学硕士学科建设方面，也做出较多努力，与导师们一起探索，注重对学生基础理论与研究方法的培养，毕业生质量不断提升，受到社会和用人单位的认可和欢迎。

二是重视教学研究和学术研究。不论是本科生还是硕士研究生的培养质量，重要方面体现在教师的教学和科研能力，作为新办学科和专业，其发展尤其需要教师本身学科水平和教学能力的提升。而这一能力提升需要多方面的努力，其中开展教研课题研究和教材编写，是提高课堂理论教学质量的重要途径之一。2003年我担任主编，以本系老师为主并聘请有关重点大学的老师共同撰写有一定特色的政治学原理教材——《政治学概论》，于2005年由中国科学技术大学出版社出版，2007年被评为安徽省高校"十一五"省级规划教材，印刷多次，受到专家的好评，指定为报考我校政治学硕士研究生参考教材之一，也被评为安徽师大优秀教材。2006年由我主持的政治学原理课程被评为安徽省高校精品课程建设，2007年由我主持申报的安徽省教育厅教学质量研究课题——"政治学与行政学专业应用与技能系列课程教学改革研究"获省级教研项目立项，2008年，我作为第一完成人并有多位老师参加的"政治学原理课程改革与建设"获安徽省高校省级教学成果二等奖。在学科研究方面，积极参与国家社科基金一般项目和重点项目研究，2019年，我作为主持人申报国家社科基金项目——"中国马克思主义政治学的创建与发展研究（1919—1949）"获立项，现正处于研究阶段。另外，我还主持4项省级社科规划研究项目和多项省教育厅社科研究课题，出版政治学科方面的著作6部（含合著），在SSCI等期刊发表了多篇研究论文。这些方面的研究与著述，为有力推进学科与专业建设，带动与促进教师共同发展，起到了带头作用。

三是关爱学生的成长与培养。学生的成长成才是老师的最大责任，用心教育才能保证所培养的学生成为对社会有用之才。多年来经常与学生保持联系，关心他们的学习与进步，鼓励他们报考硕士研究生，做专题报考辅导，指导报考方向与考试复习。为提高培养质量，利用自己与学界专家学者的熟悉与便利，先后邀请华中师范大学、中国社会科学院政治学研究、国家行政学院、复旦大学、苏州大学等一批知名教授、博士生导师来校给本科生或硕士生做学术报告，扩展学科研究的视野，增强对学术前沿的了解，提升探讨学问的能力与方法。同时，指导研究生撰写论文并参加全国或省内相关学术会议，利用参会机会与专家学者面对面交流，促进他们对学科理论进一步学习与提升。鼓励部分理论基础较好的硕士生参与我们主编的地方治理研究报告撰稿，让他们的理论研究能力在实践中得到锻炼和提高。

总之，30多年，在政治学科发展、本科生和硕士研究生培养方面，我尽了较大的努力，发挥了积极作用，做出了自己的贡献。

施兴和先生访谈录

采访时间： 2019年11月26日

采访地点： 安徽师大档案馆会议室

受 访 人： 施兴和

采 访 人： 黄雅娜

整 理 人： 高　艳

施兴和，男，1952年8月生，安徽郎溪人，中共党员，教授。1974—1977年在安徽师大历史系学习，毕业后一直在安徽师大从事世界历史的教学与科研工作30余年。先后在北京师范大学历史系世界近现代史研究生班学习两年，在华东师范大学历史系攻读世界史硕士学位，赴加拿大多伦多大学做访问学者一年。承担省厅社科项目、省级教研项目、省级精品课程建设项目7项，出版（含合著）著作多部。曾任社会学院党委委员、历史研究所副所长、世界史硕士授权点负责人，兼任中国世界近现代史研究会理事、中国世界民族研究会常务理事、中国国际关系研究会理事、安徽省历史学会理事。

采访人：施老师您好！感谢您接受我们今天的采访。1974年退伍后，您出于什么原因上大学？您在选择安徽师大的时候有什么考虑？

施兴和：我求学安徽师大之前服兵役的经历，在学校从未和别人谈及，也没有人问过我，今天提及此事，算是首次披露。

1969年，我中学毕业后应征入伍，所属部队驻扎于河北省张家口市。初入部队时的新兵对军营的一切都感到新鲜，至于新兵今后要干什么却茫然不知。新兵集训结束后要派遣到各个连队，我被分到汽车连。经过一段时间的驾驶培训，我顺利通过技术考核，正式成为一名汽车连战士。在那个年代，开汽车是令人羡慕的差事，我非常热爱、珍惜这个难得的技术岗位，决心做一名出色的军车驾驶员。

没想到事与愿违，鉴于我的文化基础好，平时又很注重学习，字写得比较漂亮，在汽车连干了3个月后就被调到连部当文书。所谓文书相当于秘书，其主要工作是接听电话、收发文件、作会议记录、撰写宣传报道和领导讲话稿以及其他各种材料，兼管连队通讯员、司号员、理发员、卫生员、枪械管理员等勤杂人员。尽管做文书工作不是我的兴趣所在，但服从命令是军人的天职，绝不允许讨价还价，同时也表明部队领导和组织对自己的信任。于是，我调适情绪，积极转变思想，努力踏实工作。付出总有收获，我的良好表现得到了领导和战友们的肯定。1971年我被发展为中共党员。1973年，我被组织上遴选为提拔干部的对象，领导找我谈话，告知提干事宜。按照以前的惯例，文书是可以直接提干的，但1973年上级有了新规定，文书提干必须下基层锻炼半年，代理排长（当时是下到第一线，参加国防施工），考核合格后才能正式提干。不料天有不测风云，去基层锻炼2个月后在一次施工中，我的左腿严重负伤，住院半年，经过医护人员的精心治疗，幸运的是我受伤的腿没有留下残疾，但出院后还不能正常行走，因为受伤的腿部肌肉严重萎缩，需要借助拐杖进行较长时间的功能恢复。这次事故直接导致我提干计划的泡汤，也成为我人生的一个转折点。希望的破灭，导致我情绪低落，觉得继续待在部队已没有发展前途，离开部队是无疑的，只是时间迟早而已，于是我主动提出退伍。尽管部队首长有意挽留，但在我的坚持下，领导最终还是尊重了我的选择。事实是残酷的，如果那时我在部队没有负伤，我此生必然是从事与军队相关的工作，或者说我最好的青春年华会在军队度过。

古人云："塞翁失马，焉知非福。"1974年，我回到家乡，9月底赶上大学招生，当时是推荐选拔工、农、兵优秀青年代表上大学，我有幸获得推荐。由于推荐的人数太多，所有被推荐的人要在全县集中考试（考语文、政治、数学），虽然考试分数没有张榜公布，但自我感觉我的考试成绩还是比较理想的。笔试之后，招生工作人员对文化课考试成绩较好的人进行面试，再综合考量择优录取，我最终被录取到安徽师大历史系就读。

谈到推荐上大学的问题，我有题外话要说。现在回忆起来，当时社会发展水平不高，大学招生不像如今这样科学严谨，但作为一位亲身经历者，我认为当时的大学招生工作大体上还是公平和公正的。绝大多数被选拔进入大学学习的都是综合素质较好的一代青年，这一点必须予以肯定。"工农兵学员"这个特定的政治符号或社会称谓，是中国社会历史发展的时代产物，它的出现和存在与当时的国情相契合，因而具有历史的必然性。德国哲学家黑格尔曾经说过"凡是存在的都是合理的"。事实证明，各届工农兵学员在他们的工作岗位上都取得了杰出成就，在当时和改革开放后都为国家的发展进步做出了重要贡献。20世纪80年代之后，大量的工农兵学员被推向各级领导岗位，为数不少的人进入中央核心领导机构，有的成为技术行业的领军人物，有的成为军队的高级将领，有的成为学校专家型的优秀教师，大批人成长为众多领域的著名专家、学者，这是谁也无法否认的铁的事实。实践出真知，困境铸人才，工农兵学员成为改革开放前后中国快速崛起承先启后的开路先锋和中流砥柱。

回归正题。1974年，我进入安徽师大学习，深感机会来之不易，如饥似渴地学习是我的生活常态，宿舍、食堂、教室、图书馆四点一线是我生活的固定轨迹。除了教室上课以外，平时我抓住课外一切可以利用的时间看书、学习，特别是努力自学外语（当时学校不开外语课）。因为我学习成绩优异，于1977年6月毕业后留校任教。

1977年，我毕业的当年恢复全国高考，我心情非常复杂，假设我1974年没有被推荐上安徽师大，要是参加全国高考，我自信能够考上安徽师大，也许还能考上更好的高校。因为1977年我校录取的历史系学生的情况我非常清楚，我是他们的兼职辅导员。他们88个人中，至少有三分之一的人和我的经历、背景完全相同（有的是下放知青、有的是退伍军人），我不比他们差，他们能考上大学，我也能够考上。但过去的事情已经过去，虽然历史不能假设，懊悔不会重来，但我与全国高考失之交臂，终究成为我青年时代人生的一大憾事！

采访人：您在安徽师大读书期间，我们历史系的师资力量、学科建设和教学安排如何？有哪些事情令您印象深刻？

施兴和：历史系是安徽师大老牌的系科之一，学校成立之时历史系就已设立，那时安徽师大历史系在安徽省属高校中独此一家，别无分店。20世纪70年代，我校历史系的中国史、世界史方向各有一批著名的老教授健在，在安徽省属高校中处于老大的地位。如世界史方向有从国外留学回国的教授，如光仁洪教授（美国芝加哥大学）、陶秀教授（法国南锡大学）、张学琛教授（德国洪堡大学）等。陈正飞教授虽未留洋，但与乔冠华、胡乔木、刘思慕等重量级人物于中华人民共和国成立之前在香港办报，共事多年。抗日战争时期陈正飞教授是跟随朱德的战地记者，他在世界史学界影响很大，一直担任中国第二次世界大战史研究会会长。陶梦安教授研究世界古代史，在学术界也有较大影响力。一所省级师范大学历史系有这么多分量较重的教授是不多见的。外加一批20世纪50年代国内名牌高校毕业的中年骨干教师，世界史方向教师阵容非常强大。我系20世纪70年代至90年代末一直是世界史的专业老师担任系主任，世界史的实力不言而喻。

改革开放前夕，我加盟历史系。20世纪80年代伊始，全国的高校改革还未启动。我校历史系就一个历史学专业，学科建设基本上是按部就班地进行。教师的工作比较轻松单一，只给本科生上课，而且开设的课程不多，课时有限，僧多粥少，有的教师半年有课、半年无课，有的教师甚至一年无课。科学研究没有硬性规定，当时物质匮乏，经费短缺，根本没有研究项目、科研奖励之说，教师也没有年度考核的管控，一切任其自由发展。

20世纪80年代初，我校历史学专业分为中国史、世界史两条线，全国各高校历史系专业设置都是统一模式。1999年，全国高校为抢占教育改革的制高点，开始跳跃性发展，大举扩招学生，新校区建设、校院合并、新专业设置、高待遇挖人、师资队伍扩充等，犹如雨后春笋，扶摇直上，呈现井喷式发展景象。

在教育改革的浪潮中，各大学纷纷拆系设院。我们历史系的名称也改版易帜，更名为社会学院。原因是统筹兼顾历史学、社会学、社会工作、公共事业管理等专业发展。为了扩大办学规模，为可持续发展预留空间，从纵观历史、横看社会的角度，将学院名称改为社会学院。随着社会的发展和教育竞争的理性恢复，如何体现历史专业特点，兼顾其他专业，又能解决学院更名隐去"历史"存在的问题，于是又亮出"历史"的招牌。社会学院又改成历史与社会学院。在此浪潮中，为求生存、为求发展，我院亦不甘落后，乘势而上，建设力度空前，新增了社会工作、公共事业管理、社会学、文化产业管理、世界史等5个本科专业。2003年，我院中国古代史博士学位授权点申报获得突破。现拥有中国史博士后科研流动站、中国史一级学科博（硕）士学位授权点以及世界史、公共事业管理一级学科硕士学位授权点，另有学科教学（历史）专业学位授权点。拥有教育部人文社科重点研究基地"徽学研究中心安徽师范大学分中心"、安徽省重点学科（专门史）、安徽省高峰学科（中国史）、安徽省人文社科重点研究基地（皖南历史文化研究中心）、安徽省首批重点智库（安徽文化发展研究院）。凡此等等，不一而足。本科招生人数比过去增加了好几倍。以年为单位，如今我们一个学院的本科毕业生人数可能是20世纪70年代全校本科毕业生的总和。

采访人：我们知道，在您担任世界史教研室主任期间，我们历史与社会学院的世界历史专业开始了由无硕士点到有硕士点的发展历程，您在工作中遇到过哪些困难，您是怎么解决的？

施兴和：1998年之前，历史系分为中国史和世界史两条线，中国史设4个教研室，世界史设4个教研室，世界史的4个教研室分别为：世界古代中世纪史教研室、世界近代史教研室、世界现代史教研室、世界当代史教研室。

　　1997年之前，我担任世界近代史教研室副主任。1998年实行高校教育改革，由于众所周知的原因，这次改革对高校世界史专业影响很大，有喜有忧。首先是对世界史教研室进行了整合，世界史原来的4个教研室合并为1个教研室，即世界史教研室，由我担任教研室主任。其次，为抵制西方的精神污染，严防西方价值观对大学生的不良影响，世界史专业课程被大幅压缩。1998年以后，中国史专业课程所占比重急速增大，世界史课程只占五分之二。其他学院凡是与外国有关的课程，比如文学院的外国文学、美学，教育科学学院的外国心理学，外国语学院的西方文学等，都被压缩课时。

　　这种做法是不太科学的。为了说明这个问题，需要追溯一下历史学科发展的基本线索。众所周知，我国高校历史系的组织构架和学生培养模式，是中华人民共和国成立初照搬苏联的一套做法，一直沿用了40年左右。一个本科生在校四年，花一半时间学习本国历史，而另一半时间学习世界几大洲近200个国家和地区的历史。中国史讲授分朝、分代，而世界史讲课则走马观花、蜻蜓点水或大而化之。常识告诉我们，西方是近代资本主义的摇篮，世界近现代历史是历史专业学生重中之重的学习内容。而我们世界史教师在有限的时间内只能讲授欧美几个主要国家的若干重要问题，对于世界主要国家的绝大多数历史问题只能一言带过，或根本不讲，因为没有时间。对西方主要国家的历史学习尚且如此，那么对西方古代文明史和广大亚非拉地区历史就更没有时间深入学习研究，教师只是作概括性的介绍，学生囫囵吞枣，食而不知其味。作为历史专业的人才，必须懂得整个世界的历史，而我们历史专业的学生却对世界历史知之甚少，不能称之为真正意义上的历史学人才。

　　其实，历史专业是人文社科中最古老、最重要的学科。说它古老，是因为从猴子变成人，文字还没发明之前，历史学科就已经产生，如老人给后人讲授前人的业绩、生产劳动经验等，叫作口耳相传，我们称其为口碑史。说它重要，是因为历史学是一切社会科学的基础学科，就如数学是一切自然学科的基础学科一样。历史学还是一个国家治国理政的法器。在美国，历史学专业被誉为总统专业，因为在美国47届总统中有27位拥有历史专业的学历背景。

　　在我连续担任世界史教研室主任10多年的工作中，遇到了不少困难，可概括为以下几点：

　　一是世界史方向教师队伍的建设亟待加强。老一辈专家相继离世，新的骨干力量的加盟和培养青黄不接，重点大学毕业的世界史专业硕士和博士难以引进，引进来的人有的不能扎根而流出。

二是不同专业之间的不平等竞争。首先，长期以来，我国高等教育对世界史的重视程度和资金投入远低于其他专业。其次，没能区分专业的特殊性，比如在评职称、立项目等方面，各种评审、评奖都是一把尺子量长短。世界史专业教师写高质量论文，要求掌握并利用第一手材料，就是外文，那个时候还不像现在互联网这么发达，想收集资料就必须去大城市、重点大学的图书馆查阅、复印。对于外文，世界史专业教师除了要有能力阅读，还要有材料可读。再次，论文的发表在平台上区别很大，中国史研究重点期刊比较多，而世界史可发的重点期刊少之又少。研究成果少了，申请课题项目就很难成功，这也增大了世界史专业教师晋升高级职称的难度。必须承认专业之间的资源是有多寡的，专业之间是有难易之分的，如中国史和世界史，外国文学和中国文学，外国哲学和中国哲学，等等。最后，世界史国家级项目比较难拿，又无其他经费投入，世界史专业教师出国考察、研究、参加国际学术会议就非常困难。凡此种种因素，使得我校世界史专业发展严重受限。

三是硕士学位授权点建设举步维艰。20世纪80年代初，我系世界史申请硕士点是最有优势、最有可能突破的。由于种种原因，我们没有抓住机会，错失良机。到80年代末，随着几位有影响力的老教授相继退休或调离，申请硕士点愈发困难。进入90年代，在我国传统学科中世界史硕士点的设置已近饱和（重点大学都有了），国家学位办对传统学科硕士点授权更严格，严控新增硕士点授权单位，条件和要求越来越高。我们从20世纪80年代末开始，年年冲击这个目标，每每铩羽而归，但我们牢记孙中山先生的一句名言"吾志所向，一往无前；愈挫愈奋，再接再厉"，卧薪尝胆，锲而不舍，世界史硕士点申请终于在2003年获得成功，成为安徽省属高校该学科第一个硕士点。申请硕士点的表格、材料一大堆，都是我亲手所为，我所付出的精力难以言表。经过后续同仁们的不断努力、奋进，现在已经跨入世界史硕士点一级学科行列。20多年以来，我们学院报考外校的世界史专业研究生很多，且多是名牌大学。

近10年来，随着一批高学历新人陆续加盟我院世界史专业队伍，教师学历结构大大改善，入职者都拥有博士学位。近几年世界史成为独立的本科专业，各门新课陆续开设，相应的研究所先后成立，突破世界史博士点也大有希望，世界史专业呈现一派繁荣景象，在安徽省属高校一枝独秀，处于龙头地位，无他校可以比肩。对此我甚感欣慰。

采访人：加拿大多伦多大学曾接收您为访问学者，您是因为什么机遇而成为加拿大多伦多大学访问学者的？这一年您收获了什么？

施兴和：我到加拿大多伦多大学做访问学者的机遇来自1990年。20世纪90年代，经过10多年改革开放的中国，经济迅速腾飞，综合国力大幅提升，国际影响力日益扩大。加拿大虽是世界上领土仅次于俄罗斯的第二大国家，但却地广人稀（加拿大大部分领土气温低、积雪时间长，不适宜人类居住），90年代全国人口不足3000万。加拿大政府认识到，不与人口众多且经济发展快速的中国加强联系，与加拿大国家的地位、利益不符。与美国相比，到加拿大留学的中国学生甚少。加拿大总理曾公开说，中国拥有十多亿人口，中国人对加拿大了解太少，要扩大加拿大的国际影响力，就要更多的中国人了解加拿大。于是，加拿大政府多管齐下，一方面吸引更多的中国学生去加拿大留学，另一方面邀请更多的中国各领域的学者赴加拿大考察、访问、从事学术研究。1999年年初，加拿大外交部推出一个同中国的交流项目，出资邀请40名各专业的中国学者去加拿大大学做访问学者。消息发布后，由个人提出申请，加拿大外交部组织专家初步筛选，提出入选名单，然后加拿大外交部会同加拿大驻华大使馆国际文化交流处组织专家进行面试、考评。共有80人参加面试，面试和食宿地点在上海静安希尔顿五星级大酒店（参加面试者的一切费用由加方支付）。6个面试官一字排开，每个面试者不少于半小时全英文面谈。面试共进行3天时间，包括晚上。最后宣布录取40人。我参加面试之前制定了一套策略，因为我英文口语不是太流利（参加面试者中有接近一半人是外语专业毕业的），事先准备了30多个问题，当面试官问到我能回答的问题，我就使劲说，尽量不要冷场，开始我没抱太大希望，主要是想锻炼一下自己，没想到最后被录取了。

1990年是国际形势风云变幻的一年，我国对高校出国人员审查特别严格。当年9月1日，我收到加拿大驻华大使馆寄来的机票，要求月底飞往温哥华。加方安排我们历史专业的几个人在温哥华维多利亚大学参加一个国际学术会议（维多利亚大学在维多利亚岛上，从温哥华乘轮船到维多利亚岛约3个小时）。在中国留学生接待处（中国驻加拿大大使馆开办）住了一个星期之后，自己在多伦多大学附近租房居住。加方为我每天提供100加元的生活费，每天100加元在加拿大的生活标准是比较低的。加拿大的人工费高昂，但自己买菜做饭则很便宜。我租住在一位白人老太太的房子里，月租200加元（有厨房和独立卫生间），这个房租是很低的，离多伦多大学比较近，坐公交车有三站路。老太太的子女都在外地工作，我每天抽时间帮她做些事情，有时陪她聊天，相处甚洽，时间长了，她基本不收我的房租。

我在多伦多大学东亚系做访问学者，有时去教室听课，或参加一些小型学术讨论会，多数时间是去图书馆阅览室围绕原定的课题看书、收集资料。约定每周和指导教师见面两次，以探讨问题（导师很忙，每次见面必须带着问题）。

访学一年的时间很快就过去了，我们同去的人有的选择滞留不归，我也有继续留在加拿大的机会，但经过反复的思考，还是决定回国。最主要的原因是，我当年出国时，学校是做了担保的，我不能失信于学校。

我在加拿大多伦多大学的收获主要有：

第一，了解到加拿大高校的政治生态和运作模式。加拿大高校没有围墙，言论、出版自由，教授治校，一个系两个负责人（正、副主任），两三个秘书，运转高效灵活，很少开会。

第二，多伦多大学是加拿大的顶级大学，其地位相当于我国的北京大学。我基本熟悉了该校的办学理念与特色、治校方略，以及历史学人才的培养模式，其中有许多经验和做法值得我们借鉴。

第三，我收集了许多很有价值的外文资料和图书，而且英文水平有了显著提高。

第四，魁北克民族分裂问题严重。法裔加拿大人不服英裔加拿大人统治，执意要独立出来，在加拿大建立国中之国。中国的民族问题治理非常成功，举国太平，充分显示出中国人的智慧与伟大。

第五，不要盲目迷信西方，许多外国人在加拿大缺少安全感。我们生活在一个不和平的世界，但生活在一个和平安稳的中国。

采访人：您在北京师范大学、华东师范大学有求学经历，和这两所学校相比较，安徽师大历史系有什么劣势和优势？我校在推进历史学科建设中应该加强哪些方面的建设？

施兴和：我留校第二年，即1978年9月考入北京师范大学历史系世界近代史研究生班，师从刘宗绪教授。学习结束后，这个研究生班没有学位授予权，只发了一个研究生毕业证书，没有学位。于是，后来我又到华东师范大学历史系重读研究生，获得硕士学位。

北京师范大学和华东师范大学均是全国重点大学，与这两所学校相比，我校历史系的劣势是底子薄、平台低、资金缺、投入少，与国内重点大学尤其国外一流大学合作交流几乎为零。我们的世界史专业许多教师一生待在本校，足不出国门。试想一个执教世界史的教师，从未到自己所研究的国家或到国外与自己所研究相同和相近领域的知名专家学者进行切磋、学习、交流、考察，这会是怎样的一种后果？其知识结构的更新和国际视野的扩展都会大受制约，授课只能依照教材，人云亦云，科研上更多拾人牙慧，极难做出具有颠覆性的创新成果。而重点大学的专业教师，他们出国考察交流、短期进修、参加国际会议次数频繁，这就是我们与他们的差距。

当然，我们学校的历史系也有优势：地理环境优、教风学风好、水土养人。更重要的是，我们能正视自己的短处，具有"穷则思变"的精神动力。值得一提的是，我们的本科教学质量过硬，绝大多数学生刻苦努力、不矫情、不懈怠，没有优越感，敢打敢拼。多年来，我系学生考到外校读研的多为一流大学，他们是同龄人中的佼佼者，毕业后大多成为不可缺少的专业人才。毕业后从事学术研究的学生，在学术研究的道路上咬定青山，继续奋进，孜孜以求，在自己的研究领域取得骄人成果，很多成为全国的领军人物，在国内外学术圈享有很大名气。

今后，我校历史学科建设应在提高研究生培养水平上下功夫，实行导师淘汰制，奖勤罚懒，增强竞争力；加大资料、设备投入力度；严格研究生导师的遴选。让敷衍的导师"下课"，把敬业、勤勉、负责的教师推上去，符合这个要求的青年讲师也可以放开使用。许多重点大学包括北京大学、清华大学在内都有这样的实例，要改革硕士生导师、博士生导师评聘制度，讲师也能当硕士生导师、博士生导师。

采访人：您出版过多部著作，在我们师大的科研工作中做出了很大的贡献，您的科研成果背后的故事可以分享吗？

施兴和：科学研究是高校教师的天职和命门，与学校的发展和个人的切身利益密切联系在一起，一损俱损、一荣俱荣，其重要性人人皆知，无须赘述。

在这方面，我本人感到比较惭愧，所取得的成果比自己所期望的目标相距甚远。这当中有诸多原因，但主观努力不够是第一位的，强调客观原因苍白无力。关于我的科研工作，我只想陈述：第一，做科研我是有能力的，但我人生的加减乘除四则混合运算的算术题做得极差。当年我40岁左右年富力强之际，正赶上高校大扩招，系里为提高教职工待遇到社会上办各种学历班搞创收。办班就要上课，办什么样的班，就要开设相应的课程，许多课程都不是我们专业范围内的课程，必须削足适履。我频频接受这类任务。要想讲好一门自己专业外的新课，得到学生的认可，要花几个月时间备课，写讲稿。在我8年的黄金时段里，我除了上本系学生的专业课以外，先后上了10多门非本专业的课，真正变成了讲稿等身，耗费了我巨大精力，科研时间被挤占无几。第二，研究世界史，出高质量的成果，要比其他专业难度大得多，需要加倍努力。要大量阅读第一手原始外文资料，沙里淘金，从中获取有用的信息，关键是要有大块的时间去思考、雕琢。第三，一味追求论著数量不是真理所在。北京师范大学的一位教授说过，有的人成果看起来不少，但质量很差，好像一堆干牛粪看起来堆头大，但重量很轻，而一块黄金体积很小，但分量很重。近现代以来，一些很有名气的教授科研成果并不多，但并不影响他们在学术上的地位。

采访人： 您的任教经历始终与安徽师大联系在一起，见证了安徽师大的发展、变化。您的工作、生活给您的深刻体会和感受是什么？

施兴和： 30多年以来，我见证了改革开放后安徽师大与国家同步发展壮大的光辉图景。安徽师大无论从外延还是内涵上都比过去更加丰富。校园占地面积、招生规模、师资队伍、研究生教育、学位点发展、学科建设、科学研究、校园治理等都发生了沧海桑田般的巨变。作为师大人，看到母校的强大与辉煌，无不欢欣鼓舞，感到骄傲。但应该看到安徽师大仍有较大的发展空间。因此，安徽师大不能故步自封，满足现状。正确的态度是要练好内功，在已有成就的基础上乘风破浪、砥砺前行，把学校做强做大，跻身于全国师范大学的前列。我相信只要师大人凝心聚力，奋发图强，安徽师大的明天将会更加美好。

现今，从一定意义上讲，安徽师大可以看成是我们国家的一个小小缩影。从2000年到现在，我们的国家经济总量稳居世界第二，当今的中国十八般武艺样样都行，政治、经济、科技、军事、教育、文化、治国理政能力等都是杠杠的。中美贸易战就是个很好的例子。两年多时间过去了，美国把贸易战打得狼烟四起，中国却稳如磐石，纹丝不动。难道这还不能体现中国在世界舞台上的话语权吗？

40多年来，中国的经济发展创造了太多的世界第一，中国的实力被世界远远低估了。按照世界银行统计数据，按平价购买力，中国的经济实力在2014年就已经超过美国。我们有制度优势、有制造业的优势、有举国办大事的优势，等等。再过十余年，最多20年，我们会对美国造成碾压式优势。

相信我们的学校就像我们的国家一样，不断改革发展，稳步走向强大。

采访人：您是安徽师大培养的学生，也为安徽师大培养了许多优秀的学生，其中有没有让您感到特别骄傲的？现在让您给我们师大的学生和在职教师题词，你最想写些什么？

施兴和：当然有，而且值得我骄傲的学生有很多，国内外都有。国外的有徐国琦、王飞凌、陈意新等，国内的有陈尚胜、晏绍祥、卜宪群、沐涛、王能全等。我从内心为他们感到骄傲，这是长江后浪推前浪，青出于蓝胜于蓝。如果违背了这个规律，那我们这个民族就没有希望了，中华民族的崛起也无从谈起。

如果让我为我们在校师生题词的话，我会写下这16个字：咬定青山，凝心聚力，砥砺前行，再创辉煌！

汤文曙先生访谈录

采访时间： 2020年7月24日

访谈方式： 电话访谈

受 访 人： 汤文曙

采 访 人： 徐兰婷

整 理 人： 王晓琪

汤文曙，男，1947年9月生，安徽无为人，中共党员，三级教授。1974年原安徽劳动大学政治系毕业后留校任教，1982年2月调入安徽师大政教系。曾任安徽师大经济法政学院政治系主任、全国历史唯物主义研究会理事、安徽省哲学学会副秘书长。先后在《哲学研究》《哲学动态》《自然辩证法研究》《当代世界与社会主义》《学术月刊》等发表论文70余篇，出版学术著作（含合著）8部。承担国家社科基金项目1项、安徽省教育厅社科重点研究及一般项目多项。获安徽省社会科学研究及省教育厅社会科学研究优秀成果奖多项。

采访人：汤老师，您好！感谢您接受我们的采访。首先请您介绍一下您青年时期的求学经历。

汤文曙：我的求学经历说起来比较简单。我是1974年毕业于原来的安徽劳动大学政治系，也就是当时的第二届工农兵学员，毕业后留校从事马克思哲学原理的教学工作。在安徽劳动大学期间，先后给1975级、1976级、1977级、1978级的学生上了马克思主义哲学原理。当时留校工作时，我们工农兵学员自己感觉到知识储备很不足，所以实际上我的求学经历都是边工作边学习。第一个方面，在安徽劳动大学学习期间，我旁听了当时政治系哲学研究生的课程，这种边工作边学习的经历极大地充实了我自己，使我在原来的基础知识上有了一个很大的提升。第二个方面，安徽劳动大学撤并后，政治系的部分教师就并入了安徽师大。来安徽师大后不久，系里的领导就派我去原来的华东工学院全国哲学教师进修班里进修了一年。我没有参加过硕士研究生、博士研究生的考试，就是在工作中向老教师学习，自己自学，一步一步走下来了。所以我的求学经历比较简单，但是过程不容易，自己在教学实践中不断地提升自己。

采访人：您于1982年调入安徽师大政教系，当时是什么契机让您来到了安徽师大？您对安徽师大的第一印象如何？

汤文曙：1982年，省里部分高校进行调整，原来安徽劳动大学政治系的主体一部分进入了安徽大学和安徽财经大学，还有一部分进入了安徽师大。就我本人来说，当时安徽劳动大学不愿让我和我的爱人离开，希望我们继续留在安徽劳动大学任教，并且从事一些行政管理工作。在高校撤并时，我们也有机会调到省内其他高校的，但是我们只选择到芜湖的安徽师大。这是为什么呢？

当时我的心目中，安徽师大地处芜湖，校园不仅优美，交通方便，更重要的是安徽师大是我们省当时高等教育历史最悠久的高校，办学条件比较优越，学校的学科设置比较齐全，学校里有一批资深的老师，全校的教学质量很好，是我们心目中仰慕已久的高校。记得那时候只要我们到芜湖，总是要花一点时间到安徽师大的校园里转一转，我甚至还到安徽师大的教室外面听过老师上课。当时安徽师大的政教系是新开办的专业，人员比较缺，但是在全省来说政教专业是一个好而新的专业，政教系对我们青年教师来说有很大的发展空间，所以我们就选择了安徽师大。

我到安徽师大后不久，政教系的领导就派我去华中工学院学习进修。原来安徽劳动大学的政治系里面有一届政教专业学生（大概120人），我们调到安徽师大后，他们也就随着我们并入了师大1980级政教系，安徽师大本身也有一个1980级政教系，这样两个学校的政教系加起来有近200名学生。我从华中工学院进修回来之后，在安徽师大政教系第一次上课就是给政教专业1980级的学生讲授历史唯物主义。说实在的，现在回想起来当时到安徽师大之后，虽然有着五六年的教学经验，但是换了新环境，又是我仰慕已久的高校，我还是比较紧张的。除了课前认真备课以外，教学过程中特别注意与学生交流，征求学生的意见。学生都会准备脸盆、毛巾和水瓶，让老师下课时洗洗手、擦擦汗、喝喝水。那时，每天晚上都会安排本周课的老师到教室去辅导，每次辅导两节课，教室里的学生都坐得满满的，学习非常认真。现在回想起来，晚上去教室给学生辅导比上课的压力还大，因为上课前我会事先准备，但是晚上的辅导，学生会提出很多问题。我在与学生交谈时，就会明确表明自己的态度，学生提出的问题如果我能够回答就一定会回答，不能回答的我回去后向老教师请教，查阅资料，再找时间给学生解答。所以晚自习时学生提出的问题都是在课堂教学过程中没有很好解决的问题。学生有着强烈的求知欲和对理论问题探索的热情等，这对我的课堂教学有着极大的促进作用，让我体会到教学相长的真正含义。学生提出的问题回答不了没有关系，后面可以继续思考。所以这一届学生的课上完之后，我自己的能力有了很大提高，同时和学生的感情也逐步加深。

接下来就是政教系1981级的学生，他们非常刻苦，当时的我还是一名青年教师，他们激励着我努力去备课、做科研。所以，我几十年的教学过程中，安徽师大政教系的1980级、1981级学生给我的印象是最深刻的，很多事情回想起来还历历在目，这两届学生有着很强的求知欲。

采访人：还记得您带的第一批学生吗？当时是怎样的情形，可以简单谈谈感受吗？

汤文曙：对于我的第一批学生，需要分两个学校来说。首先是我在安徽劳动大学带的第一批学生，1975级、1976级、1977级、1978级带的是公共课，有农学系的、茶叶系的、文学和数学物理专业的学生，这些专业里印象深刻的学生并不是很多。在原来的文学院和农学院里，那时候给他们上公共课，学生都很感兴趣。相比安徽劳动大学的学生，安徽师大1980级、1981级政教系的学生给我的印象特别深。

采访人：您到安徽师大政教系工作是在1982年，那时的安徽师大政教系是什么样子的？

汤文曙：当时安徽师大政教系只有一个专业：思想政治教育，每年招收一个班或者两个班，有哲学教研室、经济学教研室、党史教研室、国际共运史教研室、教学论教研室等。那时候的教师不多，有40多位，年龄都比较大。从教学活动来说，系里领导都很重视，总是反复强调，作为一名高校教师，既要上好课，又要做科研，第一步是要站住讲台，第二步是要做科研，教学与科研两手都要硬。记得当时我们几个老师也是一再强调：青年教师一定要学会做好两个学问：一个是做人的学问，一个是做学问的学问。不能立人，学问就做不好，即便学问做好了，也没有意义。在某种意义上可以这么说，我在安徽师大30多年，逐步地成长，大概是得益于做好了这两个学问吧！所以我在安徽劳动大学时就评上了助教职称，到了安徽师大后，逐步地评上了讲师、副教授、教授职称。政教系的环境对于我们青年教师来说是很好的。

采访人：我们政教系出过哪些知名校友，您能列举几个校友的例子吗？

汤文曙：在我心目中能够记得的校友就比较多了，我所举出的例子仅限于哲学专业。这么多年，哲学专业培养了很多优秀学子和杰出校友。我认为影响比较大的，或者说给我们政教系发展带来很大帮助的校友有很多。如大连理工大学马克思主义学院院长洪晓楠、大连理工大学教授杨慧民，华东师范大学哲学系系主任陈立新，《江海学刊》的主编、社长韩璞庚等。还有一些校友从事行政工作，比如安徽省政协副主席肖超英。我现在已经退休十多年了，与外界的接触比较少，所以也只能说这几位了。在这里我想说说两位值得一提的校友，一位是大连理工大学马克思主义学院的院长洪晓楠。洪晓楠教授本科是安徽师大物理系毕业的，在当时的环境形势下，哲学研究强调与自然科学的结合，他物理系毕业以后就考了政教专业的哲学研究生，这样他既懂得哲学知识，又懂得物理知识，他后来的涉猎就更广了，比如文化哲学等。他于安徽师大毕业之后，在安徽师大政教系工作了一段时间，后来就去了大连理工大学。在大连理工大学，他很快就获得了博士学位，现在是大连理工大学教授、博士生导师。可以说，他的科研成果非常丰厚。在他的带领下，大连理工大学马克思主义学院是第二批全国重点马克思主义学院。洪晓楠对我们安徽师大学位点的申报、马克思主义学院的审核等都起了很大的作用，包括推荐、介绍等，还接受了很多硕士生去他那里读博士，所以我觉得洪晓楠教授值得一提。另一位是陈立新教授、博士生导师，他的本科和硕士毕业于我们师大，后来去了复旦大学读博士，之后又到武汉大学读博士后。博士后毕业后又调到华东师范大学哲学系，在全国的马哲领域都很有影响，他对我们安徽师大政教系的发展起到了很大的作用。他的影响力使得他在一些问题上的发言很有分量。由于我的记忆有限，能回忆出来的就是上面所提到的几位，这是安徽师大几十年发展取得成绩的冰山一角，但确实体现了安徽师大政教系对全省高等教育发展的推动。

此外，谈到优秀学子或是知名校友，我有很多体会。退休之前，我们有时候去外省开会，会上经常碰到安徽师大政教系毕业的校友，包括本科生和硕士生。交谈时发现他们无形中都会流露出对安徽师大的感情。记得有一次去重庆开会，遇到一位我们师大的学生，本科毕业后考了重庆大学的哲学研究生，他对我说在安徽师大读书四年，非常好，收获了很多，在重庆大学读硕士期间，导师所讲的课在安徽师大政教专业本科学习时都已经讲过了。这反映了安徽师大虽然是省属高校又地处芜湖，既不是"211"，也不是"985"，但是我们培养的学生在数量上遍及全国各省，在质量上并不亚于其他高校。

还有一件事值得一提，那是20世纪90年代后期，教育部师范司在山东烟台召开全国重点师范教学研讨会，参会的大多是全国重点师范院校，如北京师范大学、华东师范大学、陕西师范大学、华南师范大学、东北师范大学等。教育部师范司特地邀请了安徽师大参加会议。我们学校去了我和文学院的一位教授。到会后，教育部师范司的主持人特意强调，除了烟台师范大学参加以外，还有一些省属师范高校也来参会了，虽然省属师范院校不是全国重点师范院校，但是他们的教学质量、培养的学生是不可小看的。回来之后我就将这一情况向学校有关领导汇报，他们感到很高兴。我想表达的意思就是，安徽师大虽然地处芜湖，不在省会也仅仅只是省属的师范院校，但是安徽师大的办学历史悠久，底蕴丰厚，在全国还是有很大影响力的。我们师大政教系所培养的学生遍及全省各个高校乃至全省各个中学，并且绝大多数都是中坚骨干力量。很庆幸，在安徽劳动大学撤并时，我选择了安徽师大政教系。

1989年，我们师大政教系举办了全国哲学教师助教进修班，那时候能够举办全国性的青年教师进修班的绝大多数都是重点师范院校，但是我们师大举办了。虽然招的学生不多，只有9个人，但是来自全国各地的高校，如延安大学、青岛大学、天津师范大学等。这些学生在我们师大进修了一年，当时我是这个进修班的班主任，和他们在一起学习，我们政教系里所有的老教授都给他们上课。为了扩大学生的知识面，我们还特意邀请了文学院的一些教授给他们讲课。在我们师大学习的这一年，他们收获非常大，印象很深刻。由于他们来自全国各地，在他们学习期间，我们还安排他们去皖南地区进行实地考察，主要是皖南新四军的军部和皖南事变的旧址。这些学生毕业之后，一直和我保持联系，现在他们都成了教授，我们在一起聊天时，他们总是会说在安徽师大学习的那一年打开了他们的眼界。这证明了我们师大政教系虽然办学时间不长，但是收效明显。

安徽师大为什么能够举办这个进修班呢？因为20世纪80年代中期开始，我们师大政教系就有了两个硕士学位点，一个是中共党史专业的硕士点，一个是马克思主义哲学专业的硕士点，在1983年就开始招学生了。那时候的招生不容易，举个例子来说，当时南京师范大学党史专业和马哲专业虽然有招收研究生的权力，但是没有硕士学位授予权，他们连续三届政教专业的学生都来我们师大答辩，我是答辩秘书。这个例子就反映了我们师大政教系在全国的影响力很大，也可以说是我们师大政教系培养优秀学子的又一个表现。

采访人：2005年，安徽师大花津校区投入使用，政法学院（现马克思主义学院和法学院）迁入新校区。您对当时的学院搬迁有什么特殊的印象？在教学中您遇到过什么困难？

汤文曙：对于这个问题，我只能以我自身作为一名教师的角度来回忆一些情况。我认为一所高等院校的发展离不开方方面面的条件，其中一个重要的条件就是要提高办学条件，改善教学环境。从这个角度来说，安徽师大花津校区的建设，是芜湖市对我们师大的大力支持，也是我们师大教职员工的一种期待。搬入花津校区并不意味着整个校区立刻搬入，花津校区的基本建设有个过程，各个专业、各个学科、各个院系有不同特点，所以不可能整体同时搬入，只能是分期分批次搬进去。在我的记忆中，我们政教系和文学院是最早搬过去的。这里的困难我们是感受到了，但是我们作为教师是可以理解的。当时花津校区不但道路不整齐，绿化也没完全搞好，还经常在上课期间听到嘈杂的机器声。但是在学校的领导之下，在广大师生共同努力之下，花津校区的教学秩序还是有条不紊的。我记得刚搬到花津校区时，交通很不方便，比如我上午上完四节课，回家之后再赶回去上课就感到比较累，而且时间也来不及，于是吃完午饭后就在教师休息室里休息片刻，下午接着上课。那时候教学中存在诸多不方便之处，如多媒体经常在上课中不能使用，图书馆也还没建设起来，布置给学生的参考书难以找到等。20世纪80年代中晚期时，我上的是原著课，赭山校区图书馆的书基本上满足学生人手一本，但搬到花津校区后，一方面条件不够完善，一方面招收的学生多了，这就带来一些教学上的不便。花津校区的建设现在很好，但那时候确实还有一些需要完善之处。

采访人：您已发表学术文章70余篇，让我们感受到我校教师知识的渊博、学术思想的活跃、科研经历的丰富。您写论文时所经历过的最深刻的事情是什么？遇到了哪些难题？您是怎么解决的？

汤文曙：我在30多年的教学和科研过程中虽然取得一些成绩，但与同辈相比还是有很大的不足。提到所取得的成绩，我首先要感谢政教系历届领导和老师们，到安徽师大之后，在老教师们的指导下，我先后顺利通过了讲师、副教授、教授的职称评审，我逐步成长的过程，就是老教师们不断指点的过程。在平时，想写一篇论文的时候，总是发愁找不到适当的课题。之所以会有这样的困惑，我的体会还是学习不够、阅读不够、理论准备不足。有的时候论文写出来了，稿子投出去以后，又经常遇到退稿的情况，这是很沮丧的事情。退稿理由是没有新意，深度不够，这恰恰就是理论不足的表现。所以老教师们了解了我这一困惑后，总是语重心长地告诉我，这是一个慢慢出成果的过程，他们都是从不断投稿的过程中慢慢走过来的。他们还反复教导我，确定自己的研究方向后要善于积累与自己研究方向相关的资料，要掌握自己研究方向的最新学术动态，这样才有可能写好论文。

我在发表学术论文的过程中，有两篇文章给我的印象最深刻，也给了我很大鼓励。第一篇是1993年发表于《安徽师大学报》的《真理及其检验标准再探》，文章发表时，适逢全国理论界讨论真理标准问题，这是一个热点问题。文章发表之后，被引用的同时，也有人发表论文要与我商榷。了解这个情况之后我觉得无论是引用也罢，还是与我商榷也罢，都说明一点，我的论文中的观点在学术界有了一定的影响；只要抓住了学术前沿问题、热点问题进行深入研究，还是能够写出比较好的文章。这篇文章获得了省教育厅人文社科优秀论文三等奖，给了我很大的鼓励。第二篇于2005年发表在《当代世界与社会主义》上，它是中央编译局主办的，在当时来说是国家重点级的期刊。我把文章寄到《当代世界与社会主义》期刊编辑部，论文的标题是《马克思关于共产主义的最初阐述》，主要讨论的是马克思在《1844年经济学哲学手稿》中阐述的关于共产主义的思想。没过多久，文章就发表了。我打开期刊一看，文章内容没有改动，只是标题改为《马克思关于共产主义的本原性阐述》。看了这个标题之后，我的第一反应就是，编辑先生对马克思关于共产主义的理解比我深刻得多，因为我谈的"最初阐述"仅仅只是指时间最早，改成本原性阐述就不是时间概念了，而是指明了马克思在手稿中对共产主义的表达不仅时间早，而且具有本原性。在这点上，我觉得我和编辑先生有很大的差距，所以我就打电话给这个编辑先生表达我深深的感谢，他告诉我，一篇论文质量好与坏，其中的关键词是至关重要的。修改之前的标题中的"最初阐述"是关键词，改过之后，"本源性"就成了这篇论文的关键词。这篇文章发表之后，我的感受是，一篇文章写完之后，自己要反复斟酌其中的核心思想、关键词的使用是否恰当，这是个至关重要的问题。

接下来我想说的就是我在教学和科研过程中所取得的一些成果，当然与我从事马克思主义哲学在教学过程中的体会是密切联系的。在我看来，马克思主义哲学是一个整体，是一个完整的理论体系，如果从马克思主义哲学的课程设置上来说，又分为马克思主义哲学原理、马克思主义哲学原著、马克思主义哲学发展史，我主要是研究马克思主义的教学和科研。在教学过程中，这三门课是三而一和一而三的关系，就是说，它们虽然是三门课，但实际上是不可分割的整体。一旦分割，无论是马克思主义哲学原理、马克思主义哲学原著还是马克思主义哲学发展史，都讲不好、讲不透。

从教学角度来说，我们通常把马克思主义基本原理看成是由辩证唯物主义和历史唯物主义构成的。但是，我们课堂上所讲的马克思主义基本原理，实际上是马克思主义后继者们，根据马克思主义创始人在他们的著作中总结和概括出来的。我觉得离开了这一点，是难以准确全面掌握马克思主义哲学理论的。从事哲学专业的学习、教学和研究，离不开对原著的学习。我们国家历来重视马克思主义哲学原著的学习，这是一个传统，是值得肯定的。就马克思主义哲学原著来说，马克思主义创始人在自己的理论创作过程中，从来不存在为了写一篇著作而写一篇著作，我们每读一本马克思主义哲学著作时，总是首先谈论写作的历史背景，所以恩格斯反复强调他们的著作不是什么内心活动的成果，他们每本著作的写作和出版都是为了满足当时思想理论斗争的需要。这种思想理论斗争表现在两个方面，一个是当时社会政治斗争的需要，一个是学术理论斗争的需要。正是因此能说明实践性为什么能够成为整个马克思主义哲学的基本特征。举个例子来说，马克思、恩格斯合作的第二部著作《德意志意识形态》，被称为马克思历史唯物主义诞生的标志。这本著作写于1846年至1847年期间，著作快完成时，马克思去找出版商出版他们的著作。一家出版商基本同意出版《德意志意识形态》，但出版商看到这个书稿之后，就不同意出版了，因为马克思在这本著作中所批判的一个主要人物恰恰是出版商的好朋友。马克思就表示虽然找不到出版商，但是这本书的写作提高了他们的理论水平，书稿放在家里让老鼠的牙齿来批判，目的达到了。这个例子表明了马克思不是为了写作而写作，而是因为某种斗争的需要而写作。他们在写作过程中本着实践的需要，所以在实践过程中也会推动着马克思主义的发展。在讲马克思主义哲学发展史的问题上，现在很重视宣传马克思主义哲学，这种传统无疑是值得肯定的。

我在教学和科研的过程中，取得了一些成绩，在这两个方面，不能说相得益彰，但也是不可分割的，只有不断地加强科研，提高自己的理解力，才可能提高教学质量，只有在教学过程中不断关注出现的问题、遇到的难点，然后加以研究，才能对马克思主义本身有着更深刻的理解。

采访人： 马克思主义学院的师生们用自己的努力拼搏，为学院打开了一片广阔的天地，您能否用几个词来概括我校马克思主义学院的特色？

汤文曙： 关于这个问题，我想从两个层面来回答。从马克思主义学院的发展过程来说，特色是在过程中体现的。政教系发展的过程可以分为以下几个阶段：1973 年政教系创办，后来成立了经济法政学院，这个学院包括四个系：政治系、经济系、法律系和管理系，我是政治系的主任，属于副处级。经济法政学院运行了一届三年，这三年非常艰难，原本这几个单位联系不多，合并在一起后，无论是教学还是发展和管理，都面临很多的问题。首先就是磨合问题，磨合期确实很困难，20 世纪 90 年代末期，办学非常困难，学校的经费有限。在教学方面，这几个专业都能很好地进行，但在其他方面就有很多的问题，后来经济法政学院就改成政法学院，经济专业就单独分出去成立了经济管理系，剩下的就是政教系和法律系在一起，又运作了几年，政法学院变成了政治系，法学院独立出去了，后来就成了现在的马克思主义学院。更名之后，政治系既要担负政教系教学，又要承担全校的思想政治教育课，所以就把政治系改为马克思主义学院。从 1973 年一直到目前，无论哪个阶段遇到困难，全体师生都能团结一致、齐心协力。从政教系到现在的马克思主义学院，有着斐然的成绩，离不开前辈们的努力，特别是年事已高的老教师们奠定的基础，一代一代传承下来，才能发展到今天。这个传承不仅仅是移植，同时也要发展、要创新、要奋斗，所以我想用"团结、传承、奋斗"来描述马克思主义学院的历史发展过程。

在这个过程中，对于它的特色，我概括了几点：一是厚基础，二是宽视野，三是重现实。我们师大政教系虽然创办的时间不长，但是有着与其他高校政教系不太相同的基础。从 1982 年开始，安徽师大政教系就有了两个硕士学位授予点，一个是中共党史，一个是马克思主义哲学，这两个专业都是我们省内第一批的重点学科，每年都会给予一定的资金资助。正是有了这样的基础，我们才能在 20 世纪 80 年代后期举办全国哲学教师助教进修班；也正是有了这样的基础，无论是哲学、经济学还是中共党史，我们才能在硕士点、博士点上有着大突破，甚至成为全国第三批重点马克思主义学院。除了有深厚的基础，我们还有宽阔的视野，要面向世界、面向时代、面向现实。正是因为有了宽阔的视野，才能使我们在近几十年的发展过程中取得丰厚的教学和科研成果；正是因为有了宽阔的视野，才能推动老师们取得更多的科研成果。重现实就是马克思主义哲学是一门重实践的课程，不重视实践和现实，理论是没有任何意义的。重现实就是要重视马克思主义的发展。现在的马克思主义的特点一个是马克思主义哲学的发展问题，一个是当代中国马克思主义的发展问题，这都是重现实的表现。以上仅仅是我个人的观点，不一定正确。

采访人：您在安徽师大的默默奉献中，学校逐步发展壮大，学生一批又一批相继成人成才成功。回顾自己走过的路，您有什么感受？

汤文曙：要说感受，应该说很多很多。从内心来说，我退休已经有十多年了，其间，学校领导对我们退休的老教师还是比较关心的。我的第一个体会是，青年人成长离不开良好的环境。工作环境不和谐，教研室不和谐，那要耗费很多精力。在良好的环境里，前辈们一再强调要做好两个学问，一个是做人的学问，一个是做学问的学问，这对我来说是终身受益的。正因为有前辈们的谆谆教导，才使我感到来安徽师大政教系的选择没有错，所以我要借这个机会向师大的领导和老师们表示感谢。第二个体会是我付出的努力和其他前辈们相比，还是很不足的。我付出了努力，碰到过困难，受过挫折，但也经历过收获小成绩的喜悦，其中就有政教系老师和学生们和谐相处的喜悦。比如，我还在政教系时，在没有实行双休日的那段时间里，学校里包括我们系里每周六下午是党团活动，是政治学习，每周三下午（两周一次）是教研日活动。虽然每次只有两三个小时，但对于老师们的交流畅谈都有很大作用，组织老师们同读一本书，互相交流心得，这个活动让我受益颇多。第三个体会是，学院领导在生活上一直很关心我们退休教师，尽力帮助我们解决各种困难。20世纪80年代中后期，我是有机会离开安徽师大的，但我不愿意离开这里，因为这里环境好，人们和谐相处，我就一直留下来了。

采访人：作为安徽师大的前辈，对于现在的师大学子，您有什么想对他们说的？

汤文曙：说实话，退休有十多年了，我对现在的学生的情况就不是很了解了。社会在发展，形势在变化，现在的学生也在变化，这是正常的。现在和学生的关系不如以前亲近。简单地说，那时候都是学生找老师聊天，学术方面、生活方面、思想方面等都能聊起来。我记得以前我的一个研究生，他在读研究生的三年期间写了十多篇论文，这是很勤奋的，而现在的学生无论是本科生还是研究生，都是老师找学生，而不是学生找老师。我希望来安徽师大学习的学生要牢记校训：厚德、重教、博学、笃行。对于安徽师大校训，我们不仅要牢记，还要践行。在当今信息发达的社会背景下，我们的学生要静下心来，首先要热爱自己的专业，只有热爱自己的专业，才能在这个专业领域不断地提高、不断地进步。想对安徽师大学子说两句话：一要铭记我们师大的校训，二要践行我们师大的校训。我希望我们师大的学子们茁壮成长。

田崇勤先生访谈录

采访时间：2019年10月30日

采访地点：赭山校区退休教师活动中心

受 访 人：田崇勤

采 访 人：黄雅娜

整 理 人：高　艳

田崇勤，男，1931年3月生，安徽六安人，中共党员，教授。1955年从山东政治学校分配到安徽师院（今安徽师大）任教。曾任政教系哲学教研室和西方哲学史教研室主任，全国师范院校西哲史教研室秘书长，安徽省外国哲学史学会副会长。曾在国家教委举办的"西哲史"教师进修班进修。从教40余年，多次被评为校先进工作者和先进个人，曾获校教学质量优秀奖和优秀共产党员称号。出版专著、教材10余本，发表论文40余篇，被英国剑桥国际名人传记中心收入《国际名人传记辞典》。

采访人：田老师，您好！很荣幸能够采访您，首先请您介绍一下自己的求学经历。

田崇勤：在我小时候，父亲让我读了两年私塾，13岁那年考入六安县淠西初中。1947年毕业时，学校给我的评语是"敦品励学"。当年很顺利地考入省立六安高中。这是一所省重点高中，学校分文理两科，入学后我分在理科班学习。1950年高中毕业时，我从农村家里步行两天到合肥再坐车到南京参加高考。由于当年尚未实行统考统招，考生报考了某个学校的某个专业，就只能录取在那个学校。如果考生所填的学校和专业名额招满了，即使高考成绩合格，符合录取其他学校和专业要求，也要考生亲自改报其他学校和专业后方可录取。我因家住在农村，信息闭塞，有人在《解放日报》上看到登载成绩合格的考生名单中有我的名字，报上说这些考生高考成绩合格，但要求考生在规定时间内填报其他学校和专业。等我拿到《解放日报》看到这条消息时，已经超过规定时间一个多月，就这样我失去了继续读书的机会。

在我失学后不久，六安县新安区的文教区员得知我的情况后，安排我到一个农村小学教书。从此我从一所小学调到另一所小学，从一名小学教师转成小学校长。农村小学里的所有课程我都教过。三年中，我全身心投入农村小学的教育事业，一切服从组织安排，从未提过个人要求，从未想过再上大学读书，也从来没有做过再考大学的准备。也许是组织上看我只有22岁还算年轻，也许是看我三年来在三个小学的工作还算勤奋努力，也许是得知我有高考合格的成绩，总的来说，是在党组织和领导的关爱下，1953年选调我参加调干学习。经过考试，我被录取到山东政治学校学习。我当时欣喜万分，因为这是我做梦也不曾想到的大好学习机会。

采访人： 毕业以后，您来到安徽师大任教，是基于什么样的原因？

田崇勤： 我大专读的是山东政治学校，学校规模不大，全校只有八个班级的学生，在我入学时已结业四个班级。学校虽小，但环境很好，学校坐落在家家泉水、户户垂柳的济南，千佛山下，大明湖畔，离天下第一泉的趵突泉不到一百米。学校的领导和老师绝大多数都是中共党员、革命领导干部，教学特别认真负责。我们学的马克思主义哲学课，即辩证唯物主义和历史唯物主义是由关校长一个人上的，政治经济学是由一位中年老师上的。老师们的语言表达非常流畅，条理十分清晰，我们非常爱听，课堂笔记也记得最好。另外，给我们教授语文课的老师也十分认真。记得他还专门教我如何写好文章，使我受益匪浅。两年间师生相处十分融洽，从而也推动我们要认真学好各门课程。

山东政治学校环境好、老师优秀，学的内容更好。虽然在那就学习了两年，但学的内容却十分令我神往，主要课程是马克思主义哲学、政治经济学、科学社会主义，也就是通常说的马克思主义三个组成部分。这对像我这样高中阶段埋头数、理、化的理科学生，高中毕业后又埋头农村小学教育的农村青年来说，感到既陌生又新颖。学习中，我发现马克思主义博大精深，内容十分丰富，说理非常深刻，从世界观、人生观到价值观，句句入脑入心，学起来十分喜欢。俗话说，爱好是最好的老师。当时我已结婚生子，但假期都没有回去。一年中的春假，班级组织同学们畅游东岳泰山，我也没有参加，留在学校看书学习，一心只想着多学一点，学好一些。我们两年制大专班的学生大多数是从中小学的教师中选调来的，在这里进行调干式学习。毕业的时候，大家心性纯良，思想端正，填写志愿书的时候都表示坚决服从分配。1955年毕业时，或许是因为我在学习期间比较刻苦认真，或许是因为机遇较好，在组织的关爱下，我被分配到安徽师大马列主义教研室当哲学教师。我来到安徽师大时，发现山东政治学校前两届毕业的已有五位学兄学姐分配到了这里任教。在我们这一届毕业的两个班中，也有四位同学先后分配到安徽师大工作。

采访人： 当您初到这里时，安徽师大给您的印象是什么？

田崇勤： 刚来时，安徽师大给我的印象可以归结为三句话：第一句话是学校环境优美，是读书治学的好地方。我初来时只有赭山校区，但比起我过去教过书的农村小学以及山东政治学校来说，安徽师大是真大，一切够好够完善了。安徽师大坐落在芜湖中山路繁华的商业街旁，背靠赭山，面临镜湖，环境十分优美，是教书育人的宝地。

第二句话是深感任务重，责任大。初到安徽师大时，哲学教研室的教师不多，根据领导安排，我承担1956级学生的哲学课辅导任务。从小学教师转变为大学教师，自己是专科毕业，现在给本科生授课辅导，深感压力很大。在我刚来那几年，正好赶上全民学哲学的热潮，我们除了要承担公共哲学课的教学辅导任务外，还要参与群众学哲学的宣讲工作。在组织安排下，我们曾不止一次地到工厂、农村宣讲哲学，并撰写了《快工也能出细活》和《泥腿子也能学哲学》的小册子。在教学过程中，为了提高学生学习哲学课的兴趣，我曾广泛收集中国古代一些富含哲学意味的寓言故事，后来由上海人民出版社编辑出版成《中国古代哲学寓言故事选编》一书。

第三句话是感谢组织上的关爱，安徽师大给我最难忘的印象是，我来到安徽师大之后，不论是学校领导还是单位同事，都十分照顾我，不但让我把我的爱人、孩子从农村接到城市来，还给我分了住房。在我初来时，由于我是大专毕业生，工资只有38元，经济上不够宽裕，学校领导经常给予帮助，后来又给我爱人安排了工作。这些使我感恩万分，下决心绝不辜负组织上的关爱。在党组织的培养下，我在1960年3月光荣地加入了中国共产党。

采访人：您在安徽师大工作生活这么多年，对安徽师大的发展、变化，感受最深的是什么？

田崇勤：这么多年来，安徽师大经过跳跃式的发展，变化实在太大了。首先，举目可见的是楼房变多了，校园扩大了。1955年我刚来学校时，学校仅有三栋二至三层高的楼房，其余都是参差不齐的平房。1956年起，先后建起了教学大楼、生化大楼等七八座大楼，特别是2004年城南花津校区的投入使用，学校规模扩大了很多倍。楼房多了，校园扩大了，就可以招收更多的学生，为党和国家培养更多的人才。

其次，最值得称道的是学校院系变多了。20世纪六七十年代之前，全校只有语文、历史、艺术、数学、物理、化学、生物、地理八个科系。其间，物理、外语系曾转入安徽大学，中文、历史系等也一度并入合肥师院。20世纪70年代以后，安徽师大先后增设了体育、教育科系，随着改革开放和社会主义建设事业的发展，学校原有的各科系一律改为学院。时至今日，全校从8个科系发展到 18 个学院。有的学院又发展为二至四个学科门类的专业,从而既为国家培养出大批教书育人的人民教师,又为建设社会主义事业培养出大批亟需的多方面人才。学校变化之大可谓日新月异。

最后,最巨大的变化表现在教师素质和培养目标的提高上。这些年来,教师队伍不仅数量上成倍增加,而且在质量上大有提高。20 世纪 50 年代有像我这样的大专毕业生,时至今日,没有博士学位资质不能跨入大学教师队伍的门槛。学高为师,名师出高徒,只有高素质教师,才能更好地为党育人,为国育才。随着教师素质的大幅度提高,培养出来的学生质量也步步提高,今天既培养本科生,又培养硕士生、博士生。

采访人: 在您刚到马列主义教研室时,当时的师资力量怎么样?学科建设如何?

田崇勤: 在我刚刚来到安徽师大马列主义教研室时,师资力量十分薄弱,我们哲学教研室只有两三个教师,为了给本科生讲授哲学课,还曾从合肥市请老师来讲课。教师虽少,但任务却不少。除了要承担公共课的教学辅导任务、要为群众学哲学做些辅导工作外,还要配合党的中心任务,做些宣传工作,我就曾两度被借调到省委理论小组和省委宣传部做了两年写作和宣传工作。1973 年,政教系成立后,教师队伍迅速扩大,特别是从安徽劳动大学请来文秉模教授、从芜湖师专请来陶富源教授之后,师资力量迅速得到提高。

至于学科建设,早先我们只承担全校各学院科系学生的公共思政课的教学,直到学校创办政教系后,才有了本学科的学生,开始为国家培养思政课教师。

采访人: 在您任教期间,您的教学安排有什么变化吗?政教系的学生有多少?印象深刻的学生有哪些?

田崇勤: 我在安徽师大任教期间可以分为两个阶段:一段是在马列主义教研室承担公共哲学课的教学工作,我主要在数学、历史、生物等系任教,曾数次到学校的横埂农场、峰山农场以及峰山农场的分场,为在那里办学的生物系学生讲授哲学课,并得到他们的认可和赞扬。另一段是在政教系也就是现在的马克思主义学院担任哲学原理和西方哲学史的教学工作。政教系先后招了四届工农兵学员的专科班,每届学生人数在 100 人左右。1977 年恢复高考招生制度后,开始招收思政专业的本科生,全院四个年级的学生人数在 400 人左右。20

世纪90年代中期，全校各科系一律改为学院后，学生人数逐年增多。

很多勤奋好学的学生都给我留下了深刻印象并且保持着一些联系。在我担任公共课教学时，有的学生虽然属于其他专业，但由于学了哲学课转而喜爱哲学，毕业后留校转到政教系讲授自然辩证法的课程，例如，数学系毕业的陈玉玺就是其中之一；有的学生毕业后因工作出色，教书育人卓有成就被评为"中学特级教师"，如芜湖市第一中学的李慰先，他还曾请我为他们的毕业班学生讲授如何复习迎考；有些学生在校学习时我们是师生关系，毕业留校工作后成为了很好的同事；有的学生博士毕业后到北京、上海重点高校任教，如单少杰、章忠民等；有的学生毕业后在单位当了领导，如宋宁、马健、王先俊等；还有的学生毕业后到北京、上海、海南等地工作，如戴昌久、吴鹏森、吕万端、王毅等，他们都给我留下了深刻的印象。他们中有的多次给我寄来新年贺卡，有的保持电话联系，也有不远万里返校到舍下看望我这个耄耋老人。我很欣喜也很感动，我觉得当一名传道授业解惑的人民教师是十分光荣的，教师永远是值得人们尊重的好职业。

采访人： 我们政教系自建系以来，曾经历多次更名，知名度不断提高，最后还入选第三批全国重点马克思主义学院。对此，您有什么看法？

田崇勤： 安徽师大最初只有承担全校公共政治课教学任务的马列主义教研室，1973年从马列主义教研室抽调部分教师成立政教系，负责本系教学工作，接着学校又成立了负责全校德育教育的德育教研室。到了1994年，校党委决定将这三个单位合并成经济法政学院。随着改革开放和经济建设的飞速发展，国家需要大批经济建设和法律人才，经济和法学又先后独立出来成立各自的学院，从而就有了经济管理学院、法学院和政治学院这样三个各自独立的学院。我曾荣幸地参与政治学院的揭牌仪式。近年来遵照党中央的决策部署，政治学院一律改为马克思主义学院。我校马克思主义学院的更名过程大致就是这样。

我认为马克思主义学院这个名称很好，它体现了我们党的指导思想就是要坚持马克思主义。作为师范大学里的马克思主义学院，主要承担培养学高身正的思想政治课的教师队伍。我校马克思主义学院自成立以来，在校党委的有力领导下，在院领导和全体师生的奋进努力下，不仅在全省马克思主义学院中名列前茅，而且光荣地入选第三批全国重点马克思主义学院。我作为马克思主义学院一名退休多年的老人，为这一巨大成就感到万分高兴。

采访人：对您所任教的安徽师大，有什么令您印象深刻的事情？

田崇勤：给我印象深刻的事情，首先是学校领导坚持师范性质不动摇。我来到安徽师大后，学校曾几度改变大学名称，从安徽师院改为皖南大学，以后又更名为安徽工农大学，到了20世纪70年代又改为安徽师大。学校曾一度想要变师范性大学为综合性大学，正是由于校党委的坚持，不论改为什么名称的大学，为国家培养师资的师范性始终没有变。坚持学校的师范性也就坚持了对师大学子的更高要求，突出表现为在政治品德上的严格要求。学校各个学院辅导员队伍的素质都很高，他们不仅关注学生的学业要求，更是狠抓学生的思想品德教育，从而使学生个个积极向上，要求加入中国共产党。在四年的学习过程中，加入中国共产党的学生人数逐年增多。师大学子都知道并深刻理解学高为师的道理，对于所学的各科专业都很认真，理解很透彻。学校每年都有不少学生被保送读研深造，还有很多学生考入各类名校读硕、读博。

其次，给我印象深刻的是，多年来学校领导坚持听从党的部署，紧跟改革开放和社会主义建设的发展步伐，与时俱进适时调整人才培养计划。学校不仅培养了大批德才兼备的优秀师资，而且为社会主义建设的需要培养了一批又一批高水平高素质的建设人才。

最后，给我印象深刻的是，学校领导对教职工的关爱。历年以来，学校只要有机会都尽量让教师外出进修提高。至于生活上的关爱，从教师的住房来看，学校不仅有凤凰山和赭山校区的路西两大片教职工宿舍，还在老芜纺地块、九华山中路地块建造了教师公寓楼，在城南花津校区更是修造了大量高层公寓楼。这些宿舍楼的建造，有助于留住和引进优质教学人才。

采访人：据了解，我们师大有很多楼房都是近几十年建造的，其间几乎每年都有新楼建成投入使用，您是否也积极参与其中？

田崇勤：学校楼房是逐年建设起来的。在我1955年刚来到安徽师大时，学校仅有三栋二至三层高的旧楼房，据说是日军败退时留下的兵营，现已拆掉两栋，只剩下一栋二层高的楼房作为日本侵华的见证。当时学校的教室、宿舍以及教职工的住房大多是平房。1956年开始建造了规模宏伟的教学大楼，接着又盖起了生化大楼。改革开放后，学校建楼的速度加快，先后建造了图书馆大楼、计算机中心大楼、综合楼、物理大楼，最后又建起了田家炳楼。与此同时，又陆续建造了一批批学生宿舍楼和教职工宿舍楼。学校建楼没有让教职工和学生参与，只是为了建楼腾空地皮，让我们不止一次地搬迁过住址，学校的楼房建设，我们只是见证者，不是参与者。

但是安徽师大地下防空设施的建造，我们倒是参与者。在"深挖洞、广积粮、缓称王"的古训下，安徽师大一度在一定范围内建造了地下防空设施。不论是教师还是学生，都不止一次参与挖地、运送沙石钢材水泥等建筑材料，由于建造的规格不高，建成以后我们也未曾下去看过。这里讲的只是我个人目睹赭山校区建设的一些情况。至于花津校区的建设，不仅速度空前得快，而且规模也宏伟无比。

采访人：在安徽师大工作、生活了几十年的您，现在最想对师大说的话是什么？

田崇勤：我虽已退休多年，但对安徽师大的感恩之情将会永存。最想说的第一句话就是怎样更好地留住和引进人才。学校地处半城山半城水的江城——芜湖，近年来又融入了长三角地区，应该说地点不错，但芜湖毕竟是非省会城市，为了办好和发展安徽师大，为党育人，为国家培养更多更杰出的人才，就需要大量高水平高素质的教学和管理人才。水往低处流，人往高处走，是自然和社会现象，也是客观规律。遗憾的是，不少拔尖人才都外流了。为了引进和留住人才，多年来安徽师大党委领导做了不少工作，取得了很多成绩。我想除了继续竭力从外面引进人才，悉心培养现有的人才也是途径之一。

我想说的第二句话是要更好地利用赭山校区。我在这里已经生活了六十多年，老人都很恋旧，我觉得安徽师大赭山校区算得上是一块风水宝地，这样一个美丽校园只有生命科学学院、教育科学学院、音乐学院，许多楼房、宿舍都空置着，实在是有点可惜。

采访人：您对我们师大学子的寄语有哪些？

田崇勤：我从公共课教师到政教专业课教师，接触的学生比较多，我一直觉得师大学子都很优秀，发展得也很不错。外界对师大学子的评价都很高：纯朴、好学上进。我是马克思主义学院的退休教师，马克思主义学院培养的是各级学校的思政课教师。习近平总书记对思政课教师的素质要求做了重要指示，我希望马克思主义学院的学子都能牢记习近平总书记的重要教诲。

我曾给同学们短期讲过治学，其要旨是如何做学问。当然，学会做学问先要学会做人。做人，特别是从事思政课教学工作的政治教师更要坚定不移地坚持中国共产党的领导，要坚定不移地坚持走中国特色社会主义道路，要坚定不移地坚持马克思主义。

学海无涯，做人自当志存高远，勤奋好学。师大学子是未来教书育人的人民教师，肩负着为党育人、为国育才、传道授业解惑的重任。只有自己学得好，才能教得好。以己昏昏，使人昭昭是绝对不可能的。所以，做人一定要做好学问，刻苦学习各门功课，努力学深一些、学透一些。

做人，一定要敬业。人的一辈子，大部分时间是走出校门承担各项工作任务的。要做好党和国家交给我们的工作，要兢兢业业，干一行爱一行，拼搏奋进。在工作中要尽职尽责，坚持不懈，努力把工作做好，不辜负党和国家的培养和期望。

王肃先生访谈录

采访时间： 2019年12月13日

采访地点： 安徽师大档案馆

受 访 人： 王 肃

采 访 人： 郝绵永

整 理 人： 陈佳佳

王肃，男，1953年12月生，安徽蚌埠人，中共党员。1978年2月—1982年1月在安徽师大历史系学习，学生时代任安徽省学联副主席、校学生会副主席，获省"新长征突击手"称号。毕业后留校工作，历任安徽师大团委副书记，总务处副处长、总支副书记、处长，校产业办主任，副校长、党委副书记等职，曾兼任花津校区建设指挥长。2007年任淮南师范学院党委书记。在《中国高校后勤》等刊物发表论文多篇。感言是：认认真真学习，踏踏实实做事，堂堂正正做人，清清白白做官。

采访人：王老师，您好！非常感谢您接受我们的采访。您曾是我们师大花津校区第一期工程建设的指挥长，花津校区的建设并投入使用，带动了学校的大发展。能否分享一下该工程建设背后的故事？

王肃：2002年，安徽师大决定在芜湖市城南高校园区征地2400亩建设花津校区。在芜湖市和上级主管部门的关心支持下，当年10月，花津校区总体规划设计方案通过了专家评审。为此，学校成立了花津校区建设指挥部，并建立、完善了《指挥部工作职责和岗位职责》，实行建设管理工作岗位责任制，做到分工明确，责任到人。

我是花津校区建设指挥部首任指挥长，花津校区建设第一期工程是我带着一批干部一起做的，那就像是打一场硬仗一样，用八个半月的时间，建成建筑面积18万平方米的"巨作"。当时吃了很多苦，克服了难以想象的困难。八个半月，十几万平方米的建筑，工作压力可想而知，而且现场原本是一片农田、水塘，这2400亩土地，连一条道路都没有。施工条件极其艰难，按正常工期至少需要12~15个月的时间。那是2003年，有五六千名新生要入学，就是因为没地方住，没地方上课，也没地方吃饭，运动场地也不够，所以学生在开学典礼后就回家了。他们被延期的课程，用其他学年来补。那学生什么时候再回来上学呢？过完年，就是正月初八，才来学校上课，春节都没过好。学校考虑到课程的压缩，就取消了一个月的军训，当年不军训来年再补。在这个学期，双休日都经常不能休息，课程时间安排得很紧，以更好地完成教学任务，学校也因此事承受了很大的社会舆论压力。那个时候，全国高校普遍都在扩招，学校经费很困难，只有通过多扩招，多收学费，政府多拨款，才能缓解经济压力。我校花津校区的建设就是在这个背景下展开的。

我们在花津校区建设中遇到了很多困难，例如，一开始进来参与建设的一批干部吃了很多苦，中午没水喝，实在是太渴了，附近又没有商店，也顾不上去买矿泉水，就直接捧着池塘的水喝，这是到了很艰苦的地步。值得一提的是，这一批干部都很敬业。如有一个副处级干部，其孩子天天中午放学后，都坐在家门口等父母回家，因为没有钥匙，常常又饿又累，坐在家门口靠着门就睡着了，邻居看着不忍心，就盛饭给孩子吃，还责怪他的父母。这就是我们建设花津校区的干部，他们舍小家顾大家，为了学校，克服了重重困难。当然，花津校区的建设过程中还有其他方方面面的困难需要我们解决。

面对困难，我们没有其他选择，只能一步一个脚印迎难而上。首先要感谢芜湖市委、市政府给学校的大力支持。办理2400亩地的土地使用证，需要层层报批，芜湖市政府要报到省政府，再由省政府报到国土资源部批准，而且按照当时国家土地政策，地方政府还不能一次性审批这么多土地。也就是说，地方政府审批土地不能超过1000亩，所以等待审批的过程是相当漫长的，没有两三年的时间，是办不完这个土地证手续的。根据国家有关规定，如果在这片土地上进行建设，首先要有土地证，有了土地证，才能进入勘探、设计、开工建设等阶段。我们克服了很多困难，高效地跟政府相关部门打交道，用高校教育发展的需求去说服他们，让他们理解花津校区的建设是在全国高校扩招的特殊背景下进行的。新生报到或入学在即，如果不及时建设的话，那新生就无法入校。政府很为难，就找了建委领导，虽然建委领导很理解师大的困难，但也是爱莫能助。没办法，后来我们就创造条件硬上，政府相关部门表示理解，但是要求建设图纸设计要向他们报批，学校只能按照批准后的规划方案进行建设。而且，芜湖市质量监督部门对建设流程的每一道工序都到学校进行检查、确认，如钢筋、水泥是否符合质量，地基的强度、荷载是否能够满足高楼的要求等，都进行取样做试验，有的时候还要用几百吨、上千吨的大石块压重，看柱子的承受能力是否符合要求。对于这些，我们都是严格按照要求来落实的。

当时文学院整体搬迁，进入花津校区，包括文学院的一、二、三、四年级及全体研究生。考虑到有效协调及便于管理等因素，没有把各个学院、各个专业的一年级学生都搬过来。当时花津校区的实验室还来不及建设，第一期工程就建设了十多栋宿舍楼、五栋教学楼、一栋学生食堂、位于校园南侧的体育馆、篮球场、田径场，以及澡堂和锅炉房。在那几个月里，作为指挥长，我带着一批干部，坚守在工地上，那期工程到了最紧张的时候，我们都不回家，没有双休日，没有节假日，也不分白天黑夜，包括那年整个寒假、整个春节，我们都住在工棚里，和施工队的同志们战斗在一起。按照传统的习惯，农民工都要回家，但是在我们的政策激励下，留下了多个建筑企业的施工队伍，那个春节，我们是一起过的。按照国家的相关政策规定，法定节假日加班必须支付相应的加班费。我向他们承诺，会执行相关规定，这是学校党委研究通过的，那是特殊情况下的决策。在那一年大年三十的晚上，我请各施工队的负责人和全体建设指挥部的同志吃年夜饭。那个时候花津校区还没有食堂，我买了熟食、凉菜还有酒，用电饭煲做了几大锅干饭，我们就这样吃了一顿特殊的年夜饭。

给我印象最深刻的是那一年大年三十的下午，天空中飘着雪花，工地上却热火朝天，大家都在忙着修路和扫尾工程，会议室的桌子上堆满了钥匙，我们在给楼房分钥匙，然后把这些钥匙用铁丝穿起来。因为钥匙是铝材质的，所以我们每个人的手都抹得乌黑，有的工友在穿钥匙时还被铁丝扎破手指，但是心里非常高兴，因为我们终于完成了这个任务。那一年大年三十零时，我带着大家在花津校区的校园里巡逻，给花津校区守岁。花津校区迎来第一个春节，我们还燃放了炮竹。真的是一段激情燃烧的岁月，大家的心连在一起，为了学校建设与发展，我们都觉得是在做一件很了不起的事情、难度非常大的事情。我们为师大的发展贡献了一份力量，完成了一项壮举。

花津校区建设第一期工程完成并投入使用以后，经学校党委研究决定，给参与花津校区建设的干部职工记集体功，另外给我们每个人多发了一个月的工资，以示奖励，还有几个表现突出的干部因此得到了提拔。

采访人：我校花津校区以及敬文图书馆规划设计方案，曾引起师大师生广泛关注，该方案设计过程到底经历了什么，您能详细谈一下吗？

王肃：花津校区的建设方案是我到华南理工大学邀请何镜堂院士做的，其为花津校区建设最终中标方案。何镜堂院士是中国著名的建筑家，我国岭南建筑界的代表人物，上海世博会的中国馆建筑方案就是何镜堂院士设计的。通过校友渠道，我专门到广州的华南理工大学找到何镜堂院士，由于何镜堂院士很忙，就给了我一个小时的时间，让我介绍一下请他为安徽师大做花津校区设计方案的理由。我回答道："我们了解到您是我们国家岭南建筑界的代表人物，由于我们芜湖地处江南，皖南地区是山水多，我们的传统建筑流派是徽派建筑，您到我们这里做设计，一定能做得很好。"我又向他介绍了黄山、九华山和西递宏村。后来，我还陪他去了西递宏村，那时我们还没有数码相机，何镜堂院士用他从国外带回来的数码相机在西递宏村拍摄了1000多张照片，他说："太好了，回去以后，给我的学生讲课，能用上这些照片，这些照片都是活教材。"

此外，我还组织了敬文图书馆建筑设计项目的招标。敬文图书馆建设项目，面向国内实行公开招标，最后中标的这家公司也是下了功夫的。在全国2000多所高校中，我校敬文图书馆的整体造型在一次民间举办的最美图书馆评选中，排名前十位。敬文图书馆建筑属于徽派风格，传统和现代建筑结合，设计得非常有特色，而且功能齐全。由于敬文图书馆位于花津校区的正中位置，所以不论是从东西向看，还是从南北向看，都非常耐看，独具特色。有的人不清楚敬文图书馆的设计理念，认为花津校区缺少一个具有标志性的高层建筑，应该把敬文图书馆建得最少有二三十层。敬文图书馆最主要的功能是使用，如果建成高层，人流量多，进出不方便，上下楼全部都要靠电梯，而且一旦发生火灾、地震等灾害，学生和工作人员都无法疏散。另外，高层建筑的使用成本和管理成本都很高，不实用，并且造价也高。

敬文图书馆内一楼大厅墙壁上的浮雕，是我们邀请南京师范大学美术学院院长李向伟做的，他是我们师大的校友，1977级美术专业毕业的。这组浮雕的主题，反映了中国文字的起源，与图书馆的功能非常匹配，也独具特色。

最值得一提的是，我校图书馆历经近百年的历史嬗递，文献资源建设一脉相承。现有馆藏文献总量300万余册，涵盖所有学科。中外文期刊保持在1600余种，电子图书200万余种，数据库104种。世界著名的《科学文摘》（英国）、《生物文摘》和《化学文摘》（美国）、《文摘杂志》（前苏联）均有收藏。图书馆以古籍、徽州文书、民国时期文献为馆藏特色。古籍总量19万余册，总藏量在省内仅次于安徽省图书馆而位居全省高校之首；善本古籍700余部，26部古籍入选《国家珍贵古籍名录》，37部古籍入选首批《安徽省珍贵古籍名录》，其中《洪武正韵》为国内唯一不配不补全本，元刻明递修《通志》、明嘉靖刻本《李太白全集》《杜工部集》均为海内珍本；馆藏古籍尤以地方志收藏最为见长，拥有除海南省之外全国30个省市自治区的方志1.9万册，还有相当数量的徽州文书等地方文献；馆藏古籍以元刻本年代最早、明刻本最精，它们以其年代的久远、质量的精良和传世的稀少而显得弥足珍贵，已成为本馆馆藏的亮点和精髓。

采访人： 我校花津校区建设从最初艰难起步，到后来顺利推进，经历了怎样的步骤和流程？

王肃： 我校花津校区位于芜湖市城南高校园区，实际占地面积约2271亩，地块南宽北窄，呈梯形状，北端宽约700米，南端宽约1000米，东西两侧长约1600米。校园北端与芜湖市国际会展中心相毗邻，东望奥林匹克公园，西接高校园区综合服务中心，南邻高新技术开发区。花津校区距赭山校区约6公里，四周均由城市主干道路围合，交通十分便捷。

我校花津校区校园水面近200亩，绿地率为48.6%。整个校园的环境景观结构可概括为"一河、两轴、四片、八点"。

一河：贯穿校园南北中心生态带的"历史长河"，其寓意为"承载辉煌的历史，走向美好的未来"。

两轴：由南大门入口广场向北延伸、连接着科学会堂的"发展大道"；由东大门入口广场向西延伸、连接着图书馆的"知识大道"。

四片：根据校园总体规划的功能分区和植物绿化所营造的不同氛围，将校园分为教学景观片区、中心景观片区、生活景观片区和体育景观片区。

八点：沿着"历史长河"的景观序列，由南向北营造出八个景色宜人、内涵丰富的景观点。

校园内共有11座桥梁，设计时融入了徽文化思想，精巧灵秀，形态各异，依次分布在校内贯穿南北的河流上。

校园四周共有7个大门，东侧2个，南侧1个，西侧3个，北侧1个。其中南大门为礼仪性大门，东大门为主大门，东南门为机动车辆门，西侧的3个大门为学生生活区通行门，北大门为体育运动区通行门。

我校花津校区于2003年5月28日正式开工建设。依据学校建设和发展规划，根据本科教学工作水平评估需要，按照"整体规划、按需建设、稳步推进"的思路，学校计划分五期进行新校区建设，2008年前完成前四期建设项目，建筑单体总面积达到46万平方米，可满足1.8万名学生的学习和生活需要。2008年以后，学校根据资金状况和发展需要逐步完善花津校区建设。全部建成后的花津校区，与中校区、北校区共同构成功能互补、资源共享、一校三区的校园体系，为学校的可持续发展奠定良好的基础。

在花津校区建设的最初三年，我校完成了一期、二期和部分三期建设项目，主要包括学生公寓35栋、学生一食堂、公共教学楼、一期院系教学楼、南侧风雨操场、校医院、体育运动场地等，总建筑面积约29万平方米，还有水、电等基础设施项目。基本满足了当时已入住的近1.4万名学生的教学和生活以及八个学院和机关管理部门迁入办公的需要，初步解决了学校招生规模扩大、办学空间急需拓展的问题。

后期建设的项目包括三区学生公寓A标段1—6栋、学生二食堂、大学生活动中心、敬文图书馆、人防工程、二期院系教学楼、实验楼等，总建筑面积约16万平方米，以及水、电、气、路、桥、环境等基础设施项目。还有北侧风雨操场、游泳池、北侧田径运动场等，总建筑面积1万多平方米，以及大门、广场、围墙、中央水系、环境景观等工程。

学校多措并举，确保花津校区如期投入使用。一抓制度建设。建立和完善了《指挥部工作职责和岗位职责》《工程项目和甲供材料采购招标工作规程》《工程质量监控办法》《工程项目签证管理办法》《新校区工作人员廉洁自律暂行规定》《建设工程安全生产管理规定》《建设工程档案管理暂行规定》。通过这些规章制度的建立和实施，初步形成了职责明确、程序规范、公开公正、相互监督的管理机制。

二抓重要环节。花津校区建设项目多、投资规模大、工作涉及面广、报批程序复杂、建设周期短，为了确保工程建设的进度和质量，我们注意抓好工程管理中的五个重点环节，包括方案设计、工程招标、现场管理、质量监控、预决算审核。

三抓投资控制。一是控制取费标准。2006年1月1日前开工的各类项目均按1993定额标准取费，同比其他单位总价低10%左右；2006年1月1日执行2000定额四类标准，同比低6%左右。二是争取规费减免。充分利用高校后勤社会化改革的相关政策，争取政府减免建设规费，主要包括劳保统筹费减免1.69%、防雷检测费减免0.6元/平方米，排污费减免0.35元/平方米，总共减免1000多万元。三是审核建筑材料价格。针对政府部门公布的建筑材料信息价一般高于市场价的实际情况，为了合理控制工程造价，指挥部定期组织招标组成员对建筑材料市场价格进行调研，确保建筑材料价格符合市场的实际情况。四是实行材料采购二次竞价。在甲供材料招标方面，为了最大限度维护学校利益，在投标报价的基础上，由招标工作组研究确定几家候选单位进行二次竞价，最后确定中标单位，节约资金150多万元。五是学校组织专业项目招标。在桩基、幕墙等专业项目招标中，我们主动寻求政府有关部门的支持和理解，实行自主招标，节约造价630多万元。六是严把回填土方价格和数量关。在价格的确定上，实行公开竞价，回填土方按11.30元/平方米结算，远低于周边建设单位的回填土方价格。在数量控制上，零星回填土方采取计车头的办法计量；单体基础回填土方实行三方测算数量（学校、监理、施工等），公开竞标；大面积回填土方采用全占仪进行测量验收，节约资金1500多万元。

四抓内外协调。我校花津校区自2003年开工建设以后，遇到了一系列困难和问题，突出表现在四个方面：一是市政配套设施不完善，城南规划水系工程尚未竣工，导致校园内雨污水排放不畅通；二是征地拆迁遗留问题尚未得到彻底解决，如东航烂尾楼、少数困难户、钉子户等拆迁工作没有完成，导致校园围墙无法按计划施工，存在校园安全隐患；三是强电供应问题；四是项目报建问题。学校主要领导很重视上述问题的解决，多次与市领导协调，指挥部也积极与政府有关部门沟通和联系。强电供应等问题基本得以解决。

采访人：我们花津校区的主干道有几条，这些道路的名字是怎么得来的？其背后有着怎样的故事？

王肃：我校花津校区建成并投入使用后，需要给这些建筑和道路起名字，主要有九条道路，其中南北向四条，东西向五条。学校决定对这九条道路进行命名。为了加强学校师生和校友对校内主干道命名工作的参与，学校决定面向广大师生、校友征集路名，并发出通知进行征集，得到了我校师生和校友的积极响应。我们收到了几百条道路命名方案，看完后觉得都不太满意，但这些方案却带给我们很多启发。我们召开了专家会议，当面听取意见和建议，仍然没有找到让人眼前一亮或者说接受度比较高的方案。作为这一项工作的负责人，我压力最大，眼看快要到截止日期了，我天天吃不好，睡不好，总是在琢磨着怎么把道路的名字起好。最后，受大家意见和建议的启发，我提出两点建议：一是花津校区那五条比较短的东西向道路，可以用历史上杰出校友的名字来命名，可具体到哪五位校友，也是众说纷纭，但基本上都赞同这个意见。二是针对剩下的四条比较长的南北向道路的命名问题，我认为五四运动是一个民族救亡运动，以大学生为主力军，我们从中得到的不仅仅是一次外交上的胜利，更是青年大学生爱国热情的一次爆发。五四运动期间提出的口号一个是民主，另一个是科学。所以这四条大道，其中两条大道可命名为民主大道和科学大道，既传承了五四精神，也适合放在大学内给校园道路命名。大学是一个讲民主的地方，也是一个讲科学的地方，这是我们教育的本质属性。至于另外两条大道，可以顺应21世纪世界和平与发展的潮流，用和平与发展来命名，而且和平与发展、民主与科学相呼应，相辅相成。我的这个方案一经提出，大家都觉得不错，再一次通过网上平台听取大家的意见和建议，创下了很高点击率的记录，说明这个方案得到了大家的普遍认可。后来那五条以校友名字命名的道路，也经过了一轮又一轮听取意见的筛选和甄别，最终定下名字。这五位校友都是我们师大历史上的名人，他们都是社会影响力比较大的学术大师。

采访人：您于1977年考入安徽师大历史系学习，毕业后留校工作，回首当年高考经历，您有什么感悟？您的大学是如何度过的？

王肃：我是"文革"后恢复高考的第一届考生，幸运地考入安徽师大，成为历史系1977级学生。当时安徽省的高考只有百分之二点多的录取率，每个考场有50个考生左右，那就意味着整个考场的考生只有一个人能考入大学，而且全省考入大学的考生，70%是去专科，只有30%才能考入本科。那时安徽省的高等教育很薄弱，本科高校很少，所以考入本科的我们都是时代的幸运儿，也是改革开放的首批受益者。我的第一志愿就是安徽师大历史系，当时是先填志愿再参加高考，我是蚌埠市的单科文科状元，进了安徽师大也是学校的语文单科状元。我们1977年上大学，1982年1月份毕业。在上大学之前，我是小学毕业生，小学刚毕业，赶上了"文革"，我们在中学待了一年就毕业了。这一年没有教材，学的内容很简单，语文学毛主席语录，化学学农家肥，物理学室内照明电路，数学知识也很简单，后来被下放到了农村5年。我在农村这个广阔天地里学到了很多知识，我白天干农活，晚上在煤油灯下读书，包括拉手风琴，都是在农村学的。在大学时代，我们学习都很努力，如饥似渴地沉浸于学习，除此之外，我还担任了一些社会工作。大学二年级时，学校举行大合唱比赛，全校各系必须组团参加。系领导知道我会拉手风琴，就让我来组团参加比赛活动。我采用自愿报名的方法，从全系选拔了六七十人，组成了一个合唱团和一个土洋结合的乐队，演唱《没有共产党就没有新中国》。我请艺术系的同学王振新提供了四个声部合唱谱，在合唱排练时，我按每个声部分开排练，在各声部练习熟练以后，再将各声部串联起来合练。参赛的另一首歌是外国民歌《桑塔露琪亚》，这首歌比较抒情，我们用了两个声部演唱，与第一首在情绪上形成对比和反差。比赛在赭山校区大礼堂举行，学生自带方凳随便进场观看。评委由我校艺术系专业教师和校团委领导组成，评比办法采用评委现场打分。参赛顺序由抽签决定，我系抽签到了第一个出场。刚开始台下观众起哄喝倒彩，可是，当歌声响起后，台下竟然非常安静，被经四个声部、轮唱、男女声分唱等手法处理的美妙歌声所吸引，一曲唱罢，观众爆发出了雷鸣般的掌声。第二首是一曲抒情的、优美的外国民歌，歌声刚落，台下一片喝彩声。评委们一致亮出了高分。功夫不负有心人，我系毫无争议获得第一名。这是历史系参加全校文艺比赛的第一次突破。后来，校团委就把我抽到校学生会文艺部工作，在校学生会工作期间，我还担任了副主席、艺术团团长、省学联副主席等职。我们在全省历次大学生文艺汇演中给学校争得了很多荣誉。因为我的学习成绩在班里是比较好的，也做了大量的社会工作，还参加了校足球队、系篮球队，平时团结同学，乐于助人，我每年都被选上校级三好学生。我在学校的学习、生活、工作中表现较为突出，所以毕业后能留校任职。

采访人：您于1982年到校团委工作，1983年即任校团委副书记，后来被调到新的部门，从事后勤工作，是有什么原因吗？

王肃：我毕业以后留校任职，第二年就当选为校团委副书记，分管学生会工作。那个时候我校学生食堂办得不是很好，食堂运营还是计划经济的模式。因为我刚毕业，所以对学生食堂的这种状况深有体会，那时食堂存在的诸如伙食难吃、伙食不卫生、炊事员服务态度不好、学生和炊事员打架时有发生等问题都亟待解决。在这种情况下，校团委工作应该怎么做？团委是先进青年的代表，是为同学们服务的，学校共青团工作就应该直面在校学生的热点问题，就要管这件事。

我向学校提出了我的想法，校领导充分认可，并派我去食堂蹲点，改革食堂伙食管理，然后，我就天天到食堂去，和食堂工人一起上班下班。当时食堂工人在食堂吃饭，一天三餐都是免费的，他们的工资都是学校发的，且是固定的，干多干少干好干坏都一样，跟他们的工资报酬没有关系。

我到食堂蹲点以后，提出了一系列改革措施，得到了学校后勤部门领导的支持，概括起来说，主要有两条：一是分配制度改革。改革后，学校对食堂的政策由过去的发固定工资，转变为以食堂的营业额为基础，按一定的比例划拨经费，当时确定的比例为20%。食堂营业额越多，学校拨的款就越多，工人拿的工资、奖金就越高。二是人事制度改革。以往历任食堂主任都是上一级任命的，基本都是根据工人的工作年限来决定主任人选。改革后，食堂主任对象变为选举产生，由群众推选。我把学校两个食堂的员工全部打乱，先确定两个由大家推选出来的主任，再推行下面的100多个职工和主任双向选择，通过主任选员工，员工选主任，重新理顺了他们的所有劳动关系。最后还剩下几十个人没被选择，我说这些人我全收了，我们建立了另一个食堂，名为第三食堂，又叫青年实验食堂，挑选了一个青年厨师来当食堂主任。虽然他们都是被选剩下来的人，但是都很年轻，我鼓励他们一定要好好干，争取在各方面超过那两个食堂。首先，我们对工人约法三章，如果和学生发生矛盾，做到骂不还口，打不还手，每人会给一次性奖励；反过来，如果骂学生或动手打学生，每人一次性从工资、奖金中扣钱，做到奖惩分明。其次，我请学生到食堂勤工俭学，主要是帮厨，包括成立伙管会，让学生半夜就起床，和炊事员一起到农贸市场采购食材，并推行单菜核算制度，组织学生参与从采购到做菜，再到售卖的全过程，同时各食堂要公布采购价格和单菜价格，实现各食堂的饭、菜价格透明化。经再次常请学生做问卷调查，对各食堂的伙食、卫生、服务满意度进行调查。如果学生对食堂管理、饭菜质量等不满意，可以提出让食堂改进的意见和建议。最后，我们在食堂内部开设了一个日用小商店，学生在食堂吃饭的时候就可以买到所需要的东西。还在各食堂放置音箱，学生在吃饭的时间段可以听轻音乐，学生非常喜欢。这样，第三食堂成了三个食堂中最受欢迎的食堂、营业额最高的食堂、工人收入最高的食堂，迫使其他两个食堂也着手进行改善。后来，我校一食堂、二食堂都做了小推车，把饭菜放在推车里，于每天中午学生放学时，推到教学楼门口去卖，旨在提高营业额。这样的改革，用市场化、社会化的办法，形成了竞争机制，将食堂的问题彻底解决了。正因为有效推行了食堂改革，学校领导可能觉得我适合做后勤工作，于1985年把我调到了总务处，担任副处长。

采访人：花津校区的"小食代"餐饮中心，是您经手建设起来的，这样一个建筑工程是如何提出的？又是怎样进行的？

王肃：按照国家有关规定，每栋新楼都要建人防工程。那么我们的人防工程要建多大呢？一般就是这栋新楼的垂直投影面积。敬文图书馆的地下停车库就相当于是人防工程，而教学楼、学生食堂、学生宿舍等，都没有建设人防工程。如果没有建设人防工程的设计，按照政府的有关规定，学校在办理新楼建设批准手续的时候，就需要把这笔工程款项交给政府。那可是一大笔钱，我就和市政府有关部门谈判解决人防工程问题。我们确实没有经济实力来建这么多人防工程，也没有必要建这么多人防工程，但国家有关政策又必须执行。所以，我建议以人造假山的形式集中建造人防工程。总体设想为：下建人防工程，上做一个假山，使校园依托假山起伏，有山有水，让校园立体起来。市政府有关部门到学校实地考察后，认为此设想切实可行，并在人防工程面积计算上给予了一些优惠政策。"小食代"餐饮中心就是按照人防工程的要求建设的，建成以后又不能空置，所以就把它建成一个服务学生的经营场所，也增加了学校的经济收入。

学校花津校区建设，是在特定历史背景下进行的，是在校党委的正确领导和全校师生支持下，大家齐心协力完成的。我作为分管领导，做了一些力所能及的工作，吃了一些苦，今天回想起来，心情仍不平静，觉得没有辜负那一段难忘的岁月。

2004年，我离开花津校区建设指挥部，改任校党委副书记，2007年10月调到淮南师范学院工作，2014年8月回到母校退休。

王在广先生访谈录

采访时间：2020年8月18日

访谈方式：电话访谈

受 访 人：王在广

采 访 人：徐兰婷

整 理 人：王晓琪

王在广，男，1949年12月生，安徽肥东人，中共党员。1968年4月起任肥东县大谢小学民办教师，1972—1974年在安徽师大生物系学习，毕业后留校任教。历任生物系党总支秘书、党总支委员，数学系团总支书记、党总支委员，教育系党总支副书记、书记，教育科学学院党总支书记、党委书记。现任校关工委思想政治教育组组长、教科院关工委常务副主任。曾被评为校"三育人"先进工作者、安徽省教育系统敬老好领导。

采访人：王老师，您好！非常感谢您接受我们的采访。您于1972年进入安徽师大学习，是什么样的契机让您来到安徽师大？

王在广：我于1968年回乡后任当地的一所小学民办教师，由于当时处于"文革"期间，大学已经停止了高考招生，从1970年开始全面招收工农兵学员，大学新生招生都是由基层推荐产生，而不是通过高考。由大队推荐到人民公社、区政府再到县教育局，县教育局根据高校招生指标确定人选，最后由招生学校发放录取通知书。可以说，当时的工农兵上大学是特殊时期的产物，也是特定时期大学招生的办法。因为我当时是民办教师，教学很认真，效果也挺好，加上我又是共产党员，所以大队就按照下派的指标把我推荐到人民公社革委会，公社革委会按照公社下达的指标将我推荐到区政府，区革委会根据下达的指标把我推荐到县教育局，县教育局就与招生学校一起组织了简单的面试和笔试。我很庆幸通过了此次面试和笔试，被安徽师大录取了。

当时安徽师大的校名为安徽工农大学，其在"文革"前为皖南大学，皖南大学在"文革"初期改为安徽工农大学，安徽工农大学又于1972年改名为安徽师大。1972年4月，我很幸运地来到安徽工农大学生物系学习，这是安徽师大招收的第二届工农兵学员。

采访人：您怎样看待您在安徽师大的学习经历？能否分享一下此经历背后的故事？

王在广：当时正处在"文革"期间，学校教职工大部分被下放到农村、工厂参加劳动锻炼。直到学校恢复招生以后，老师们才陆陆续续返回学校。"文革"发生后，学校的教学条件遭到冲击，受到了很大的破坏，原来的教材不能使用了、实验设备也陈旧了，图书资料很多都不能用了。受此影响，学校教学质量难以保证。我们生物系也受到很大影响，当时生物系不在学校本部，而在学校的横埂农场。横埂农场位于芜湖市老火车站的边上，里面有一幢两层的小楼，作为学生宿舍楼；有两栋砖瓦结构的平房，作为教室和实验室。另外还有两栋平房作为学生食堂和开水房、保管室。实际上这些建筑都是临时搭建的，一边建设，我们一边上课。我们系办学困难重重。当时，我们生物系的办学指导思想是学工、学农、学医，老师临时编写的讲义作为教科书，这样学习起来虽然有些困难，但相比于第一届工农兵学员要好一些。教室、实验室该准备的材料，有的需要从校本部运送过来，有的还需要去市场上购买，老师们就在小农场的教室里给我们上理论课，然后去农科所、农场的实验田、化工厂、肥皂厂等地方实习，另外也经常去野外实习，实习地点包括九华山、萧县、郭庄大队等。

当时我是班级团支部书记、党小组组长，自然会在同学中有点威信，我对上述任务的态度其实就是我们每个人对学习的态度。我们的祖祖辈辈都是农民，那时能上大学不容易，除了学到知识，还要遵纪守法，尊重老师。我们的老师大多谨小慎微、低调谦虚。他们每天去农场上课，都是早出晚归，每天早上很早就会动身步行到农场，路上要花半个小时。他们在农场给我们上课，带领我们做实验，更多的还是和我们一起参加劳动，一起外出实习，晚上上自习，还要给我们辅导。我们的文化程度参差不齐，老师们教得很辛苦，总想着给我们最好的教育，所以我们打心眼里尊敬爱戴这些老师。当时我们的办学条件很差，生活条件更差，我们在农场吃的用的都是井水，没有自来水，实验设备也非常简陋，遇到的困难难以用语言来形容，但是老师们都很认真负责，严谨教学，却又不失风趣，特别是实践课和实验课上得十分生动形象。我们上完生物课和化学课后就到化工厂、肥皂厂见习，另外还会到九华山、芜湖市农科所、郭庄大队、芜湖市第二人民医院、中医院等处实习，老师们每天都与我们吃住在一起。两年半的大学生活时间不算长，学到的理论知识也不够扎实，但我们与老师、辅导员结下了很深厚的感情。我们每天与老师、辅导员生活、学习在一起，相处的时间比较多，除了上课时间，到外地实习时一住就是一两个月，我们一起干活、一起劳动、一起在食堂吃饭，从中培养了深厚的感情。这些都让我们真真切切地看到了老师身上的高尚品德，他们实现了陶行知先生的那句话："捧着一颗心来，不带半根草去。"他们把所有的知识都毫无保留地传授给我们，风里来雨里去，任何时候都不叫苦叫累，这种敬业精神和奉献精神在我们老师身上体现得一览无余，他们都是我们心目中的好老师。所以，我们不仅学到了科学知识，还学到了敬业精神、奉献精神以及如何做人的道理，这对我们以后的成长与发展起到了重要的作用，我永远都忘不了当时给我上课的老师们，忘不了他们的敬业精神和奉献精神。

记得在郭庄大队实习的两个月期间，起初我们每天只吃馒头、喝米汤，难以适应这种北方的生活方式。为了改变这一状况，老师们就让我与大队领导协商，最好一周能吃一次米饭，一个月能洗一次澡。这些都是我们真实的想法，在当时的情况下并不过分，事实也是如此。我向大队领导提出这个想法，随后得到了满足，自此，我们每周都能吃一次米饭，每月都能洗一次澡。郭庄大队书记郭宏杰时任安徽省委副书记，兼任郭庄大队书记，他是从农民干部中提拔上来的，他在我们实习结束的前一天晚上接见了我们，却在讲话过程中批评了我们，说我们都是工人农民的孩子，凭什么给大队提这要求那要求，农民同志为什么没有这么多的要求。回来之后，学校要我们学习郭书记的讲话、指示精神，要求我们做出深刻检讨，学校党委一把手亲自抓我们的学习活动。直到现在我都忘不了这件事情。

采访人：您大学毕业后，能留校任教，所遇到的重要的契机是什么？

王在广：当时学校各系的招生人数都不多，师资力量也不足，特别是青年教师后备力量严重不足，为了改变这一状况，学校决定就地取材，选择部分毕业生留校，充实教师队伍。毕业生留校有指标，也有条件限制，除了德智体美劳全面发展，还要经过同学和老师的推荐，由系里领导讨论决定人选，报请学校党委审批。系里遴选毕业生留校，我有幸被同学和老师们推荐，得票数第一。当时生物系有三个留校指标，我成为生物系植物生理教研室助教。我当时能留在学校任教，原因主要有两个：一是因为我是团支部书记，与老师见面和同学交往的机会比较多，很多事情都是我在做。二是因为我学习比较努力，成绩在班里也挺好，得到了领导、老师、同学们的认可。这些对我很重要，大学给了我一次又一次机会，我应该感谢我的大学。

采访人：您毕业后留在生物系任教，其间哪些人和事给您留下了深刻的印象？

王在广：我留校后被分在生物系植物生理教研室当助教，组长是姚文亨老师，教研组的老师们都指导我、帮助我，对我非常好。我当时的主要任务就是听老师讲课，同时帮助老师准备实验课的材料，和同学们一起做实验。我工作认真，一边当学生，听老师们上课，一边和同学们一起做实验，工作也还能适应，边学边做。我就做了一年的助教，因为适逢生物系党总支改选，选举办法中确定的候选人须有一名教师代表，党员老师们就推选我为候选人，我有幸被选上了生物系党总支委员。当时生物系在校农场办学，学生吃住在那里，老师上课做实验在那里，系领导办公室也在那里，整个系只有一部座机，白天晚上都必须有人在办公室值班。生物系在校农场还有几十亩土地种植庄稼。那时我是一名青年教师，住在校农场，因系里设在校农场的办公室需要一名专职人员坐班，我又住在校农场，所以系领导研究决定让我转岗担任党总支秘书，兼任学生党支部书记，协助管理学生工作，同时每天坐办公室，保证通信联络畅通，各种信息上传下达，代替系里临时有事的领导去学校参会。虽然生物系在校农场办学多年，但是条件并没有得到改善，那里不具备办学条件，学校也没有在校农场投入经费进行规划布置，很多实验课都开不起来，有些实验要回到本部在化学系才能做，有的实验是去农科所做。我们生物系在校农场办学的过程中遇到了很多困难，但也克服了很多困难，即使如此，也只能维持一般性的教学活动。

后来，校领导多次来我们生物系现场考察，他们都觉得在校农场办学很困难。1977年年底到1978年年初，学校研究决定将生物系从校农场搬回学校，生物系的办公室就设在生化楼的四楼。我们生物系回到学校之后，教师队伍得到了加强，除了每年有少量的毕业生留校加入外，还接收外校分配来的青年教师，同时也调入了一批老教师。教师队伍扩大了，教学质量提高了，学校的投入也加大了，设备增添了不少，正常教学活动得以开展，学术活动也渐渐步入正常轨道。我们植物生理教研室的老师与市农科所开展了科研合作，参加了全国植物志的编写（我们生物系负责其中的一部），陈壁辉老师成功解决了扬子鳄的饲养与繁殖难题，我们生物系乃至全校的人才培养机制步入正常轨道。

采访人：您于1979年任数学系团总支书记、党总支委员，当时您从生物系调入数学系的原因是什么？

王在广：我在生物系工作了五年，其中第一年任助教，后四年任党总支秘书、党总支委员。当时数学系是本校理科招生人数最多的一个系，配备专任辅导员8人，对数学系来说，加强学生思想政治教育工作就显得很重要。生物系的学生相对要少一些，我当时是校党委下文批复的生物系党总支秘书，学校重视青年干部的选拔、使用和培养，实行干部交流制度，就把我从生物系调到数学系，任党总支委员、团总支书记，协管学生工作。这个工作对于我来说比较得心应手，因为在生物系我分管的工作更多些，学生的日常生活都由我管理。我到数学系后，工作相对单纯，主管系团总支工作，兼任学生党支部书记，协助管理全系学生工作，这些工作做起来还算轻车熟路，因为这些工作在生物系都经历过，所以来到数学系，我并没有感觉到陌生。

采访人：您从1984年到1994年，先后担任教育系党总支副书记、书记，这种职级晋升是什么情况，有哪些关键的因素促成了您被提拔？在教育系工作期间，您有哪些特别的经历或者是让您印象深刻的人和事？

王在广：1984年适逢学校机构改革，学校进行了干部人事调整，当时退休年龄没有严格的限制，已到六十岁以上的教师、干部还在上班，这次调整的力度很大，旨在优化教师队伍、干部队伍结构，增强发展活力，特别是提拔一些中坚力量走上领导岗位，我在这个背景下担任了教育系党总支副书记。

我在数学系是党总支委员，所做的工作成绩也不错，学校开展的各项文体活动，基本上都是由数学系包揽了第一名。数学系有一些老师非常热衷于学生工作，凡是校系开展的学生课余文体活动，老师们能指导的都会主动参与，数学系师生的集体荣誉感非常强，师生关系比较好，在学校有关部门和其他院系中留下了很好的声誉。数学系1979级有一位女辅导员，因年龄比较大，好不容易怀孕了，就和我商量能不能帮她管理班级一段时间，我答应了她，帮她管理班级，直至她上班为止，这样我就兼任了1979级学生的辅导员。数学系1979级（2）班后来还被评为全国先进班级，受到教育部、宣传部、团中央的表彰。表彰会在人民大会堂召开，数学系1979级（2）班班长徐飞（毕业后留校担任辅导员，现已退休），应邀代表（2）班到人民大会堂领奖，奖品为一面锦旗、一个录音机和一张奖状。他回到学校以后即与师生们交流分享了感悟，加上数学系的学风比较好，学生活动比较丰富，在整个学校特别是一些机关部门如学生处、团委、教务处等反响都比较好，这些都是影响我当时被提拔的因素。

1984年，我担任教育系党总支副书记，主要分管学生工作。教育系于1980年开始恢复招生，到1984年办学规模仍然比较小，当时其他院系都配有领导班子成员5名，即党总支书记1人，党总支副书记1人，系主任1人，系副主任2人，而我们教育系只配领导班子成员4名。因为人数少，规模小，没有行政副主任配备，又因为我年轻，就让我兼任行政副主任，系里的行政工作由我代管。由于家属不在身边，我能够有更多的时间和精力投入工作，一方面，深入课堂、走访教师、与辅导员打成一片，另一方面，尊重其他领导和老师们，系里老师的子女上学、就业以及住房等问题也在我的帮助下得到了很好的解决，这些工作得到了领导和老师们的认可和称赞，同学们都很尊重我。这些事情给我留下了深刻的印象，正是这些工作给我日后在教育系乃至教科院的工作打下了坚实的基础，也为我日后的成长打下了坚实的基础。

我们教育系的班子比较团结，讲究效率，雷厉风行，具有改革精神。教育系刚开始只有一个教育学专业，为了改变这一状况，我们在注重人才引进、人才培养的同时，重视拓展专业方向，扩大办学规模，很快就通过两个新专业的审批，增设了学前教育学专业、心理学专业。与此同时，我们注重对外合作办学，与全省各地市教委、师范院校等保持联系，开展合作办学。这种合作办学形式，不仅扩大了教育系的影响力，提升了老师的业务水平和科研能力，而且增加了我们教育系办学经济效益。经济效益提高，教师的工作积极性就被极大地调动起来了，凝聚力也进一步增强。值得一提的是，1986年，我们教育系获得了教育史硕士学位授予权，后来又获批教育硕士学位授予权。这些事情能办成，我有一点成就感，这从侧面反映了我们教育系的办学实力和师资水平。这些事让我印象深刻。

还有一件事情令我印象比较深，就是钱伯毅老师对我无微不至的关怀和细心教导。钱老师是我的恩师，我和他的感情很深厚，我在生物系读书的时候，他给我上教育学这门课，我调到教育系后，他仍然是我的政治老师，每学期都会在开学前给我写一封工作建议信，学期结束后给我写一封工作评价信，这件事他坚持做了很多年，他的建议和评价对我的工作有很大的帮助。虽然他现在已经离开了人世，离开了我们，但我会永远怀念他。他在世时，我经常去看望他，他也经常来我家，我们的感情很深厚。

采访人：教育科学学院是什么时候组建的？教育科学学院的组建和发挥作用情况如何？您在工作中遇到了哪些难题？

王在广：1999年年底，为了适应高等教育发展的需要，进一步提升办学层次与规模，学校决定合并教育系、教育技术学系和高等教育研究室，组建教育科学学院。当时教育系有三个专业，分别是教育学、学前教育和心理学，这三个专业都有本科和专科。我们考虑到1986年获得教育史硕士学位授予权，1998年又获得教育学硕士学位授予权和教育硕士学位授予权，于是将教育史纳入教育学目录。教育硕士学位授予权获批以后，全校受益，学校给了我们很多的支持和褒奖。这个硕士点获得审批，确实很不容易。我们教育系培养了一批又一批专科生、本科生和硕士研究生，可以说，为全省乃至全国基础教育和高等教育、科研院所输送了一大批人才，他们为我国的教育发展、人才培养做出了很好的成绩。由于专业的特殊性，我们系的毕业生大多分配到研究所或者高等学校，现在很多人都成了副校长、院长、教授、硕士生导师、博士生导师，如朱家存、柳友荣、姚本先等。在这一过程中，教育系的师资队伍得到了加强，我们引进了一批教授，也招聘了一些硕士研究生，那个时候国产博士生比较少，很难引进，我们就这方面下功夫。学术交流、学术研究得到了加强，系内各教研室还开展了系列学术沙龙活动，各项工作不断推进，形成了良性循环。到1999年年底，学校作出决定，将教育系、教育技术学系和高等教育研究室合并，组建教育科学学院，这是学校的决定，也是高等教育改革发展的需要，既有利于专业的发展和资源共享，也有利于人才培养。

三家正式合并之时，三方在一起就专业、人员、设备、财务以及对外办学等情况进行了交流，并就学院的命名问题进行了讨论。当时提出的院名，除了教育科学学院，还有教育与技术科学学院。究竟使用哪个院名更好呢？教育技术学系的领导认为应加上"技术"二字，教科系的领导则认为技术实际就是教育中的技术，教育已经包含技术，不需要加上"技术"二字。最后经学校批准，学院定名为教育科学学院。2000年3月，教育科学学院正式挂牌组建。学院成立之后，一方面，专业、人员、设备的数量增多了，另一方面，管理的难度加大了，面临教师融入学院的问题。合并前的三个机构管理方式不同，对外办学规模有别，效益差异明显，分配方式也不一样，当时教育系的办学效益是最好的，合并后来自于三个机构的老师相互都不熟悉。所以一开始开展工作，确实比较困难，在工作中有许多的矛盾存在，特别是领导班子组建后，如何让班子成员跳出原单位，心往一处想，能够顾全大局，就成了党政一把手"带班子""管队伍"的重要一环。所以确定院领导班子成员及分工后，就要解决领导班子的团结问题和教职工的融入问题。为此，我们制定并执行了一些新的规章制度，新组建的学院需要制定一些新的规章制度来统一管理。原来三个机构都有自己的规章制度，统一管理需要统一的规章制度，我们通过召开座谈会、听取教师的意见和建议等方式，对拟定的院内规章制度进行了修改和完善。就这样经过相当长一段时间的磨合，才做到上下步调一致，实现预设的目标，这也为日后教育科学学院的大踏步发展创造了一个良好的开端。

采访人：您在教育科学学院工作期间，得到了师生的认可和支持，您为教育科学学院贡献了很多，实现了学院迅速发展，有什么印象深刻的事件可以说明这一点吗？

王在广：教育科学学院于2000年3月正式挂牌组建，这与学校大力支持，特别与田家炳先生的爱心善举是分不开的。田家炳先生的善举，堪称表率。他给我们学校捐赠500万，用于支持田家炳教学大楼建设，这个大楼的建成并投入使用，极大地改善了教育科学学院的办学条件，为我们进一步加强师资队伍建设、学科建设，更新教学设备，提升教学质量、科研水平，创造了极好的机遇，也为日后加强学位点建设、发展教育科学学院提供了保证。

我们主要从四个方面来做好做实学院的工作。第一个方面是狠抓学科建设、扩大办学规模。学院在组建之初，只有教育学、学前教育学、心理学和教育技术学四个专业，我们很快就增设了小学教育专业并开始招生，同时还拓宽了原有专业的专业方向，比如拓展教育学专业的培养方向，在培养教育学研究人员与师范院校师资的同时，培养教育行政人员和中小学教师，与此同时，又在教育技术学专业的培养方向中增设了信息技术教育专业，并开始招生。这些举措都极大地满足了相关行业对人才，特别是信息技术教育专业人才的需求，那时电脑刚刚兴起，这类人才社会紧缺。到2004年，我们就有了六个专业，分别是学前教育学专业、教育学专业、心理学专业、应用心理学专业、教育技术学专业和小学教育专业，这六个专业同时挂牌招生，形成了文理艺术专业交融、师范与非师范专业协调发展的人才培养体系。学院刚组建时学生只有300多名，到了2004年就发展到1500多人，招生规模增加了5倍。

第二个方面是加强人才引进工作，推进师资队伍建设。学院建设之初，我们就注重引进优秀硕士毕业生。我们推出了两项新政策：一是鼓励引进优秀硕士毕业生，二是鼓励教师在职攻读硕士、博士学位。后来又实施教授引进和录用计划，大力推进聚才政策创新，同时争取学校人事处的配套政策支持，做好高层次人才的住房分配、科研启动资金立项、爱人调动安置等工作，这些措施对推动学院学科和学位点建设都起到了非常大的作用。

第三个方面是着力提升科研水平，积累学院的办学实力。学院实力的积累源自办学实力，为此，我们制定并实施了一系列累积实力的政策，鼓励教师申报学校以及省级以上的科研项目，鼓励教师在重点学术期刊上发表文章，如教师申报课题的费用都由院里支付，学院资助教师外出参加学术活动，定期举办学术沙龙活动，这些措施既大大调动了教师的科研积极性，同时也提升了我院教师科研的整体水平。

第四个方面是加强学科学位点建设，提升学院办学层次。学院组建初期，院里只有教育学和教育硕士两个硕士学位授权点，前文提到的教育史硕士授权点此时已纳入教育学硕士授权点，后来，我们加强了学科学位点建设与一级硕士点申报，获得两个一级硕士授权点，每个一级硕士点下面都有不同的研究方向，那就是二级硕士点。这两个一级硕士点分别是教育学硕士授权点和心理学硕士授权点，另外还有多个二级硕士点可以招生。有副高以上职称的教师，如符合条件，通过学校审核，都可以成为硕士生的导师。特别值得庆贺的是，2018 年，我们学院获批教育学一级学科博士点，这是我们学院自获批教育学原理、心理学一级硕士授权点后的重大突破。

采访人： 作为我们师大的学院之一，教育科学学院走出来的知名校友很多，您能列举几个吗？

王在广： 1977 年，高考制度得以恢复，我们教育科学学院从 1980 年开始招生。我能讲得更多的还是教育系的情况。我们教育系每年招生的人数不多，但毕业生就业前景很好。系里学风正，学生都认真学习；教风正，教师都认真教课，所培养的毕业生有两大优势，一个优势是文化基础比较扎实，另一个优势是刻苦努力，因此使得很多人后来都成了知名专家，现举例如下：

校友姚本先，他是我们教育系 1988 届毕业生，现为合肥师范学院副院长、二级教授、博士生导师，教育部中小学心理健康教育指导委员会委员、中国心理学会理事、中国社会心理学会常务理事等，享受国务院特殊津贴。曾主持多项省部级以上课题，出版学术专著多部，发表高质量的学术论文多篇。

校友郭本禹，他是教育系 1988 届毕业生，现为南京师范大学心理学教授、博士生导师、中国心理学会理事、理论心理学和心理学史专业委员会副主任、《心理学探新》编委、《心理研究》编委，主持多项国家级、省部级重点课题，出版学术专著数部，发表重点学术论文数篇。

校友柳友荣，他是教育系1988届毕业生，现为池州学院院长，教授、博士生导师，主持省部级以上重点课题多项，出版学术专著多部，发表有分量的学术论文多篇。

校友石中英，他是教育系1991届毕业生，现为清华大学教授、博士生导师，《教育学报》主编，国务院学位委员会第六届学科评议组成员，中国教育学会中青年教育理论工作者分会理事长。他主持的项目包括国家优秀博士论文基金项目"文化视野中的教育改革"、全国教育科学"十五"规划国家重点项目"当代英美教育哲学的新进展"等，出版学术专著数部，在全国重点学术期刊发表学术论文50余篇，在学界拥有很高知名度。

采访人：在安徽师大工作这些年，您有什么感想？作为安徽师大的前辈，您想对师大学子说什么？

王在广：安徽师大历史悠久，文化底蕴深厚，至今有90多年的办学史，为国家培养了一批又一批教学、科研、管理人才，为祖国建设与发展做出了重要的贡献。安徽师大人从来都是开拓进取、不畏艰辛、奋斗向上、砥砺前行的，正是一代代师大人的努力，师大才有今天的办学规模和发展水平。师大人团结向上的精神、努力拼搏的精神、敢于担当的精神、勇于修炼的精神，将继续激励安徽师大不断向前，安徽师大的明天将更加辉煌。我作为师大人中的一员，对安徽师大取得的成就感到自豪，也为能在安徽师大工作这么多年，在各位领导的引领下不断成长而感到无比欣慰，我感谢所有领导给予我的帮助和教诲，感谢所有老师和同学们对我的帮助、支持和包容，使我不断走向成熟。同时我也感谢学校给了我这个成长平台，让我不断磨练，不断提升，收获很多。这让我体会到，只要努力工作，勇于奉献，就能得到支持，取得成就；只要善待别人，别人也会善待自己，就能在工作中不断获得与时俱进的成就感。

安徽师大办学取得的辉煌成就，是一代又一代师大人努力奋斗的结果，师大人用实际行动诠释着爱岗敬业精神。爱岗敬业成就辉煌，90多年辉煌成就来之不易。作为师大学子，应该珍惜当前美好的学习环境，珍惜美好的生活环境，奋发向上、刻苦钻研，努力夯实文化专业基础，不断提升创新能力，遵纪守法，爱国、爱校、爱党，德智体美劳全面发展，做好新时代社会主义的建设者与接班人。有理想，才能有动力，未来才能有属于自己的事业；有能耐，才能在激烈的竞争中站稳脚跟，在未来才能取得更大成就。我相信师大学子都是逐梦人，经过自己的不懈努力，最终都能成就大业。师大学子将会成就在不远的将来，而要圆梦，就必须珍惜自己的工作岗位，在激烈的竞争中立于不败之地，为实现中华民族的伟大复兴做出应有的贡献。我衷心地祝愿师大学子能够成长成才成功！

徐际宏先生访谈录

采访时间：2020年11月2日
采访地点：安徽师大档案馆
受 访 人：徐际宏
采 访 人：徐 琪 徐欣悦
整 理 人：徐欣悦

徐际宏，男，1941 年 2 月生，安徽怀宁人，中共党员，教授。1958—1962 年在合肥师院、安徽师院、皖南大学数学系学习，毕业后留校任教。曾任安徽师大数学系副主任。长期从事数学分析等多门课程教学，2006 年获评校首届教学名师。先后在国内外学术期刊上发表论文十余篇。著作有《实变函数与泛函分析》（合编）、《度规积分导论》（编著）等。主持的项目"关于深化分析数学系列课程教学改革的研究"获得 2001 年度安徽省高校首届优秀教学成果一等奖。

采访者：徐老师您好！非常感谢您接受我们的采访。首先请您回顾一下您在大学的求学经历。

徐际宏：我是 1958 年 9 月进入合肥师院数学系的。当时我刚从安庆市第一中学毕业，老师们对我的期望都很高，但那一年高考招生工作恰逢反右扩大化后期的严峻政治环境，招生时很看重家庭出身、社会关系等政治因素，而我还能上大学，尽管是自己填报志愿中的最后一个学校，应该说是幸运的。于是我就进入了合肥师院数学系。当时的合肥师院刚由合肥师范专科学校升格而成，刚刚显露学院的雏形，师资力量薄弱，虽然有从上海华东师范大学来支援的雷垣教授和陆慧英讲师等有名望的教师，但基础课和不少后续课程的老师却非常稀缺。加上当时正处于"大跃进"、大炼钢铁的高潮之中，教学秩序极不正常。

1959 年 7 月，按省里决定，高校文理科拆并，合肥师院的几个理科系整体并入安徽师院。我们来到芜湖，在安徽师院的新环境中学习生活，都觉得这边的条件比合肥师院好。这边的大学有历史积淀，教学秩序逐步恢复正常，虽然安排生产劳动还是不少，但慢慢地都走上正轨，教学安排很快严实起来。1960 年 3 月，教育部批准安徽师院更名为皖南大学，刘少奇同志亲自为"皖南大学"校名题字。学校内外似有向综合大学看齐的气氛，三、四年级增设不少新的课程，全体师生员工一派奋发进取的精神面貌。虽然当时学习条件艰苦，物资短缺，食品匮乏，但是同学们学习劲头很足。因为大家意识到，前两学年的学业已经耽误了，后面的时光若再不抓紧，大学阶段就学不到什么东西，毕业后走上社会为人民服务就成了一句空话。就我个人而言，我觉得大学四年还是很顺利的。一年级我担任外语课代表；二年级担任学习委员，那时正值经济困难时期，各方面条件都很差，上课讲义靠油印，纸张粗劣，印好之后我用小扁担挑回教室分发给各个小组，再分发到个人，忙了一年，得到了锻炼；三年级同学们选我当了班长；四年级担任团支部委员，和同学们关系和谐，大学四年给我留下了许多美好的回忆！

采访人：当时在校学生的学习、生活、住宿条件如何？从合肥师院到安徽师院，再到皖南大学、安徽师大，您对学校的变化有何感想？

徐际宏：我们上大学那几年，物质条件很艰苦。当时，全校仅有一座四层教学大楼，学生宿舍也不过五六幢，都为两层楼房。日常生活用水大部分取自西操场一座机井。冬天学生用暖水瓶者极少，每天早晨，班级派值日生到大厨房用大木桶抬热水到宿舍楼，供大家洗漱使用。那几年又遭遇经济困难，粮食供应紧张，物资极度短缺。不少同学冬天穿的是学校借发的棉袄，睡觉时盖的是学校借发的薄棉被。伙食方面，粮食配给，质量差且限量，饭菜缺荤少油，艰苦程度令今天的在校生难以想象！

经历多年的发展，特别是改革开放以来，学校面貌发生了翻天覆地的变化。在赭山校区六七百亩校园内造起了好多座高楼，原有的教学楼加盖一层成了五层大楼，原有的几栋学生宿舍也都加盖成三层宿舍楼，学生食堂拆旧造新，学生生活设施和体育设施一应俱全，整个校园旧貌换新颜。在花津校区的广阔校园内，更是一派欣欣向荣的气象。我们安徽师大的迅猛发展，得益于党的坚强领导，得益于改革开放的伟大实践，也是一代又一代师大人共同奋斗的结果。展望明天，在中共中央十九届五中全会精神指导下，按照十四五规划，我们安徽师大定会迈上更高的台阶。

采访人：您在安徽师大求学四年，转而又在这里执教四十多年，实现了从学生到教师的华丽转身，在此过程中，您一定经历了许许多多的事件。想一想，有哪些事件给您留下深刻的印象，让您难以忘怀？

徐际宏：1962年秋季，我刚刚毕业留校，就被分配到数学分析教研室担任数学分析课的辅导任务。数学分析是数学专业本科一门重要的基础课程，教学周期长，自始至终两学年，每周上课6课时，总学时三四百个课时。当时全年级200多人，分两个大班（四个小班）上课，配备2名主讲教师，五名辅导教师。我非常幸运，被派跟随张国铮老师辅导。那时，学校非常重视基础课教学，要求尽可能采用经典教材。我们由主讲教师上报，经系领导确定，选用苏联格·马·菲赫金哥尔茨的《数学分析原理》（上、下册）作为教材，内容厚实，教学难度较大。张国铮老师教学态度严肃认真，备课深入缜密，教课严谨生动，板书流利工整，深受学生欢迎。我作为刚刚毕业的辅导教师，非常珍视随班听课、课下辅导的难得机会。刚接触学生，特别是每周两个晚自习辅导答疑时，内心不免忐忑，担心被学生提问难倒丢面子。因此，加倍努力消化教材，查阅参考书（可惜那时参考书很少），多做习题，抓住一切机会，提高专业水平。张国铮老师在教学工作上对我要求非常严格。第一学期教学内容分几个单元，每一个单元都要出题测验。每次测验前都要求我独自做一遍，以便摸清测验题的难易程度，这无形中给了我很大的压力。不仅如此，他还经常把学生提问中一些有难度的问题交给我思考。正是这样严格的要求和无形的压力成了我打牢专业基础的动力。张国铮老师当年担任数学系副主任，在繁重的教学管理工作的同时，作为任课老师认真负责、精益求精的良师风范，对我的影响非常深远，引领我在从教的道路上行稳致远。

我们师大数学系长期形成的优良传统，为我们青年教师的健康成长输入了不少正能量。当时系领导非常重视教研室乃至教学小组在教学过程中的积极作用。一个教学小组是由担任同一门课程的主讲和辅导老师共同组成，在该课程教学全程中持续不断地开展教研活动。我们那一届教学小组由于张主任的亲自垂范，坚持每周一次例会，深入分析教材内容、教学重点难点，交流从辅导答疑与作业批改中反馈的问题，选定作业习题、考题，认真深入地研讨交流，对于不断改善教学质量、提高教师水平，作用十分明显，尤其让青年助教受益匪浅。

1966年夏天，"文革"开始，学校就停课了。直至1970年第一届工农兵学员入学，我们才在被耽误几年青春年华之后重拾书本，投入教学工作。在校、系的安排下，我们分批深入工厂车间、农村田头，努力联系实际，为工农兵学员编写新教材，并走上讲台，接受锻炼。

1977年，"文革"结束不久，党中央立即作出英明决策：恢复高考招生。校、系领导迅速作出部署，抓紧时间为新生入学做好教学准备。我很幸运地接到了这项任务。当时，首先面临教材问题。经过分别与华东师范大学、中国科学技术大学数学系联系，很快确认选用中国科学技术大学数学系编写的新教材《微积分》（共四册），当时正在印刷。根据中国科学技术大学的要求，其内容深厚，教学难度较大，多章节后配备习题（几年后，这套教材在国内正式出版发行）。因为当时全国高校普遍面临"教材荒"，我们只好"饥不择食"地选择了它，从而保证了新生入学时有书可用。1978年春，恢复高考后的首届大学生入学，我受命承担1977级一个大班的第一学年主讲任务，每周六个课时，两个晚自习辅导答疑，教学压力很大。刚恢复高考进入大学学习是许多学生梦寐以求的愿望，入学后个个如饥似渴，异常用功，听课认真，辅导答疑时提问不断，对教师形成了巨大的压力。也正是师生间的积极互动，才真正形成了教学相长的生动局面，推动着任课教师更加努力去提高专业水平。在这难忘的过程中，我不断地收获进步和快乐。在此后的教学经历中，我一直都有这样的感受。

采访人：您和安徽师大一路相伴，历经60多年的风雨历程，对于安徽师大过往取得的成就您如何看待？

徐际宏：从1958年入学至今，我在安徽师大学习、生活了60多年，亲身经历和见证了安徽师大的发展和巨变。诚如我在前面所说的，在数十年间，安徽师大在困难的条件下，为国家培养了一批又一批有用之才，他们在国内众多各级各类学校、教育机构、科研部门、政府机关，为国家、为人民做出了出色的贡献，这是安徽师大为国家、为人民做出的巨大成就。安徽师大的发展与成就，是我们党坚强领导的结果，是我们国家由弱变强的结果，也是全校师生员工共同奋斗的结果。一代又一代师大人为建设师大、发展师大，为把安徽师大办成一流大学，付出了很大的努力，并且坚韧不拔地继续前行，用行动践行"厚德、重教、博学、笃行"校训精神。随着中华民族伟大复兴的中国梦逐步实现，安徽师大必将迎来更加灿烂辉煌的明天。

采访人：20世纪70年代末，您参加了当时高教部委托厦门大学数学系主办的"现代分析基础"教师进修班，您都有哪些收获？这对您之后的教学、科研工作有何帮助？

徐际宏：1979年暑假，得知当时高教部委托厦门大学数学系主办"现代分析基础"教师进修班的消息，我很希望参加这一进修班学习，因为那时国内高校学术交流活动不多。我一直限于在安徽师大学习、工作，渴望看看其他大学的教学、科研状况，于是就在系里同事们的帮助下争取到一个名额，和我系另一位同事一同参加了这次进修班。主持这届进修班的张鸣镛教授是国内数学界的知名学者，他学养深厚，对分析数学领域的研究造诣颇深。他主持的讲座有自编的讲义提纲，从中可见他对分析数学这一大数学分支的教学内容改革、加强有关数学分支间融合的创新思路；他授课时驾驭材料的能力强，注重分析推理，给我们留下了很深的印象。这次进修班之后不久，国内数学界创办高端学术期刊《数学年刊》，任命他为常务副主编。令人可惜的是，他几年之后英年早逝。

厦门大学有海外侨胞大力支持，办学条件得天独厚，书刊资料、实验设备、教学科研水平等都远胜于我校这一类师范院校。在厦门大学几个月，让我感受到综合大学与师范院校之间的差距，开阔了眼界、增长了知识。不过，这次进修班历时仅一个学期，时间太短，但有了一些收获，为返校重回教学岗位增添了一些正能量，这已经很不错了。

采访人：您曾在校内参加过英语提高班，进行了一年英语的听、说、读、写训练，可否说说此次培训的具体情况？

徐际宏：这个英语提高班是当时学校领导委托外语系张春江教授主持的，参加者十余人，年龄大多和我相仿。张老师注重口语，当时正值20世纪80年代初期，学校借给每人一部便携式录放机（附磁带），除此之外没有更高级的设备了。物质条件虽然简陋，但张老师极其认真负责的工作态度却深深地打动着我们每一个人。张老师曾留学于美国密歇根大学，二战期间尚未取得学位便返回祖国，直到30多年后，中美恢复正常外交关系，他才赴美领取学位，并到多地访问。主持这个提高班时，他年事已高，但每次上课精神饱满。教材是刚传入中国不久的《新概念英语》英文原版。他每天课前打印好一份作业，交给我们课后完成，他会当天仔细批改每份作业。上课时他那满口流利的英语，常常让我听起来相当吃力。在一年多时间里，张老师一直是不知疲倦地坚持用英语为我们讲课、和我们用英语交流，甚至亲自带我们到西餐馆学习西餐礼仪，不仅提高了我们英语听、说、读、写水平，而且为我们树立了模范教师的榜样。

采访人：您在安徽师大任教期间有哪些印象深刻的人和事？

徐际宏：我在安徽师大学习、生活了60多年，值得回忆的人和事太多，这里只能挑几件印象最深的简单回忆一下。首先要谈的是张国铮先生，前面我已谈过，我刚毕业工作就跟随他听课、辅导，这是我的幸运。他在教学工作中的良师风范深深地影响着我。他治学严谨，敬业尽责，淡泊名利，严格律己，热诚待人。长期担任党总支委员、数学系副主任职务，实际上是常务副主任，担责的方面很多，为我校乃至省内多所高校数学系的建设和发展做出了重要贡献，受到教职工的广泛尊敬。张国铮先生的言传身教，让我在成长过程中受益良多。

在这里，我还要怀念的另外两位老师是南朝勋和王慕三。20世纪80年代初，我从厦门大学进修回校后，系里重组教研室，我被分到函数论教研室，同这两位老师接触的时间多了起来。20世纪80年代中期，南朝勋和王慕三两位老师带领我和同教研室另外两个同事组成一个讨论班，每周坚持一个下午，轮流报告所研读的文献并提出问题共同讨论。讨论班是当年著名数学家苏步青先生大力倡导并亲自带头践行的，是加速青年科学工作者提高专业能力和科研水平的有效形式。讨论班的关键是如何选择共同研读的文献。在两位老师的带领下，我们选定国外重要学术期刊上发表的论文或经典专著，这些文献大多属于学术前沿领域，都有较大难度，需要查阅资料，加强基础，刻苦钻研。报告讨论有利于集思广益，深入理解，发掘问题。办讨论班，贵在坚持，我们的讨论班持续了两三年，参加者都感到压力大，收获多。通过参加讨论班，我的专业能力有了提升，进行学术研究的瓶颈得到突破，逐步收获了一批科研成果。

南朝勋老师做学问非常刻苦，对事业极为执着。他于1958年前后前往中国科学院数学研究所进修，师从学部委员关肇直。从京返校后，在担任教学工作的同时，在科研上也勤下功夫，取得了不少成果。在带研究生时，他曾写过两本讲义。前一本油印讲义，成于20世纪80年代前期，曾被多所大学选作研究生教材，但由于当时条件的限制，未能正式出版，为此留下遗憾；后一本选取同一研究方向的最新成果，加入他本人的研究心得写成，尚未完全成稿就不幸病倒住院，他为此痛惜不已。就在开始化疗的当天，他抑制不住内心的痛楚，向我哭诉最终的愿望：协助他将这份书稿整理印出，同国内高校同一研究领域的同行学者进行交流。作为老师，在病床上向学生求助，这种生命不止、奋斗不息、不向病魔屈服的拼搏精神，不禁让我深感震撼。我当即郑重表示，将竭尽全力让老师的这本著作正式出版。随即到他家里取出书稿，快速整理出两个章节，打印好送到医院请他审阅，初步确定版式。同时，报告学院领导，设法联系出版社。然而，天不助人！就在这些工作起步不久，南朝勋老师不幸离开人世！这令我们万分哀痛，也为未能让他目睹这本书的出版而愧疚！由此，我们加紧多方联系出版社（当时安徽师范大学出版社尚未成立），我从整理全部书稿到协助出版社编辑校对全过程倾心投入。在校系领导的支持与资助下，南朝勋老师晚年呕心沥血的著作《集值映照》，终于在2003年4月由安徽大学出版社正式出版发行。按照他的生前嘱咐，分别邮寄给国内有关高校和科研单位的同仁们，最终完成了南朝勋老师的遗愿，也让我因不负他的郑重嘱托而感到慰藉！

20世纪末，省教育厅下发文件，倡导各高校开展教学研究，加快教学改革，并专设教学研究基金，供教学单位和教师申报立项。我们教研室积极响应，申报了一个项目，并立即开展活动，广泛查阅《美国数学月刊》等学术期刊，搜集了近百篇探讨基础课教材内容的论文资料，各自研读，轮流报告，共同讨论。经过约两年的共同努力，获得了丰硕成果：其一，几位青年教师撰写了教研论文20余篇，在国内学术期刊上发表；其二，在本系四年级新开一门选修课"论文选读"，由任课老师指导学生研读文献，写出心得，在课堂上报告讨论，最后教师讲评，引导学生初步接受科研训练；其三，2001年，由本教研室多名教师参加的，由我主持的教学研究项目"关于深化分析数学系列课程教学改革的研究"荣获安徽省高校首届优秀教学成果一等奖。

采访人：您的退休生活是怎样的？每年的时间又是如何安排的呢？

徐际宏：我是在2006年65岁时退休的，刚退休就受聘到池州学院任教。当时他们学院正在加紧准备迎接教育部专家组评审，申报由专科升格为本科。考虑到自己身体尚可，就欣然应允，前往支援。2006年9月起，我在池州学院数学系上课两年，同时带领一部分青年教师开展专业进修。其中有一个学期还兼任安徽师大数学计算机科学学院一门研究生专业基础课的教学任务，经常在芜湖、池州两地奔忙。2008年7月初，我结束了在池州学院支教的任务，回到芜湖，接着就参加了学院关工委的工作，2012年秋起，被任命为数学计算机科学学院关工委常务副主任，在学院党委的领导与安排下，为青年学子奉献余热。

2009年，我即将跨入七旬古稀之年，蓦然回首，自感曾经研读过的文献中尚有不少值得开发的价值，于是找出退休前后研读过的专业文献，经过梳理、提炼，编写成书。半年之后，在校、院领导的支持与帮助下，经科学出版社总编室审评通过，作为备选研究生教材，于2011年6月出版发行。这本《度规积分导论》，从编写到出版，其过程之顺利甚至连我自己都未料到，我为这份意外的收获而深感欣慰。

采访人：作为教研经验丰富的老教师，您对我们师大年轻教师和青年学生有什么建议和期望？

徐际宏：世纪之交时，安徽师大党委宣传部曾邀请校内百位教授各书写一篇短文，寄语青年学子，汇编成一本小册子《世纪的期望》。在那里，我曾寄语师大青年学子，要珍惜大学四年的美好时光和师大优美的学习环境，努力长身体、长知识、长才干，成长为国家的栋梁。在这里，我还要重申这一期望。这些年来，随着改革开放政策进一步深化，国家日益繁荣昌盛，我们师大各方面都取得了巨大的进展，在这样优越的环境中，我们青年学子更应不负韶华，积极进取，为祖国的富强、人民的幸福多做贡献！青年教师是师大的希望与未来。作为老一辈师大人，我殷切希望青年同志们积极弘扬师大的优良传统，踏实苦干，努力进取，不断在教学、科研上做出骄人的成绩，为师大的跨越式发展做出出色的贡献。

谢昭新先生访谈录

采访时间：2019年11月8日
采访地点：谢昭新先生寓所
受 访 人：谢昭新
采 访 人：徐兰婷
整 理 人：王晓琪

　　谢昭新，男，1948年3月生，安徽淮南人，中共党员，教授，博士生导师。1972—1974年在安徽师大中文系学习。毕业后留校任教，历任中文系副主任、文学研究所副所长、文学院副院长、校教务处处长、文学院院长等职。兼任中国老舍研究会会长、现代文学研究会理事、当代文学研究会理事，安徽省文学学会副会长、文艺评论家协会副主席、张恨水研究会副会长、陈登科研究会副会长、社会科学院特约研究员。2004年获安徽省模范教师称号。长期从事中国现代文学的教学与研究，出版的专著《老舍小说艺术心理研究》，被专家誉为有突破意义的新硕果。享受国务院特殊津贴。

　　采访人：谢老师，您好！非常感谢您抽空接受我们的采访。首先请您简要介绍一下您在大学的求学经历。

　　谢昭新：我的大学求学经历可以从我在淮南师范学校读书开始。我是初中毕业保送到淮南师范学校的。1964年7月—1967年7月，我在淮南师范学校读书，那时淮南师范学校是中等师范学校，师资力量雄厚，语文、数理化、音体美的教师都是淮南一流的教师。学校图书馆藏书非常丰富，我在校读了许多中外名著，这为以后从事中国语言文学教育打下了良好的基础。我当时在淮南师范学校的愿望是一定要好好学习，争取毕业时保送到大学读书，因为淮南师范学校有3%～5%的名额可以保送到合肥师院或皖南大学读书。但因"文革"停止了这项工作。在淮南师范学校毕业后，我当了小学教师，教六年级语文。1972年2月，我被推荐到安徽工农大学（后改为安徽师大）读书。

　　我到安徽师大读书的原因，可概括为以下三点：一是安徽师大历史悠久，皖南大学与合肥师院合并后，文理师资力量雄厚；二是安徽师大的中文系汉语言文学专业是全省最强的专业，当时社会上就流传：安徽师大的中文，安徽劳动大学的政教，安徽大学的外语。所以学中文，首选是安徽师大。三是圆了我在淮南师范学校就想保送进合肥师院的梦。

　　1974年7月，我于安徽师大中文系毕业留校任教，到现在已有45个年头了。1982年，我到山东师范大学中文系助教进修班进修中国现代文学，修完硕士研究生主要课程。当时授课、指导的老师，都是著名教授、专家，像田仲济、朱德发、蒋心焕等，这为我从事中国现代文学教学与研究，奠定了坚实的学术基础。

采访人：在申报中国现当代文学学科硕士学位授予点的路上，作为第一带头人，您遇到过什么困难，又是怎样克服的？

谢昭新：我们这个点在申报时的关键是组合队伍、搭建学术梯队。我成为第一带头人的缘由有以下三点：一是年轻教授；二是专著、论文多，质量高；三是专家评委看后肯定会认为符合优秀的条件。我们现代文学教研室的老师，像程致中教授的鲁迅研究成果较多、影响较大，杨芝明副教授的郭沫若研究，有著作有论文，在学界影响较好。但教研室的老师有的年龄偏高，不能作为研究方向的带头人，有的成果较少且发表的刊物档次不高，也不能列入梯队。所以组合队伍就得利用相近学科的教授，我们请刘锋杰教授加入，他在现代文学理论批评研究方面有专著、有发表在《文学评论》等刊物上的论文，另外邀请李官连教授加入团队，这样我们的学术队伍就很强大了。然后根据我们的研究成果，设置了四个研究方向。这样在1977年申报时，评委打出了98分的高分，这是此次硕士点申报留给我印象最深刻的事。1998年，我校中国现当代文学学科获得硕士学位授予权，我系硕士学位点建设工作取得突破。

采访人：您曾于1999年随同校长丁万鼎率领的出访团赴美国、芬兰，访问萨姆福特大学、陶森州立大学、奥博大学、图尔库大学等，出国访问给您的感受是什么？遇到过什么令您印象深刻的事情？

谢昭新：1999年4月19日—5月7日，我随丁万鼎校长率领的出访团，一行四人（丁万鼎、谢昭新、王行翔、郑金泽），赴美国、芬兰两个国家、七所大学进行友好访问。美国四所大学：萨姆福特大学、印第安纳波利斯大学、陶森州立大学、纽约州立大学石溪分校。芬兰三所大学：奥博大学、图尔库大学、图尔库经济管理学院。与这七所大学均签订了"学术交流与合作协议"。这七所大学的教育管理观念：管理的经济观念、管理的法制观念、管理的民主观念、管理的效率观念是第一件我印象深刻的事。比如，印第安纳波利斯大学，全校5000多名学生，只有120多名教师，精简高效。

第二件印象深刻的事是，我们到纽约州立大学石溪分校时，该校校长介绍了他们主要打造的三大专业：理论物理、化学、海洋学，这是全美前列的专业。杨振宁先生于1966年到该校工作，他的最大贡献是获得了诺贝尔奖。在我们到访的前两周，他已退休了，校长舍不得让他退休。

第三件印象深刻的事是，在费城，我们拜访了文理大师顾毓琇先生（时年98岁）。他听说我是学文的，就先谈"文"，他谈了萧乾，谈了老舍，谈了曹禺，谈得最多的是朱湘，他在清华大学任教时帮助过朱湘。他说朱湘祖父是翰林，朱湘的诗写得好，可是他悲观，年纪轻轻就投扬子江自尽，一个人还是乐观一些好！然后他谈了他的顾氏定律。告别时，他挥墨为我们写了两幅墨宝：一个是"智者不惑勇者不惧，诚者有信仁者无敌"；另一个是"朱湘书室"。我回国后，写了一篇散文《听顾毓琇先生谈"文""理"》，发表在《人民日报》（海外版）1999年5月28日第2版，又发表在《安徽日报》1999年7月9日第1版，《芜湖日报》1999年6月4日第2版。

采访人：您发表了许多论文，出版了诸多著作，这些论著给您留下哪些印象？其中感受最深的是什么？

谢昭新：我一共发表130余篇论文，130多万字。我感到最满意的是发表在国家权威期刊上的论文：《文学评论》4篇；《中国现代文学研究丛刊》13篇；《民族文学研究》7篇。《文学评论》上发表的4篇是：

（1）《在"传统"与"现代"之间的徘徊——论老舍小说的理想爱情叙事》，刊于《文学评论》2008年第1期。又载中国人民大学复印报刊资料《中国现代当代文学研究》2008年第4期。这篇论文于2011年获得2007—2008年安徽省社会科学文学艺术出版奖二等奖。

（2）《论蒋光慈小说创作与三十年代上海都市文化市场》，刊于《文学评论》2011年第3期，被《中国现代当代文学研究》2011年第8期转载。

（3）《论张恨水对现代通俗小说艺术理论的贡献》，刊于《文学评论》2006年第3期。

（4）《论老舍小说创作方法及艺术形式的创新》，刊于《文学评论》2003年第5期。

有的发表在C刊上的论文，也都产生较大影响，如《论俄苏文学对蒋光慈文学创作的影响》，刊于《江淮论坛》2010年第2期，被《新华文摘》2010年第13期摘登。

我出版了专著8部，分别是《老舍小说艺术心理研究》（27.6万字），北京十月文艺出版社1994年3月版，获安徽省高等学校人文社会科学优秀成果奖（1995年7月）；《现代皖籍作家艺术论》（24万字），安徽文艺出版社1998年12

月版，获安徽省第五届社会科学优秀成果著作二等奖（安徽省人民政府2001年12月）；《中国现代小说理论史》（40万字），安徽大学出版社2003年9月版，获2003—2004年安徽省社会科学文学艺术奖著作二等奖（安徽省人民政府2006年12月）；《理念、创作与批评——20世纪中国文学综论》（30万字），安徽教育出版社2004年12月版；《中国新诗理论概观》（20万字），中国文联出版社2006年2月版；《中国现代小说理论发展史》（35万字），人民出版社2009年11月版；《老舍与中外文化综论》（30万字），安徽师范大学出版社2014年12月版，获中国大学出版社图书奖专著二等奖；《中国现代文学的文化阐释》（33万字），安徽师范大学出版社2015年12月版。感受最深的是前三部，从前三部可以看到我的学术道路，先是著名作家老舍研究，老舍之子舒乙为本书作序时说老舍研究专著已出版有48部，这本专著是"后来居上，一出场便站在了最前沿"。然后是现代皖籍作家研究，发展到中国现代小说理论史研究，这正像南京大学教授、博士生导师丁帆先生在为我的著作《中国现代小说理论史》作序时所说："谢昭新的研究是从微观到中观再到宏观。"

采访人：您于1972年进入安徽师大，此后几十年间，一直在这个校园里学习、工作、生活，见证了学校的发展，也见证了我们文学院的进步。对于文学院的发展情况，您能详细说说吗？

谢昭新：文学院的发展是随着安徽师大的发展而发展的。我想分三个阶段来谈：

第一个阶段：1970年2月—1976年10月"文革"期间的中文系情况。

我是1972年进入安徽师大读书的，对这一阶段情况是比较了解的。这一阶段，中文系招生六届，共计940人，当时学校做了一些恢复正常教学的工作。我记得我们1974届一班，老师们坚持给我们上课，尤其是卫仲璠教授给我们讲授《诗经》，整部《诗经》他可倒背如流，条分缕析，讲得那么动人。后来二、三班的同学有意见了，因为给一班上课的是老教授，而给他们上课的是青年教师。当时给我们一班上古代文学课的老师有：卫仲璠、袁传璋、余恕诚、赵其钧、吴幼沅；上现代文学课的老师有：李顿、杨芝明、刘普林；上文艺理论课的老师有：严云绶、王祖德；上写作课的老师有：郑怀仁、陈维型；上外国文学课的老师有：宋惠仙、孙慧芬；上现代汉语课的老师有：胡治农、袭千炎、陈庆祜；上毛泽东诗词课的老师有：祖保泉、杨忠广。系里大部分青年教师，都是张涤华、祖保泉先生在合肥师院中文系当系主任期间培养的。

我们除了上课，大部分时间是学工和学农。学工，我记忆尤深的是到马鞍山钢厂学工，那是锻炼思想、培养毅力的地方，也是练习写作的平台。我们当时是到峄山农场学农。系里还组织了"评红"小组，我们在朱彤、陈维型、郑怀仁三位老师的指导下，到工厂、部队去讲《红楼梦》，尤其到空军航空兵第三师讲《红楼梦》，影响很大，师长还接见了我们，请我们品尝飞行员的餐食。

第二个阶段：1976年10月—1994年10月，中文系进入了正规、有序的发展时期。

从1977级开始，中文系以提高教学质量为中心，以加强基本理论、基础知识的教学和基本技能的训练为原则，重新制定了教学计划，师资力量雄厚，教学、科研水平不断提高。本时期的教师队伍：一是"文革"前参加工作的老教师，如张涤华、祖保泉、方可畏、蒋立甫、刘学锴、周承昭先生等；二是"文革"后期三年制大学生毕业留校工作的青年教师，对这部分青年教师，学校加强了培养，1980年8月19日《光明日报》头版头条以"安徽师范大学认真培养青年教师"为题，报道了青年教师进修成果，一共三位，依次排序是：谢昭新、陈文忠、张传开；三是从外校、外单位或本校其他单位调入中文系部分教师；四是从本科毕业生中选留部分学业优秀者充实教师队伍；五是全国重点大学中文系本科毕业生和研究生中分配来我校任教的青年教师；六是从本系毕业的研究生中选留专业课教师。老、中、青相结合的教师队伍，确保了教学、科研质量。

研究生教育方面，我们招收了首批研究生，并获得硕士学位授予权（主要是中国古代文学专业、汉语言文字学专业）。据统计，1978—1994年，安徽师大中文系和语言研究所共招收研究生84名。另外，1982年有华中师范大学邢福义先生带的3名研究生（肖国政、徐杰、李宇明）在我校通过学位论文答辩并由我校授予硕士学位（当年华中师范大学尚未取得硕士学位授予权，招收研究生是挂靠我校汉语言文字学专业硕士点）。

早期的研究生教育从培养人才数量上看不是很多，但培养出了一批学术新秀，相当多的研究生后来成为知名学者，像周啸天、潘啸龙、邓小军、丁放、胡晓明、赵稀方、朱良志、朱志荣、彭玉平等。

第三个阶段：文学院成立后，进入快速发展时期。

1994年10月10日，经学校研究决定，在中文系和语言研究所的基础上，成立安徽师大文学院。

文学院的成立，是学校深化教育改革的重要举措。它使得原中文系、语言研究所的人才、图书资料、经费等资源互补共享，在一体化的系统管理中，得到优化配置，使教学、科研、社会服务诸方面产生更大的规模效益，进一步增强了办学的实力和活力。

第一，成立新闻系和新闻专业指导委员会。

新闻专业于1993年秋季开始招收本科学生。1996年4月18日，文学院新闻系和新闻专业指导委员会同时成立，学校在科技楼礼堂隆重举行成立庆典。新闻系的成立，结束了安徽省高校没有专设新闻系的历史。指导委员实力强大，安徽日报、文汇报、光明日报、新华日报等大型报纸以及多家电视台、广播电台的总编、台长，复旦大学新闻学院院长、南京大学新闻系主任等，共28位名家、名流组成新闻指导委员会。新闻系于2001年设立广告学专业，2002年招收本科学生。2006年，传播学学科获硕士学位授予权，开始招收研究生。2009年，设立播音与主持艺术专业，于2010年开始招收本科学生。

新闻系自1996年成立以后，经过15年的发展，办学规模逐步扩大，办学实力不断增强。2010年5月26日，学校以文学院新闻系为基础，成立传媒学院。

第二，组建中国诗学研究中心。

为了进一步提高学校的科研水平，增强办学实力，打造学科优势，申报国家重点文科研究基地，学校于2000年1月27日发文同意文学院组建中国诗学研究中心。该中心是在文学院古籍整理研究所和文学研究所的基础上，对其科研力量进行优化组合的科研机构。

我到文学院任院长，第一件大事就是抓诗学中心的申报工作。从2000年年初开始申报，到2001年3月，教育部正式批准"安徽师范大学中国诗学研究中心"为全国十所省属高校人文社科重点研究基地之一。这是继安徽大学"徽学研究中心"之后，安徽省获得教育部批准的又一个重点文科研究基地，标志着学校和文学院在学科建设方面取得的重大突破。

从21世纪开始，我们以组织申报并获批准教育部人文社科重点研究基地（中国诗学研究中心）以及获得中国古代文学博士学位授予权为标志，文学院便进入了快速发展的新阶段。

2000年1月—2008年3月，我任文学院院长期间，完成了十个"一"重大工程，即一个教育部人文社科重点研究基地——中国诗学研究中心（2001年3月）；一个省级重点学科——汉语言文字学（2002年）；一个中国古代文学博士学位授权点（2003年）；一个省级教改示范专业——汉语言文学专业（2003年）；一个中国语言文学博士后科研流动站（2005年）；一个传播学学科硕士学位授予权（2006年）；一个硕士学位授权点一级学科——中国语言文学（2005年）；一个国家级特色专业——汉语言文学专业（2007年）；一个省级重点学科——中国现当代文学（以2002—2007年成果申报，2008年获批）；一个安徽省A类重点学科——中国语言文学（以2002—2007年成果申报，2008年获批）。这个A类重点学科的学术带头人是胡传志、谢昭新、储泰松。

2010年后，文学院在快速发展的时期，又进入了一个新的发展阶段。

采访人：新闻学专业设立，您怎么看？怎么想到招收新闻学专业本科生的？招收新闻学专业本科生，到底有多重要？

谢昭新：我们是从1993年开始招收新闻学专业本科生的。我们的新闻学专业作为常设专业，在全国高校是属于比较早的。国家教委1993—1994年批准设置新闻学专业有六所高校，依次是：国际关系学院、安徽师大、山东师范大学、湖北大学、湖南师范大学、陕西师范大学。当时之所以招收新闻学本科生，主要是为了适应安徽省乃至全国对新闻专业人才的需求。就安徽来说，当时招收新闻学专业本科生的仅有安徽大学和安徽师大两家，而全省的大新闻媒体对新闻高端人才的需求量大，所以新闻学专业的设置和本科生的招生，具有重要的社会经济文化发展的现实意义。就学校来说，新闻学专业的设置和新闻系的成立，是为适应高等教育改革的需要，在优先办好师范专业、积极发展师范和非师范专业的精神指导下成立的，是顺应新形势、深化教育改革的一大成果；就文学院来说，在新闻学专业之前只有一个汉语言文学专业，文学院要在专业建设上有所创新发展，必须在做好做强传统师范类汉语言文学专业的基础上，向非师范类专业拓展，所以新闻学专业的设置也是文学院创新发展的需要。

采访人：传媒学院成立的过程中有哪些困难？文学院是怎样支持该学院成立的？当时您又是怎样的心情呢？

谢昭新：其实没有什么困难，只是我们文学院在新闻学、广告学、播音与主持艺术3个专业的建设上，做了一些艰苦细致的工作，为传媒学院的成立奠定了坚实的基础。

新闻系自1996年成立以来，经过十多年的发展，办学规模逐步扩大，教学实验设备不断补充完善，教学实习基地稳定，教育质量稳步提高，毕业生在省内外媒体都受到广泛好评。文学院于2001年设立广告学专业，于2002年招收本科学生。2006年，传播学学科获硕士学位授予权，开始招收研究生。2009年，设立播音与主持艺术专业，于2010年开始招收本科学生。2004—2007年，学校全面启动准备教育部在全国高校组织开展的"本科教学水平评估"工作。文学院在"迎评促建"过程中，采取多项有力措施，不断加强新闻系建设。新闻系的师资队伍建设和教学实验室建设又上了一个新的台阶。至此，新闻系已经基本达到独立建院的条件。2010年2月，学校为进一步贯彻安徽师大第九次党代会精神，紧紧抓住安徽文化强省战略和文化产业大发展的机遇，加快文化事业和文化产业人才的培养，决定在文学院新闻学、广告学、播音与主持艺术3个专业的基础上，另外整合教育科学学院的摄影、美术学院的动画、社会学院的文化产业管理3个专业，筹备组建"安徽师大传媒学院"。所以，成立传媒学院是水到渠成的事。当时，我的心情是比较复杂的，一是很欣慰，衷心祝贺学校成立了一个新的传媒学院；二是希望新闻学等3个专业今后有大的发展；三是新闻学等3个专业毕竟是从文学院分离出去的，是我们培养了十多年的孩子呀，怎么不留恋呢？

采访人：您从2000年1月至2008年3月担任文学院院长8年期间，完成了十个"一"重大工程。这十个"一"都是怎么做到的？在此过程中曾遇到哪些困难，您是如何克服的？

谢昭新：这十个"一"重大工程，每个"一"工程，都经过组织强势学术队伍及学术带头人，凝聚固定的研究方向，展示一流学术成果（论文、著作、项目等），打磨精致的申报材料，访问著名专家学者听取指导意见，经过各种艰苦细致的工作，最后以优异成绩，获得批准通过。这里主要想谈谈中国诗学研究中心的情况。

中国诗学研究中心成立之初，有专兼职人员16人，下设中国古代诗学研究室、中国现当代诗学研究室、诗学理论和诗歌接受史研究室、诗歌语言研究室。

首届中国诗学研究中心主任由余恕诚教授担任。王蒙先生（文化部原部长、著名作家）、刘学锴教授担任中心顾问，傅璇琮先生（中华书局编审）任中心首届学术委员会主任。首届学术委员会成员还有余恕诚、莫砺锋（南京大学中文系教授）、钟振振（南京师范大学中文系教授）、邓小军（首都师范大学中文系教授）。

中国诗学研究中心的专职研究人员中，有专业功底深厚的资深专家，有省级跨世纪学术和技术带头人，也有年轻的博士，老、中、青结合，形成了研究方向多样而不单一，同时具有很强的凝聚力和良好发展前景的学术梯队。

2000年11月20日，教育部社政司司长顾海良率专家组一行，来学校实地考察中国诗学研究中心。专家组一行在听取汇报后，对中国诗学研究中心的科研成果、基础设施等情况进行了全方位的实地考察。

2001年3月，教育部正式批准"安徽师范大学中国诗学研究中心"为全国十所省属高校人文社科重点研究基地之一。中国诗学研究中心的建立，为以后的古代文学博士学位授予权的获得，以及文学院学科、学位点建设打下了坚实的基础。

采访人：您从教几十年，桃李满天下，许多学生很有成就。在您教过的学生里，哪一类最让您印象深刻？能否举例说明？

谢昭新：我这里只谈我带的研究生，本科生不好谈，那是大家带的。我带的研究生中的佼佼者，比如王中，2000级硕士生，毕业时考取华中科技大学人文学院博士生，现为安徽师大文学院教授、博士生导师，在《文学评论》等刊物发表论文30余篇，出版专著3部；方岩，2004级硕士生，毕业时考取南京大学中文系博士生，现为《思南文学选刊》副主编，辽宁大学文学院特聘教授，在《文学评论》等刊物发表论文60余篇，曾获江苏省第十五届哲学社会科学优秀成果奖一等奖；凤媛，2001级硕士生，毕业时考取北京师范大学文学院博士生，现为华东师范大学文学院副教授、硕士生导师，在《文学评论》等刊物发表论文20余篇，出版专著1部；李丽，2000级硕士生，毕业时考取南京大学中文系博士生，现为北京大学对外汉语教育学院副教授；黄静，2001级硕士生，毕业时考取南京大学中文系博士生，现为安徽师大文学院副教授、硕士生导师。

采访人：正值祖国70华诞，对于我们师大的年轻教师和青年学子，您有什么想说的话？

谢昭新：对于学生，我希望他们：不忘初心，牢记使命；爱党爱国，敬业进取；务实创新，立德为本。对于年轻教师，我想用四"多"和老师们共勉：一是多读书。读好书，读经典，读初版本，读精致的文献资料。二是多思考。学而不思则罔，思而不学则殆。多思考就会出"问题"，有了问题意识，才可去做文章。三是多动笔，即多写作。读书时要一边读一边做读书笔记，把读书笔记整理出来，写成小文章，然后扩展、升华成大论文。要写具有学术价值的文章。四是多修身。陶冶身心，涵养德性，永远保持良好的学术道德。

闫蒙钢先生访谈录

采访时间：2020年7月20日

访谈方式：电话访谈

受 访 人：闫蒙钢

采 访 人：黄雅娜

整 理 人：高 艳

闫蒙钢，男，1955年3月生，河北平山县人，博士，教授，硕士生导师。1978—1982年在安徽师大化学系学习。毕业后留校任教于化学系。曾任安徽师大教务处副处长、研究生处处长、研究生学院院长，皖江学院党委书记、院长，安徽省中学化学教学专业委员会副理事长、全国化学教育委员会委员。曾两次获得国家级教学成果二等奖。发表学术论文60余篇，出版著作10部。先后获教育部首届全国优秀教育硕士管理工作者、安徽省优秀教学管理工作者、安徽省教学名师、安徽省党和人民满意的好教师推荐展示人选、安徽师大卓越教学贡献奖等。享受安徽省政府特殊津贴。

采访人： 闫老师您好！很荣幸能够有机会采访您。首先请您跟我们分享一下您的求学和工作经历。

闫蒙钢： 我的祖籍在河北省平山县西柏坡，这是被誉为"新中国从这里走来"的革命根据地。我的父母都是在抗日战争和解放战争中参加革命工作的，后来他们从内蒙古自治区党委、内蒙古军区转业到包头市钢铁公司投入社会主义地质建设事业。我于1955年3月8日出生在内蒙古包头市，我的名字"蒙钢"就是来源于此。我又随父母转调东北地质分局辽宁105地质队、华东冶金地质勘探公司安徽铜陵市812地质队。

当时地质队的条件是非常艰苦的，但很受国家重视，从幼儿园到中小学都在多年奋斗下一条龙建设完善了，因此我受到了较好的幼儿园、小学教育。父母对我的学习非常重视，不但经常与学校老师沟通了解我在校的情况，还给我买了很多图书与历史名著，养成了我从小爱读书的好习惯。

1968年，毛主席发出"要复课闹革命"指示后，曾经一度停课停止招生的中小学开始复课，进入正常秩序。我因熟练背诵"老三篇"（毛主席著作：《为人民服务》《纪念白求恩》《愚公移山》），通过了面试，进入每天步行约5公里的铜陵市第二中学。当时在初中编入三连八排（"文革"时期备战，学校按照部队编制形式编班），1970年初中毕业，一部分年龄大一些的同学分配到工厂工作，我继续升入高中于1973年年初在高二（5）班毕业。得益于当时教育出现的一段整顿期，我们较为系统地学习了一些数理化知识，为我后来的高考奠定了基础。1973年年初高中毕业时，我的理想是响应党的号召到农村去接受贫下中农再教育，但当时省革委会根据全省中小学教师紧缺的现状，发文决定在全省高中毕业生中选拔150名代课教师，我被选拔当了中学教师。1973年4月10日，我刚满18周岁不久到铜陵市横港学校报到（10年一贯制学校），从此开启了我40余年的教师生涯。

在横港学校教书五年多的日子里，我教过政治、历史、农业常识、物理以及化学。我很幸运，当时学校有一批北京大学、复旦大学、山东大学等名校毕业下放来的知识渊博的教师，我跟着他们现学现卖，渐入佳境，并且爱上化学课。我通过演示趣味实验、引导学生背诵元素周期表口诀、讲述化学家小故事，办钢板刻印的班级小报《战地黄花》，交流学习体会，周末带学生登山采挖中草药，努力提升学生学习化学的兴趣。我的一腔热情感染了学生，很多学生都喜欢学习化学。1978年，我带着自己的学生一起去参加高考，最让我自豪的是，我的高考化学成绩是100分，而且学生的化学科目也考得很好。唯一遗憾的就是，受"文革"时期的影响，大多数学生没能考入高校，但他们成了我终身的朋友。2018年3月，我在参加横港学校带过的1978届高中毕业生毕业40周年聚会时，还有学生兴奋地背诵我教给他们的元素周期表。

回顾这段为师之初经历，我的感悟是，当年，学生的基础那么差都可以学好化学，关键是老师要培养学生的学习兴趣，老师要对教学工作充满热情，要肯钻研教材；同时，我深深感到基础教育对学生一生的影响太大了，是改变学生人生的教育。这段经历奠定了我立志从事基础教育教学研究的感情基础。

1978年10月，我乘轮船从铜陵市来到芜湖市安徽师大化学系读书，从此与安徽师大、与师范教育一定终身了。由于我曾经的教学经历，我在安徽师大附中教育实习时表现得如鱼得水，受到当时的化学系主任倪光明教授关注，化学系还安排1979级全体本科生到安徽师大附中观摩了我的一节公开课，得到广泛好评。1982年7月大学毕业时，我被留校分配在化学教学法教研室，从此开启了化学教学论教学与科研的探索之路。

我的教学之路总是有贵人指点。刚留校时，化学系就给我安排了1949年以前曾经留学日本的年近80岁的江弃疾老先生做我的指导教师。老先生治学严谨，对基础教育颇有建树，要求我写出教学与研究规划，每周去他家汇报。他特别强调，做化学教师要从实验做起，要扎在实验室里，要以探究的精神研究实验。在他的指导下，我反复用铜丝做催化剂开展氨的催化氧化实验探究，最终发表了第一篇实验探究论文。

后来，在我向哈尔滨师范大学主办的《中学化学》杂志投稿过程中，又遇到了该杂志主编及《哈尔滨师范大学学报》（自然科学版）编辑宫献章先生的热心指导和提携。宫先生是一位通晓多国文字、学贯中西的电化学专家，又是一位特别热心培养年轻人的长者，他说看到我手写的投稿及引用的文献可知我是一位认真做学问的人，所以我的第一篇理论综述论文《最早的化学教育》，就是在他的一字一句批注下修改后发表在《中学化学》的。从此，他与我书信往来不断，我在他的引导下学会了中学化学教育小论文的撰写。20世纪90年代初期，宫先生和安徽师大副校长倪光明合作出版了《化学化工文献学》，成为我们化学系本科生的课程教材。从我在宫先生主编的杂志发表第一篇论文开始，他就一直把每期的《中学化学》杂志邮寄赠送给我，虽然如今宫先生已经驾鹤西去，但现在该编辑部也一直继承他的遗志至今每期邮寄不断。每次翻阅新的一期杂志，都令我更加崇敬宫先生！

刚留校时，我一心扑在工作上，后来干脆吃住都常在实验室。特别是在配制定量测定阿伏伽德罗常数实验试剂时，为了实验准确，有时连续使用6—7瓶苯试剂。不料，体检的时候，发现由于苯中毒引起血液系统造血功能严重破坏，不得不到合肥省立医院住院治疗。学校得到消息后，领导专程到合肥省立医院看望我，并建议我离开化学教学岗位，调到图书馆工作。但是，我坚决不愿意离开化学教学岗位，最后还是坚持不转岗，继续从事自己喜欢的化学教学工作，好在治疗及时，身体较快恢复了。

1987年，我评上了讲师，当时的化学系主任吴家良教授非常关心我的长远发展，安排我于1987年9月去北京师范大学化学系进修化学教学论硕士课程。在北京师范大学幸运地拜师全国著名的化学教育专家刘知新教授，我被带入了一个更新更高的发展平台。刘知新教授是新中国化学教学论学科的奠基人，我国著名的化学教育家，曾任国家教委高等学校理科化学教学指导委员会委员，国家教委和教育部全国中小学教材审定委员会第一、二、三届中学化学学科审查委员，中国教育学会化学教学专业委员会理事长，中国化学会《化学教育》主编等职。我在跟随他进修学习期间，系统地学习了化学教育学及化学教育测量与评价的理论与方法，学会了新的科研方法，找准了教学测量与评价作为我新的研究方向，加快了我进入教科研的快车道。从此，我一直得到刘知新教授的关心与指导，与北京师范大学等全国著名院校的化学教学论同行们组成了共同发展的团队。

回校后，我就在化学系本科开设了中学化学教学测量与评价课程，我们学校是在国内最早开设该课程的，随之一系列科研成果也相继问世。1992年我评上副教授，2002年我晋升教授。2004年，我的专著《化学教学测量与评价导论》由北京科学技术出版社出版。非常荣幸的是，刘知新教授欣然为这本书专门作序，其中提道："闫蒙钢同志将潜心研究并从事十余年教学实践的成果整理成书，力图为构建和完善我国'化学教学测量与评价'这门新兴学科的理论体系做出奉献，是一件可喜可贺的事！"刘知新教授给了我不断追求卓越的动力。2008年刘知新教授80寿辰时，我们这些弟子们汇聚北京师范大学为他祝寿，在他的再次激励下，我又有了新的追求，于2014年修订再版了这部论著。

1996年4月，学校任命我为安徽师大教务处副处长，从此我成了"双肩挑"教师和管理干部。此后我虽然于2000年3月21日起担任安徽师大首任研究生处处长、2004年8月担任研究生学院首任院长、2008年3月至2014年1月担任皖江学院党委副书记、书记、常务副院长、院长，但一直没有离开教学岗位，没有改变教师身份，没有减少教学工作量，没有降低教学科研的要求，没有放松继续教育终身学习的追求，还圆满地完成了博士课程学习，取得了博士学位。

采访人：从安徽师大毕业后留校任职以来，那些给您留下深刻印象的人和事，能否具体说说？对此您有何感悟？

闫蒙钢：在安徽师大工作期间，有两件大事令我难忘，一是作为研究生处处长参与申报博士单位，二是作为学科专业带头人申报国家级教学成果奖。

先来说博士单位申报。在安徽师大从事管理工作期间，我印象最深的大事是，2003年安徽师大成功取得博士单位和一次获批4个博士点，为全国最多。我当时是研究生处处长，全程参与和见证了这次历史性突破。这件大事给我的感悟是：安徽师大申报博士单位成功是学校党委正确决策，全校各院系顾全大局、凝心聚力的结果。这启示我们，发展一定要抓住机遇，机不可失，时不再来；有条件要上，没有条件创造条件也要上。

在2013年9月9日学校召开的安徽师大博士点十周年纪念会上，我深情地

说了以下"六个忘不了":

一是忘不了博士单位申报指挥中心老行政楼五楼会议室的深夜灯光。在那里，学校党委一次次组织专家团队论证历史，展望未来，做出了依托最具代表性的中国古代文学、中国古代史、有机化学、生态学四个硕士点专业申报博士单位的正确决策。

二是忘不了全校共商大计、顾全大局、凝心聚力申报博士单位的大团结氛围。当时地理学、数学也都很有实力，但都服从全校一盘棋的大局，团结一致共享资源，不计局部单位的得失。

三是忘不了那支共同策划材料南征北战的申博团队、精兵强将。安徽师大不仅中文、历史、化学、生物四大学科专业学术团队实力雄厚，申博工作还见证了管理团队的强大能干。当时的校办主任何沛全、副主任笔杆子李忠都在申博组织管理材料策划等方面做出了重要贡献。

四是忘不了倾注大量心血的丁万鼎校长对研究生处的一次次指导与批评。批评使人进步，胡金戈（研究生处副处长）就是在批评中和申博工作中成长起来的，成为安徽从事学位与研究生教育管理工作的能人。

五是忘不了北京长安街西单山水宾馆，那是我们申博期间常驻的地方。最值得欣慰的是我们勤俭规范使用每一分申博工作经费，没有违规行为，用真情和师大办学的实力感动了教育部和国务院学位办的工作人员，让他们真实地感受到安徽这所百年老校应该成为博士单位。

六是忘不了"非典"期间4月20日的最后一次进京。我们学校是2003年年初"非典"发生后教育部接受的最后一批去京送材料单位。当时我和胡金戈、袁兴龙三人带着申博材料进京，到达首都机场时发现北京已经几近空城，出租车司机说等了几个小时才有我们这波乘客。我们一返校就被通知隔离了。2019年12月我国发生新冠肺炎疫情，胡金戈触景生情，于2020年1月23日在微信朋友圈里写下了这段回忆：

"冠状"刷屏了。虽然身边的人或多或少有些不淡定，而我却是泰然平静。

2003年4月20日，我和蒙钢兄、兴龙老弟带着申报的补充材料下了飞机，就被首都机场的气氛怔住了。往来穿梭的人群与往日最为不同的，就是那白花花一片、白得瘆人的口罩。我们这才心里一紧：事态比出发时想象的要严重得多啊！

继续向前还是打道回府？丁万鼎校长在电话里急切地要求我们立刻返回。这是道"圣旨"，是我们迅速回家的尚方宝剑。但就在春寒料峭的北京，这道"圣旨"升腾起了一股滋心润肺的暖流，流过了心田，流过了血脉，流过了湿润的眼眶……三个人简短地交换了意见，一个共同的声音在脑海里翻滚：沟通得再细一点点、汇报得再深一点点，我们就好回去见丁校长，见师大师生了！

4月22日，我们回到了芜湖。三个人趁着夜色，扛着拉杆箱（怕拖着有声音）去了一个不起眼的宾馆悄悄住下，第二天又转去了更边远的小宾馆，只想着不被人看见。好在分管研究生的校领导还能来看看我们，蒙钢兄的爱人刘苓医生来给我们做了检查，总算又有了些温暖和慰藉。但与站在楼上和街那边的妈妈、女儿招手时，那苦楚是真的撕心裂肺。近在咫尺却不能抱一抱，人在芜湖却不让女儿"泄露行踪"……怎一个"痛"字了得？

那一年，丁校长带领下的安徽师大创造了奇迹！创造这个奇迹的功劳当属全体师大人，但在一线目睹奇迹产生的过程，我们仨是幸运的、是幸福的。那一年的研究生处在全校干部测评中名列第一，尽管这只是一张放在领导抽屉里的纸。

转眼一切皆云烟。"非典"和奇迹必然地伴随着岁月远去了，留下的是感恩的情怀、无悔的人生。"冠状"和挑战又跟着清晨跑来了，但这一切都还是要过去的。要紧的是，我们应当如何给将来留下更美的记忆。

淡定些，做自己，终不悔！

我的微信回复：金戈忆非典，往事如云烟。钢龙也动容，淡定看"冠状"。

再来说国家级教学成果奖申报。一个是高等教育国家级教学成果二等奖。20世纪90年代起，我们化学教学论团队在老一辈周瑞尊、高怀强老师带领下已经成长起来，逐步形成了我的教师教育理论方向、熊言林等人的实验探究设计方向、学生发散思维学习模式方向，并依托这些特色教研方向，以化学教学论课程为试点，开展了"构建化学教育类系列课程体系，提高高师化学系学生职业素质"的教改试验。经过我校多届化学专业师范生、教育硕士研究生及继续教育学员的教学实践，得到了不断充实与完善，取得了一系列从理论到实践有一定推广价值的教学研究成果。

对此，时任化学与材料科学学院党委书记的顾家山予以充分肯定，并提出了学院发展的"一高一低战略"："高"即重点发展有机化学硕士点冲击博士点，占领科研发展的制高点；"低"即重点建设当时高校发展地位最低的化学教学论硕士点，打造引领安徽基础教育的师范特色平台。因此，他对化学教学论教研室的发展是要人给人，要房给房，并推动成立了化学教育研究所，创设了所、室、点合一的发展模式。特别是当2001年安徽省首次评选和推荐首届国家级教学成果奖的文件下达后，他敏锐地感到了这是上平台大发展的好机遇，机不可失，立即约谈我和熊言林等人，鼓励我们联合申报。当时我们都有畏难情绪，缺乏自信。顾书记引导我们共同总结出在课程体系、职业技能、学习模式、实验教改等四个方面的创新点，共同确定申报课题名称为"化学教学论系列课程改革的实践与探索"。提交初稿后，我出差在外，顾书记及我夫人都多次到设在校内的中元电脑室参与修改、排版、校对的细节工作。

在大家的关心鼓励下，我们最终提交了一份满意的申报材料，得到了专家的充分肯定，获得了2001年教育部高等教育国家级教学成果二等奖。这是全国化学教学论同行第一个国家级教学成果奖，也是安徽师大历史上第一个高等教育国家级教学成果奖。

全国中学化学会理事长宋心琦教授对该成果作如下评价："这是一项从理论到教学实践研究的综合性课题，运用了现代教学论的主要成果于师资培养方案与方法的改革之中，并在与推行素质教育有关的发散思维学习模式方面有较系统的研究成果。该工作中关于化学实验的改革很有新意，是近年来中学化学实验改革中最为系统且有见地的一项工作。"该成果还受到了全国中学化学教育专业委员会主任刘知新教授、教育部教育硕士专家评估组的一致好评。

多年后，顾家山成为安徽师大党委书记后总结这段历史时说："化学教学论成果的意义，在于确立了作为师范大学的底色打造，对于支持教学论学科发展具有重要意义！你们成为师大教师教育特色打造的先头部队！所以你们的贡献是具有历史性的。"

另一个是基础教育国家级教学成果二等奖。2014年9月，我与安徽省教育科学研究院特级教师夏建华联合主持申报了"省域内全面推进高中化学优质教学的研究与实践"项目，荣获首届基础教育国家级教学成果二等奖。

本项奖励既是安徽省该次唯一获得的一项基础教育国家级教学成果奖，又是安徽师大首个基础教育国家级教学成果奖，也是我继2001年获得安徽师大历史上第一个高等教育国家级教学成果奖之后的又一次突破，并成为我院化学教育研究所多年有效为基础教育服务取得的标志性成果！

在该项目探索中，我以化学教育研究所和《中学生化学》杂志为平台，连续七年与省教科院及化学教研员合作开发推广高中化学优质教学的理论和方法，带领化学教育研究生参与高中化学优质教学的实践活动，发表了一系列支撑性论文论著，有力推进了优质教学的引领作用。这项成果为省域内全面推进高中化学教学走向优质教学提供了有价值的推广经验，受到很多省市的关注。

这项成果很快被学校新闻网予以报道，后来在很多类别的评估检查中为学校增分添彩。但学校有关部门审核时，鉴于我是排名第二，未予以登记奖励。

其实本项目是以"双主持"形式申报（基础教育常用的课题形式），我排名第二，全部基础材料是我在安徽师大带领研究生团队完成的。我认为这项成果不仅是个人的更是学校的，因此期望这段历史和荣誉被学校登记在册。

采访人：我校化学课程与教学论硕士点建设获得的荣誉已成为推进我们学校发展的标志性成果，令人称美。您在任职期间对该学位点建设做了什么贡献？

闫蒙钢：我于1982年起从事高校教学及科研工作，一直坚持在本科及研究生一线教学，潜心化学课程与教学论研究与专业建设，即使从1996年起兼任管理工作，也从未离开本科教学岗位。曾经直接带队指导本科生教育实习400余人、培养10余届教育硕士研究生200余人、课程与教学论研究生70余人，为安徽省及周边省市基础教育一线输送了一批教学骨干、教学名师等优秀人才。其中最令我为之骄傲的是我带过的教育硕士研究生杨明生。

杨明生还是1980级本科生时，我就是他的教育实习指导教师，带他在马鞍山市第二中学实习，那时他就表现出了良好的教师职业素养，给我和马鞍山市第二中学的化学老师留下了深刻印象。后来他回到霍邱县一直守望家乡教育，追求卓越，在已经具有特级教师等众多荣誉后，还参加全国硕士研究生考试，录取到安徽师大，成了我的化学教育硕士研究生，做的论文题目是《高中化学课程资源开发与利用研究》。由于他在读研期间成果突出，被评为全国教育硕士优秀学员。杨明生于2006年12月获安徽师大学科教学化学教育硕士学位，现任霍邱县第一中学校长、党委书记。还是安徽省特级教师、正高级教师、安徽师大特聘教授和教育硕士生导师；曾获安徽省先进工作者、江淮好校长、全国先进工作者等荣誉，发表学术论文60多篇；2014年度获首届中国化学会化学基础教育奖；享受国务院特殊津贴。

我见证了化学课程与教学论专业的发展及其成就，也为其走出安徽走向全国做出了应有的贡献，可以概括为以下几个方面：

（1）组织团队，两次荣获全校第一个国家级教学成果二等奖。"化学教学论"系列课程是集中体现高师化学专业师范特点的职业课程，它在提高高师化学系学生从教技能、实现培养目标方面具有独特的作用。但在高校中的专业地位并不高，甚至是在夹缝中求生存。但是我一直没有动摇过，凭着自己对专业的热爱，引导志同道合的同事执着前行探索。我们从20世纪90年代初开始，就高度重视教学团队的建设，有计划地开展教学理论研究与教学改革实践，并以化学教学论课程为试点，开展了"构建化学教育类系列课程体系，提高高师化学系学生职业素质"的教改试验，取得了一系列从理论到实践有一定推广价值的教学研究成果，获得了2001年教育部高等教育国家级教学成果二等奖。我们的主要做法如下：

第一，在全面调查分析高师化学系学生职业素质现状的基础上，提出了21世纪新型高师化学系学生应具备的教师职业素质结构，并重点探讨了职业能力素质的构成。

第二，优化了化学教学论课程结构，突出了素质教育能力和教学能力素质的培养。

第三，构建了以培养和提高高师化学系学生教学能力素质为目标的化学教育类系列课程体系。即以必修课化学教学论和化学实验教学为核心，以化学教育类选修课为辅助，以教学见习、模拟教学、教育实习等教育实践课为延伸的必修课、选修课、教育实践课等三大板块构成的化学教育类系列课程群，初步形成了综合、配套、有序的化学教师教学能力训练课程体系。

第四，研究确立了应在化学教育类系列课程中重点培养的10项化学课堂教学技能及评价标准，开展了教学技能的系统训练。

第五，创立了"发散思维理论应用于中学化学学习"的新模式，丰富了化学学习理论。

第六，充分发挥了化学实验教学在培养学生创新意识和实践能力方面的作用。

2014年，我与安徽省教育科学研究院特级教师夏建华联合主持申报的"省域内全面推进高中化学优质教学的研究与实践"项目获首届基础教育国家级教学成果二等奖。该项目实施7年多以来，提出实施了高中化学优质教学的10项基本策略，研制开发了高中化学优质教学课堂观察的基本方法和典型案例，创新构建了以优质课评选为抓手的优质教学培育推广平台，为本学科与基础教育接轨找到了优质通道。

（2）协助团队，荣获本学科全国第一个"国家级精品课程"称号。继本学科"化学课程与教学论"系列课程建设获得国家级教学成果二等奖后，"化学课程与教学论"自2004年后又被批准为校级和省级重点学科。我们围绕化学课程论、化学教学原理论、化学学习论、化学教学设计论和化学教师论五大主题十大模块为核心，以化学专业师范生导入技能、提问技能、实验技能、讲解技能、板书技能等十大教学技能为抓手，积极改革更新化学教学论课程内容体系。

经过多年的建设和发展，我院"化学课程与教学论"学科已经建成了一支由10余人组成的老、中、青教学团队，形成了具有突出特色和优势的化学课程论、化学教学论、化学实验论等8个研究方向，构建了中学化学教学测量与评价、现代生活化学、化学综合实践活动设计等系列课程10余门。同时，本学科在教育生态学、科技史、科学教育等研究领域也取得了开拓性进展，为本学科2008年成为全国第一个"国家级精品课程"奠定了坚实的基础。

（3）扎根团队，创建"八个坚持"课程组织与教学模式。我一贯认为，改革与创新是学科可持续发展的动力。在承担的专业方向课"中学化学教学测量与评价"和选修课"中学化学教学改革"教学中，我以"立足师范，开拓创新"为教学改革指导思想，主要在以下八个方面有所突破，构建了"八个坚持"的课程组织与教学模式。

一是坚持案例教学制度。在课程中紧密结合基础教育实际，注重课程资源建设，始终坚持以教学一线的成就与问题案例分析作为教学基本线索，引导学生探究、讨论、辩论，进行文献综述和案例分析，有效提高了学生学习兴趣和思辨能力。

二是坚持外聘专家讲学制度。定期从省内外聘请知名专家为我院本科生、研究生作报告，让学生及时了解与学科相关的最新动态。通过这种方式，拓宽学生视野，提高思维品质。

三是坚持学习汇报制度。布置专题组织本科生、研究生开展研究性学习和自主学习，定期以公开课的形式进行演讲汇报，这种形式极大地调动了学生学习热情，培养了一批学习骨干。

四是坚持"作业—课题"研究制度。为培养学生的科研能力，鼓励学生在完成作业的过程中将作业作为课题来研究，通过查阅、分析已有研究成果，形成新的研究思路，并及时与指导教师、同学交流探讨，最后形成研究论文。

五是坚持"五环节"教学技能训练竞赛制度。我们一直以参加学校、省内、全国的各类教学技能大赛、优质课大赛为引导，在教学中加强对优质课典型案例的观摩评析，强化教学设计技能和说课、上课技能的研究与训练。然后通过"观摩—见习—研习—实训—实习"五环节一体化实践教学体系进行训练。

六是坚持"三方联动"（导师、研究生、本科生）的教学技能指导制度。为打通我们的课程与基础教育一线的渠道，有效提升学生教学技能，我们创立了"三方联动"指导制度，即对外建立高校、教育局、中小学的三方联动机制，建立与基础教育一线的绿色通道，对内实行导师、研究生、本科生三方联动的工作模式，研究生导师和研究生全程指导本科生教学技能训练以及教育实习，帮助本科生又好又快地习得了教育教学必备技能，同时也有效促进了研究生教学技能的提高。这种机制为培养未来卓越教师搭建了有效、创新、接地气的平台。

七是坚持实习基地调研制度。本学科以芜湖市为主要实习基地，坚持实行本科生到芜湖市中学参加教研活动的制度，努力帮助本科生熟悉了解基础教育一线的基本形势和教学要求。另外，本学科还在省内外建立了一些研究生教育科研实习基地，定期组织研究生到基地开展调研，再为本科生提供学习案例。

八是坚持网络资源建设制度。本学科坚持现代教学改革应该建立在现代教育技术平台上的理念，注重现代教育技术平台的建设，注重信息技术与教学的深度融合，大力开发网络教学资源，已建成国家级精品课程网、"中学教学测量与评价"重点课程网、"中学化学教学改革"精品课程网和《中学生化学》杂志资源网，千方百计扩大教学信息量，提高教学质量。

本学科的改革与建设得到了学生的广泛认可和社会好评，每年均有较多的本科生报考化学课程与教学论研究生。一些优秀的本科生凭借在学院奠定的扎实功底在激烈的竞争中应聘到省内外示范高中，另有一些优秀本科生考入国内著名高师院校的化学课程与教学论专业硕士研究生，还有一些本科生在全国、全省的教学技能大赛中屡屡获奖。本学科的教学模式得到了国内同行的一致好评，并应邀在全国的有关学术会议上多次做专题发言介绍经验。

我还是一位情趣丰富、充满爱心的教师，有时和学生一起去旅游、去采风、去登山、去打球；有时带领学生做社会公益，多次组织学生为芜湖市残障儿童义务演出和开展户外活动。

我用行动努力实践着习近平总书记提出的"做有理想信念、有道德情操、有扎实学识、有仁爱之心的好老师"的要求，也影响着我的学生、未来的老师及我的团队朝着"四有"好老师的目标迈进。2013年，我荣获安徽师大卓越教学贡献奖、安徽省"教学名师"荣誉称号；2015年，被评为安徽省党和人民满意的好教师推荐展示人选。

2013年4月，在我从教40周年的时候，安徽师大新闻网以"勤耕常新，乐在其中——记闫蒙钢教授从教四十周年教学新探索"为题，报道了我于4月10日从教纪念日上午为2010级本科生上的一堂别开生面的教学改革公开课。5月8日，学院新闻动态网又以"三尺讲台度四十春秋，一片丹心育桃李芬芳"为题，记录了2013年5月8日下午化学教育研究所为我召开的从教40周年青年教师座谈会实况。

回顾过去和化学教学论团队共同经历的艰难探索，看到我们这支队伍今天的发展壮大，我更加热爱这个专业、这支生机勃勃的团队。

采访人：对这个化学课程与教学论学科的未来发展，您有什么样的建设性意见？

闫蒙钢：本学科应该继续坚定地高举师范大旗，站在基础教育改革的前沿，注重示范性、引领性，从培养高学历、高质量的中学师资和服务安徽的目标上去完善学科结构和内容，并不断完善以化学课程与教学论课程为核心的化学教育类系列课程体系，建成省内一流、国内同行专业具有明显优势的学科。

重点做好以下几方面的工作：办好精品课程网站，进一步推动精品课程建设；开发系列课程教材，进一步加强教材建设；重视师德建设，做好传承与创新，引进和共享名优师资，进一步提升师资队伍的德性与专业水平；充分发挥化学教育研究所平台作用，进一步加强教学、科研和研究基地建设；建立化学教学技能训练中心和考试研究中心，进一步彰显教师教育特色；加强信息技术与教学的深度融合，开发引领基础教育改革的系列微课程和数字化实验。

采访人： 在我们师大从教几十年，您一直在教学一线任教，在教研岗位上兢兢业业，带领团队获得了两项国家级教学成果奖。您想要体现的是怎样的教育理念？从中您感悟到了什么？

闫蒙钢： 这两项"一高一基"国家级教学成果奖的获得，实现了安徽师大国家级教学成果奖"零"的突破，是我教师职业生涯最为值得骄傲和值得纪念的荣誉，也是我和我的教学论教学团队以及研究生团队团结合作、不畏艰难、追求卓越的共同收获。这些成果的取得，离不开各级领导的指导与激励、团队的合作与支持，大家共同坚守信念、不计个人得失、默契配合的品格，是我们这个专业团队能够从默默无闻的"小儿科"走向兴盛的宝贵财富。

我很赞成一个说法：要想走得快，就一个人走；要想走得远，就一群人走。认知改变命运，圈层决定命运。回首过去，虽苦犹甜，我的感悟是：

学科专业发展，一荣俱荣，必须抱团发展，不能怨天尤人，不能等靠要。只有以"勤耕常新，追求卓越，合作共赢，乐在其中"的理念与精神投身教学改革与创新，学科才会有可持续发展的动力，才会扬起风帆，到达光辉的彼岸。

同时，我还深深地感受到：做一名教师，敬业爱岗，扎根专业，全心全意，才会不断有收获与快乐。这里重复一下我获得2013年安徽师大卓越教学贡献奖时的感言："回首走过的教学之路，此时更加体会了'三尺讲台三寸笔三寸舌三千桃李，十年树木十年风十年雨十万栋梁'的博大内涵。教学工作是辛勤的劳动，更是充满阳光的事业！"

采访人：您不仅在教育教学上独树一帜，在科研、管理方面也硕果累累，您是怎样平衡教学、科研与管理之间关系的？

闫蒙钢：我于1982年起从事高校教学、科研与管理工作，直到2015年退休，从未离开过本科教学岗位。我对本科教学工作有着深厚的特殊情怀，每次课前反复修改充实教案，每次课堂上总是努力突出学生主体，创设生动的课堂气氛，每次课后都会有一种神清气爽、余味无穷的快感。我常说："本科生是一张白纸，课堂上老师可以和学生共绘蓝图。给本科生上课就是一种享受，让你忘记烦恼、拓宽视野，甚至课后会感觉到进入了一种天更蓝云更轻的境界，所以我一直甘愿坚守本科教学。"正是这个坚守，使我在2013年荣获安徽师大卓越教学贡献奖。

我从1996年以"双肩挑"身份走上高等教育管理岗位（当时全校只有25个本科专业，14个硕士学位点，在校生5900多人），先后担任过安徽师大教务处、研究生处、研究生学院，皖江学院的领导职务。在管理工作面临的一系列问题面前，我除了始终坚定正确的政治方向，以团结促发展，以廉洁保发展，以求真谋发展外，还一贯重视高等教育管理理论的学习与实践，提出了"以课题研究引领教学管理、以教学管理促进课题研究"的工作理念。注重教学与管理的相互促进，科学规划、锐意改革、带领团队与时俱进，开展管理工作，同时我还倡导快乐工作每一天的精神。繁忙的管理工作不但没有影响我的教学质量，反而为我的教学拓宽了视野、提供了智慧，促进了我以"勤耕常新，追求卓越"的精神投身教学与管理，也取得了教学与管理的双丰收。虽然牺牲了很多个人休息时间日夜勤耕，但快乐工作，乐在其中。

教学、科研工作方面：

我在繁忙的教学、管理工作中，从来没有放松对教学、科研的要求，一直坚守教学一线不动摇。从课程教学到实习和论文指导全程参与，没有半点马虎，并且年年超额完成教学工作量。我工作室的灯光常常亮到深夜。

21世纪以来，我主持或参与10余项省级以上教学研究及科研课题，获得省级以上奖励8项；独立出版专著10部，主持编写中小学环境教育系列教材14部，在核心期刊发表学术论文60余篇；曾两次获得国家级教学成果二等奖（高等教育、基础教育各一次）；享受安徽省政府特殊津贴。

管理工作方面：

（1）在教务处工作期间，以省级课题"高师学生职业素质培养"为引领，积极探索培养师范生的专业技能的一系列管理措施，为安徽师大获得"全国高校优秀教务处"等一系列荣誉做出了贡献。

（2）在研究生处工作期间，担任首任研究生处处长，开创了研究生教学管理工作的新局面，为安徽师大博士点实现"零"的突破做出了贡献。同时以省级重点课题"教育硕士专业学位人才培养模式研究"为引领，促进了安徽师大教育硕士专业学位的大发展，招生方向由最初的3个增长为12个，为安徽省、江苏省基础教育培养了一大批高质量的高层次人才。

（3）在研究生学院工作期间，以省级课题"构建以激励机制为主导的学位研究生教育质量保证体系研究"为引领，科学规划学位与研究生教育发展蓝图，积极探索引领基础教育改革的研究生培养新模式，锐意开拓研究生思想政治教育工作新局面，大力倡导和着力塑造独特的研究生特色文化，取得了省级教学成果二等奖的荣誉。

我们提出的将激励机制上升为教育质量保证体系的主导地位是一种理念与方法的创新。它的积极意义还在于：以人为本，充分尊重人，最大限度地挖掘人的潜能；营造了宽松环境，提供了时空自由，使教、学、管各方面更加和谐；促进个性发展，更有利于促进学位与研究生教育可持续健康发展。

在研究生学院工作期间，我还主张人人参与课题研究，组织全院工作人员申请获准立项了一系列研究课题，把管理与课题立项紧密结合，把管理与研究紧密结合，用研究引领工作，用工作推动研究，各办公室全体工作人员两年间积极申报共获11项研究课题，发表论文10余篇。这种工作模式有效促进了全体工作人员理论素养的提高，也使我们的工作视野更为宽阔，工作思路更为清晰，工作效率更加高效。

我还提出了"每天锻炼一小时，健康工作每一天"的新理念，组织管理人员定期开展文体活动，有效地营造了和谐的工作氛围。还在研究生中倡导"坚持体育锻炼，保持健康生活方式"，面向全校研究生开设了体育公选课，为研究生的健康生活搭建了平台。

（4）在皖江学院工作期间，以省级"质量工程"重点教学研究项目"独立学院应用型人才培养模式探索与实践"为引领，构建了"独立学院应用型人才培养理论模型"，创新和实施了突出实践应用能力的"3+1"人才培养方案，创立了"一线三点"教学管理模式，探索了以实践性论文为主体的毕业论文改革，打造了"四中心两讲坛"的教学实践平台，形成了比较完善的教学质量监控体系，建成了一支结构合理、队伍稳定、素质优良、服务意识强的教学管理队伍和师资队伍培养机制，为实现皖江学院成为全省领先、全国有影响的独立学院发展目标奠定了坚实基础，并获得了省级教学成果二等奖的荣誉。

我的感悟是，"以课题研究引领教学管理、以教学管理促进课题研究"的工作理念，会为你拓宽视野、提供智慧，提高效率，避免碌碌无为地忙于琐碎的行政事务，也避开了管理工作中的人事纠纷干扰。每一段忙碌后总是雨过天晴现彩虹，教学与管理双丰收。同时人际关系也是和谐兴旺，人人都有成就感，一生都是好朋友。有人问我，管理工作中遇到过烦恼吗？我说记住的都是快乐，没有烦恼！

"在教学中做研究，用研究促教学，让我感受到教书育人的事业其乐无穷！"这是我对自己教学、科研与管理工作的感悟与诠释。"勤耕常新，乐在其中"，则是我教学科研管理的座右铭。

采访人：您于1978年考入安徽师大，1982年大学毕业后，就一直在这所学校生活、工作，目睹了学校的发展，见证了校园的变化。从您的所见所闻所感看，这么多年过去，我们师大究竟发生了哪些巨大变化？

闫蒙钢：我从1978年入学、1982年毕业留校后就再也没有离开过安徽师大，亲历和见证了安徽师大这所安徽省最早的高等学府在改革开放后从百废待兴到一次次跨越式发展，为自己能够参与和目睹安徽师大翻天覆地的大变化而感到自豪。特别是看到安徽师大现今发展的基本数据与发展目标更让我这个老师激动不已。

我坚定地相信，安徽师大人艰苦奋斗追求卓越的精神、优良的教风学风一定能够传承下去，安徽师大的明天会更加美好！这里我说两个经历过的感受最深的大变化：

一是教育硕士大发展的黄金时期。安徽师大招收研究生工作是从1978年开始的，当时的招生人数很少，仅10余人，出发点比较单纯，只是为吸收有专业功底和理论研究能力的高层次人才，充实高校的师资队伍，提高高校教师的素质和高等教育质量。20世纪80—90年代，学校科研处设置研究生科、研究生部；1998年获得教育硕士学位授权；2000年单独成立研究生处，当时全校只有23个硕士学位点，244位研究生；2003年获得博士授权单位，一次批准4个博士点；2004年成立研究生学院。

到2007年年底，学校已发展为拥有7个博士点、2个博士后流动站、8个硕士学位授权一级学科、72个硕士点，在校研究生3500多人的多层次、多学科人才培养基地。研究生培养由早年的零星作坊式转变为整体规模推进式发展，从而促进了学校在本科教育的基础上建立了相应的管理体制、管理机构和教学运行机制。同时研究生教育牵动了学校工作的方方面面，将我校的高等教育推向了一个更高的新的层面。

这里值得我们书写的是，最具师范特色和为基础教育发展做出重要贡献的教育硕士招生与培养，1999—2007年是安徽师大教育硕士发展的黄金时期。

我校是1998年经国务院学位办批准的第二批教育硕士专业学位试点院校，为安徽省最早的教育硕士培养单位。1999年开始了教育、中文、化学三个方向的招生（共招生69人），到2007年5月教育部专家组进校进行全国教育硕士专业学位教学合格评估时，教育硕士培养方向已达12个，共招收8届学生1700多人。这八年来，我们一直坚持采取的是一年脱产学习模式，当时安徽招收脱产生源有困难，我们还在江苏招生并和南京师范大学联合培养了一批江苏生源。

随着教育硕士教育规模的快速扩大，特别是那几年基础教育课程改革的推进，如何改革教育硕士培养模式，保证教育硕士培养质量，使其在基础教育课程改革中起到引领、推动作用已成为急于解决的问题。为此，我于2006年牵头申报并获准立项了省级教研重点课题"构建引领基础教育改革的教育硕士培养模式研究"。经过多年的不懈努力，我校试点工作取得了长足进步，并且基本形成了较为鲜明的办学特色，即坚持以服务基础教育为办学指导思想，以一年脱产学习为主要培养方式，以网络化的实习学校为教育硕士实践基地，以班主任负责、优秀教育硕士评选、适应教育硕士培养特点的导师遴选为制度内核，以经常性投入和专项投入相结合为经费保障，以教育硕士论坛和学术交流为具体形式的教育硕士文化。并且为基础教育培养和造就了一批政治、业务水平较高的骨干教师和教育管理干部。

2007年6月16—17日，受国务院学位委员会办公室和教育部学位与研究生教育发展中心的委托，由张大均教授、吴康宁教授、康岫岩校长、李继凯教授、杨伊生教授等5人组成的教育部教育硕士专业学位教学合格评估专家组，对安徽师大的教育硕士专业学位教学工作进行了实地评估。

专家组一致认为安徽师大初步建立了一个规章制度健全、教学管理规范、师资队伍较强、条件保障有力、培养质量较高的教育硕士培养体系。学员、任职单位及相关教育管理部门对培养过程和培养质量比较满意，对学员自身综合素质的提高及其辐射作用的发挥予以充分的肯定。地方教育行政管理部门对学校的教育硕士培养工作评价较高。

由于准备充分，工作扎实，我校顺利通过了2007年6月16—17日的教育部教育硕士专业学位教学合格评估专家组对我校的检查评估。其后，专家组组长张大均教授还发来信息："祝贺贵校此次评估成绩显著，向各位校领导和你们处的同志致谢。"

这次评估是对我校教育硕士第一阶段的大发展做了一次全面的总结与审视。这是安徽师大教育硕士快速发展、规范发展的黄金期，此后学校根据形势的变化取消了一年脱产的学习模式，招生规模也在缩小。但同时学校的专业学位教育开始从单一的教育硕士走向多元化。目前，学校拥有教育、体育、汉语国际教育、艺术、翻译、旅游管理、社会工作、应用统计、新闻与传播、法律、会计、电子信息、林业、工商管理等15个硕士专业学位授权点，专业学位教育已成为学校学位与研究生教育体系中的重要组成部分。

二是教职工宿舍（住房）的变化。我于1982年留校时是学校住房最紧缺的时期，那时的住房是以分配制度分房。我们一批留校和新分来的教师开始是集体住在学校大礼堂，后来住到校农场，两年后才陆续住进赭山校区3号、4号、5号、6号筒子楼。那时我们大多已成家，能有一间独立的单间就是最大的追求。多次搬房换房带来的兴奋，我至今不能忘怀。第一次是从5号楼一楼两人合住的119房间搬到6号楼的317房间，虽只有16平方米，但毕竟我们三口之家能独立居住了。后来从3楼搬到1楼，19平方米，紧挨公共水房与厕所，增加了3平方米，当时我已经很满足了。更令人留恋的是，筒子楼里大家和谐相处亲如一家的情景。有人统计说，筒子楼里走出的安徽师大教师抗挫折能力比其他人更有优势，很多人成为学校的骨干力量。1993年，学校打分分配套房，我的分数较高，终于分到凤凰山教工宿舍区的24栋408室，一室一厅，有厨房有卫生间，26平方米。记得我们搬进去入住的那个晚上，我感觉房顶是那么高大，高兴得一夜难眠！1997年，学校在凤凰山新盖了17栋、18栋7层新楼，我的分数还是较高，分到了17栋601室，三室一厅，81平方米，从此我觉得生活在天堂一般。那时，安徽师大的分房制度还是比较公平的，无论是校领导、教授，还是普通教职工，都一样打分排队分房。此后，开始房改，取消分房制度。2008年，学校在花津校区开发建设了文津花园小区，每个教职工都可以购买一套。我退休后就住在文津花园13栋9楼142平方米的自己的房子里，过着衣食住行无忧无虑的生活。

住房制度的变革和我们住房条件的变化，从一个侧面反映出了安徽师大以及高等教育改革发展走向美好的历史。

采访人：您对我们师大在校师生有什么寄语和期待？

闫蒙钢：过去的岁月，是安徽师大教育工作者艰苦奋斗、励精图治、不断创造辉煌的岁月。在分享阳光、共担风雨的征途上，每一位师大人都收获了信心、收获了坚毅。我们回眸历史，定格瞬间，是为了总结，为了感恩，为了弘扬，为了续写，为了创造让时代更加感动的崭新的华章！

历史不容忘怀，未来任重道远！前面的路更宽、更长，相信师大人会珍惜在一起的缘分，记住合作共赢的真理，继续携手加强学科建设、团队建设、学风建设；记住发展机遇稍纵即逝的道理，不断提升教育理论视野，登高望远，乘势而上；记住只有坚持追求卓越，改革创新，才会有可持续发展的永久动力。

祝愿安徽师大一路凯歌，永铸辉煌！

杨树森先生访谈录

采访时间：2019年11月1日

采访地点：安徽师大档案馆

受 访 人：杨树森

采 访 人：郝绵永　陈佳佳

整 理 人：郝绵永　陈佳佳

杨树森，男，1948年5月生，安徽郎溪人，中共党员，教授。1978—1982年在安徽师大中文系学习（1977级），毕业后留校任教，长期从事逻辑学、秘书学的教学与研究工作。代表作有《普通逻辑学》《逻辑学》《秘书学概论》《秘书实务》《中国秘书史》等。其中《普通逻辑学》2004年获华东地区优秀教材学术专著二等奖，《秘书学概论》2005年获第十三届全国秘书学论著一等奖。主持的"秘书学概论"课程2006年获安徽师大精品课程，2007年获安徽省精品课程。曾获安徽师大教学名师称号。

采访人：杨老师，您好！非常感谢您能接受我们的采访。首先请您介绍一下自己在大学的求学经历。

杨树森：我是安徽师大1977级的，大家都知道我们那几届大学生有一些非常特殊的时代背景。1966年"文革"时，我在读高二，本来一年后可参加高考，却一直到1977年"文革"结束后恢复高考才上大学，中间耽误了整整十年。我们那几届大学生有个特点，很多同学年龄比较大，"老三届"（1966—1968届中学生）的比例大概有30%。我是1948年出生的，1978年春正式入大学读书，入学时已经整整30岁了。有不少大学生在上大学时都已经结婚了，有的家中还有多个孩子。我是拿到录取通知书后去办结婚证的，也就是说，我在入学的时候也已经结婚了。大学二年级时（1979年），我的女儿出生了。我们这种已经30多岁、已婚的甚至有几个孩子的来上大学，和20岁来上大学的学生不同。因为有家庭负担，所以花在读书上的时间就没有年轻学生花的时间多。但是我们有我们的优势，那就是社会阅历比较丰富，比较有经验，哪些课我要花时间苦读、哪些课我只需要应付考试，我心里面还是比较清楚的。就个人而言，相对于人生的其他阶段，我感觉本科还是一个最好的、最集中的、条件最有利的读书阶段。

我们当时1977级的学生，学风非常好，个个求知欲都很强，非常认真地读书。这种情况有两个原因，原因之一是十年没有高考，没有考试选拔，现在一旦有这个机会就要去报考的，都是非常想读书的人。也就是说，从主观上来看，个个都是想读书、求知欲非常强的人。原因之二是我们师大是一个非常适合读书、求知的地方，老师鼓励我们要多读书。所以当时的学风非常好。

采访人：您在上大学之前当过兵，当初是什么原因让您选择当兵？为何之后又选择教育行业？

杨树森：我们国家这几十年变化太大了，有些事情你们年轻人可能很难理解。现在你们有很多选择的余地，甚至大学毕业的时候可以选择暂时不就业、北漂，等等，而我们那个年代，选择的余地非常小。1966年，"文革"开始，学校停课了。1968年，没有什么特殊情况的城镇知识青年都要到农村接受贫下中农再教育。我在农村当了两年农民，户口都迁到生产队，我们都是要靠挣工分吃饭的。当了两年农民以后，我去当兵了。因为城市的发展需要，城市工厂也需要人，就从下放知识青年中抽一部分人回城。我当时在农村表现非常好，已经确定可以上调了，上调的单位也已经确定（记得当时是在芜湖的327地质队），但与此同时1970年年底征兵开始了，我的条件也符合征兵条件。所以我就有两个选择，可以上调回城，也可以入伍当兵。促使我去当兵的原因是，如果我去当兵，那个上调的名额还在，我们另外一个一起下放的"插友"就可以回城工作。毕竟我们都不想留在农村，如果我选择上调，那个人就还要留在农村。当时我并没有考虑两者之间的利弊，所以我就去当兵了，把上调的名额留给了"插友"。

至于之后又从事教育这个行业，这与我后来上了安徽师大有关。因为安徽师大是培养教师的，那时也没有"非师范专业"，报考安徽师大就是准备当老师的。我很喜欢当老师。我入伍当兵后，因为是省重点中学的高中毕业生，在部队战士中是文化层次最高的。我在新兵连的时候就开始教那些不识字的新兵识字，效果非常好。后来，连队指导员就让我定期给文化水平低的战士上课，那时我第一次发现自己有不错的教学能力。这个经历对我后来报考安徽师大和毕业以后选择当老师是有影响的。

采访人：您的大学本科专业是中文，为什么会选择这个专业？每个专业的选择背后都有一个故事，能分享吗？

杨树森：就我个人而言，我有一些特殊情况。1977年10月国务院宣布恢复高考，当年12月初正式考试。虽然决定恢复高考了，但是怎么组织高考、招收哪些人入学、报考限制条件等还不够明确。我当时是在芜湖市纺织器材厂工作，一开始政策不明，只说要恢复高考，于是我就准备报名理科，我原本想报与无线电有关的专业。但是，我报名不久被告知年龄比较大的学生需要在工作岗位上有发明创造才能报考。这个政策虽然存在时间比较短，但对我是有直接影响的。因为我那些年主要是在部队，入伍后不久被安排做文字工作（连队文书、营部书记），我没有做过任何与理工科有关的实际工作，哪里有发明创造呢。于是，我就想到我在文科方面还有一点成果。那些年我在部队新闻报道组，发表了很多通讯报道和评论文章，所以我就改报文科了。就这样，我上了中文系，后来也没有感到后悔，因为我还是喜爱中文专业的。

这里有一件比较有意思的事情，我报文科第一志愿填的是思想政治教育专业，那时我很幼稚地猜想，自己在政治条件方面是有优势的。第一，我的"家庭出身"好，所以我能当兵。第二，我是中共党员，而且我在1972年年初就入党了，到1977年的时候已有5年多党龄了，党龄算比较长。第三，我在军队报刊发表过不少文章，还算是有一点成果。所以我就觉得报思想政治教育专业被录取的可能性较大，于是第一志愿就填写了政教系，后来录取到中文系。现在想想我真是比较幸运，因为从本质上来看，我是喜欢中文系的，仅仅是为了录取的把握性比较大，我才填写了思想政治教育专业。到后来我毕业留在中文系当老师了才知道，当年我们中文系做录取工作的是杨忠广老师，他觉得我的考试成绩好，试卷上的字写得漂亮，就把我的材料抢到了中文系。

采访人：您从安徽师大毕业后，一直在这所学校任教，无论在教学、科研方面，还是辅导员工作方面，都取得了丰硕成果。其中哪项成果让您觉得最得意？

杨树森：我退休的时候，对自己有一个大致的总结。我觉得我一生中取得的最得意的成果是我当了一届辅导员，当得非常成功，带出了一届好学生。随着时间的推移，这届学生现在越来越优秀。比如说现在全国、全省各地很多优秀人才都是我以前带的那届学生，他们活跃在不同的岗位上，对社会、对学校做出了一定的贡献。现在我们安徽师大的很多行政岗、教学岗上的骨干，也有不少是我带的那届学生。20世纪末大规模扩招之前，1977—1999年，文学院学生人数最多的就是我带的1981级的学生——260人，加上前一届休学留下来的一个，一共261人。虽然人数很多，但是这一届的成才率是很高的，有一些学生非常优秀。例如，大家熟悉的鲍鹏山，他因为在中央电视台百家讲坛受欢迎而出名，是我们的杰出校友之一；还有一名学生曾经做过中央政治局常委的秘书。261人中现在有近50人在高校当教授。这是我感到很骄傲的一件事。当然，这并不是因为我当辅导员管理得很严，花费的精力比别人多，更多的是因为他们自己很努力，不过我的管理理念是有利于他们成才的。我的管理理念实际上就两条：第一是鼓励他们多读书，不鼓励他们过多地参与社会实践。我始终强调，上大学就是来读书、来求知的。第二是让学生尽量自由，有的学生不上课，一问知道是去图书馆看书了，我是不会批评他们的。因为有的课程不是他们感兴趣的，他们有追求多学点自己感兴趣的知识的自由，我是不会反对的。我一直认为，自由的环境对学生成长是非常有利的，是大面积成才的必要条件。但是这种自由不是完全放任不管，原则是不得触犯道德底线，对他们的缺点或偶然犯的小错误，我尽量做到宽容对待。实际上我们1981级学生在政治品质上很好，在校期间入党的有52人，这与我当党支部书记有关。我这届学生毕业时考取研究生的有十五六人，当时研究生招生总数很少，这个数字比我们中文系1977—1980级四届毕业生考取研究生的总和还要多一倍。这说明我们师大的学生是很有潜力，是很刻苦的，辅导员的管理理念和管理方法对学生的成才是很重要的。

采访人： 您长期在我们师大任教，主讲逻辑学、秘书学等多门课程，同时致力于逻辑学、秘书学的研究，为学校建设和发展做出了贡献。您觉得您成功的秘笈是什么？您的那些经历产生了怎样的影响？

杨树森： 我是从1983年开始教授逻辑学课程的，那时我还是辅导员。我教了三十多年逻辑学，在逻辑学研究方面是有一些学术成果的。但是逻辑学毕竟是一门大学科、基础学科，是一门传统的、古老的学科，再加之从大学科门类来看，它属于哲学的范畴。从全国范围来讲，逻辑学界的大学问家有很多，像我这种非哲学专业科班出身的，仅仅是根据学生的课程结构需要来教逻辑学，要想在逻辑学研究上做出重大成果是非常困难的。逻辑学界有强大教育背景、有较高学术研究能力的人太多，我没有办法与他们比。所以，从某种角度来看，我仅仅是在比较小的领域取得了一点成果从而引起了逻辑学界的关注；而从逻辑学的教学方面来看，我觉得我的影响还是比较大的，尽管我只在安徽师大教学，但是我把逻辑学教得很好，对其他学校的逻辑学教学产生了一定影响。在教授逻辑学的过程中，我发现了我们师大甚至整个国内高校在逻辑教学方面都存在一些问题。比如，一些教学内容脱离实际，逻辑学的最新研究成果是很高深的内容，对我们普通人的思维基本上没有直接的作用。这就像物理系、化学系和经济学系，本科生要开高等数学课，也只能学习最基本的高等数学，不可能学习数学界一些很前沿的专题研究成果。我参加了一些国内逻辑学的学术交流活动，发现了一个相当严重的问题，就是国内高校曾经一度非常重视逻辑学，这是在20世纪80年代，我刚刚走上教学岗位的时候，但是后来有一段时间很多学校不开逻辑学课了，以前在很多学校逻辑学是必修课程，后来取消了，或者把它改为选修课程了。为什么逻辑学教学冷落下来了呢？我分析了原因，不是逻辑学没有用，而是在本科的教学当中只教一些比较深奥的符号化的数理逻辑，一些最有用的、最基本的普通逻辑学却不教，或者只花很少的时间来教。实际上对于我们师大这样的高校本科生来说，如果要学好逻辑学，也不是那么容易的。如果教学内容过深过难，学生又觉得没有什么用，久而久之，逻辑学课就逐渐不受欢迎，最后被一些专业培养方案取消了。

我在很多场合一再呼吁，对于非哲学专业的、公共课的逻辑学教学，一定要教一些最基本、最有用的内容，不要再教那些符号化的数理逻辑。在这方面，我做了很多工作。2006年，在南京大学召开的第二届海峡两岸逻辑教学研讨会上，我做了一个题为"试论高等学校非哲学专业的逻辑教学"的演讲。在安徽师大，在我退休之前，逻辑学一直正常开课，教育部颁布的汉语言文学专业的基础课程目录中，把逻辑学必修课的地位取消了，只列为选修课。但是文学院的大一学生至今一直还在上逻辑学课，而且是必修课，这和我的长期逻辑学教学是分不开的。另外，我集几十年教学经验和教学成果编写的逻辑学教材《普通逻辑学》于2001年由安徽大学出版社出版，这本教材一版再版，在全国产生了一定影响。2010年，高等教育出版社要我将这本书改版为专供高等学校非哲学专业使用的公共基础课教材，以《逻辑学》为书名出版。此书出版后很受欢迎，一印再印，最近又联系我打算于近期出修订本。

另外，关于我的秘书学教学和我们文学院秘书专业的建设，我想补充几句。秘书学是20世纪80年代才产生的一门新的应用性学科，高校秘书专业则是适应市场经济需要出现的新专业。我们学校是全国开办秘书专业最早的学校之一，在全国秘书学界具有一定影响，在全国几所有秘书学专业的高校排名中，安徽师大秘书学专业排名全国第一，省内外有许多高校曾派人到我们文学院学习秘书学专业的办学经验。因为我在进大学读书前曾在农村、军队、工厂做过多年秘书，具有多年秘书工作的实际经验，所以从师大秘书学专业开办之初就承担了这个专业主要课程的教学任务。由于秘书学专业是新专业，理论体系尚不成熟，有待探讨的问题比较多，我在承担秘书学教学的同时，对秘书学进行了全面系统的研究，取得的成果令我自己颇感自豪。在"安徽师范大学文学院学术文库"丛书中，我有两册论文集，一本是《杨树森逻辑学研究论集》，收选我的逻辑学研究论文34篇；另一本是《秘书学研究论集》，收选我的秘书学研究论文50篇。我的秘书学论著在高等教育出版社、中国人民大学出版社等出版。我对文学院秘书学专业的建设做了不少工作，以至于文学院有人称我是"秘书专业创始人"，这一说法未免夸张，不太合适，但能说明我对秘书学专业建设的贡献是得到承认的。

采访人： 您在文学院任教几十年，现在您对文学院有什么期望或建议？

杨树森： 对于我个人来说，我很喜欢我们文学院这个群体。从我当学生开始，中文系的老师就经常跟我们交流，老师们很谦虚，和我们学生共同进步。后来我当了老师，融入了老师这个群体。我的感受就是，文学院老师的关系是非常和谐的，没有明显的矛盾，而且学术氛围非常好，学院领导对老师很宽容，非常体谅老师，给予老师很多的学术自由。这么多年来，出了一批在全国影响很大的著名学者，一些学科在全国也有较大的影响。到目前为止，文学院的整体发展一直都是很好的，但是最近几年文学院遇到了人才外流的问题。由于全国各地发展不平衡，加之地域、薪资待遇、学术平台等客观原因，人才外流现象成了难以扭转的趋势，令人担忧。

我们师大过去出名，是因为我们是安徽省教育系统的"工作母机"，安徽省的优秀教师，各个中学的校长大多数是我们师大毕业的。所以，我个人认为，如果我们学校把过多的精力集中投放在学术研究上，过分关注一流科学研究的排名上，不一定有利于学校的发展。高校有"研究型大学"和"教学型大学"之分，我们师大应该定位为研究型大学还是教学型大学呢？我们现在的定位是"教学研究型大学"，是把教学排在前面的。我们学校虽然已经有不少非师范专业，但校名还是师范大学，所以我们的优势还是在培养优秀的教师方面。如果我们认为培养优秀教师方面不是很重要，学术研究水平的排名才重要，那就不妥当。很多人关注学校排名，如全省排名，全国排名，甚至世界排名，但很少有人统计全省优秀教师、特级教师、中学校长中有多少是我们师大毕业的。我个人认为我们师大应该更加重视教学质量，认真思考如何让优秀教师充分发挥和保持优势。

采访人：您在我们师大做了几十年的教研工作，这几十年里，学校发生了许许多多的变化，对于这些变化，您是怎样看待的？能否举例说明？

杨树森：我们师大近几十年的变化是很明显的，一方面是规模的扩大和校园的变迁，另一方面，虽然还叫安徽师大，但是师范类学生的数量已经不是多数了，从专业数来说更是少数。安徽师大的校园范围在扩大，学校越来越气派，硬件条件是越来越好了，招生数量也在扩大。我个人觉得，一个学校不能一直追求量的发展，而应该追求质的发展，我们只需要做好当前的每一件事，就已经是在发展了。

安徽师大的本科教育是一流的。我一直认为，文学院的本科教育仍然是全国一流的，这是因为文学院的领导非常重视本科教育，其中包括对本科教育培养方案不断改善，对老师教学效果的严格要求。比如说，文学院在全国精品课程"大学语文"建设上花的精力就非常多。我们重视本科教学，重视本科生的培养，给刚离开父母的本科生以更多的关爱，让他们感到师大的温暖，真正地爱上师大，他们毕业后在各个领域取得了成就，是不会忘记在师大受到的良好的本科教育的。我们师大本科教育质量是很突出的，包括文学院，在全国各个领域、各所高校中成为知名学者的非常多。我们师大的读书氛围非常好，一直没有改变。

采访人：学风紧随教风而来，您前面也强调了教风的重要性，顺着这个再想问一下，您认为我们的教风是什么样的？能否以文学院为例进行说明？

杨树森：我们文学院老师的教风总体上是非常认真的，从备课情况来看，即使是教了很多遍的课，老师们课前都是认真研究、修订原来的教案，每次上课都会有知识的更新。从我上学时候开始，师大老师的教风就非常好。当然也有的老师虽然在教学上不是很突出，但是在学术研究上却有大成果。

采访人：可以回忆一下大学学习、生活、工作中让您印象最深刻的人和事吗？

杨树森：文学院的一些老师给我的印象很深。比如余恕诚老师，他主要研究中国古代文学，最大的成果是李商隐研究，余老师和文学院另一位著名学者刘学锴老师，他们的研究成果已经将李商隐在文学史上的地位提升到和李白、杜甫一样的一流诗人，这已经得到学术界的公认。余老师对我个人的影响不是在他的专业领域，而是对于我们青年教师热忱的关怀。我读本科时，余老师给我们1977级上过课，他上的课让我印象很深，但是很惭愧，因为当时我已经结过婚并有了孩子，有家庭负担，当时与他没有多少课后的交往。后来我毕业留校当了辅导员，在系里开会时常会遇到余老师，与余老师交流就多了。还有一个原因是，余老师的爱人和我的爱人在一个单位，她们是好朋友，所有我与余老师就多了一些交往。余老师对我非常赞同，比如在我当辅导员期间，我就明确地跟余老师说，我鼓励学生多读书，少参加社会实践、政治活动之类，当然他们自己要参加我也不反对。余老师非常赞同我的这个观念，因为他一直都是专心做学术的人，他在读本科的时候（1957—1961年）因为要参加很多运动，少读了很多书，所以他赞同我鼓励学生多读书少参加社会活动的管理理念，是和他自身的经历有关的。余老师在我当辅导员期间也鼓励我要做专业学术，后来我一直专心当专业课教师。我不但没有读过硕士、博士，学术研究上没有受过严格训练，没有导师具体的指点，完全靠自己摸索，而且我从来没有到名校进修过一次，全靠自己努力钻研提升自己的学术能力，但是我得到过余老师的鼓励、指导和帮助。我喜欢思考、研究和写作，如果在教学过程中发现一些问题值得研究，有了研究心得就会写成文章。

我当辅导员期间，在和学生交流中发现，有的学生成天垂头丧气，原因是上中小学时在班上一直都是尖子生，但是到了大学成绩一般，心情就会失落。有的家长也不理解，于是给孩子施加压力，导致一些学生心理上出现障碍。我当时觉得这个问题很有研究价值，写了一篇文章《重点大学低年级学生荣誉危机的研讨和对策》，发表在《中国教育报》（理论版）上，见报时标题改为"低年级大学生一种心理现象的研讨"，这篇文章有3000多字，属于理论文章。纯专业的学术论文我不太会写，写好也不知道在什么期刊上发表，我就去请教余老师，余老师就指导我在格式上做规范处理，并向有关刊物推荐了我的两篇论文，一篇在《淮北煤炭师院学报》发表，另一篇在《漳州师范学院学报》发表。这两篇文章的发表使我信心大增，因为这两篇文章不久都被中国人民大学复印报刊资料全文转载，这说明了文章质量被学术界认可。所以，余老师给了我很多指导和很大帮助，他对我的影响很大。他做学术达到了痴迷的程度，我也喜欢思考研究，但学问上没有余老师那么"专"，更达不到他那种痴迷的程度。所以，我觉得一流的学者都是自己痴迷于学术研究，以做学术为最大快乐，当然也要有一点天分。

采访人：您是如何理解我们师大校训"厚德、重教、博学、笃行"的？如何才能真正把校训渗透到我们的学习、生活中，并持之以恒，将其作为贯穿一生的信条？

杨树森：我们学校的校训和其他学校的校训相比有一个亮点，就是"重教"。因为我们是师范类学校，是培养教师的，和教育也是直接相关的。"重教"就是要重视教学。重视教学就要重视教师在教学方面的投入，鼓励学生学习、读书。关于"厚德"，我认为品德当然重要，但人的良好品德不是靠读思想品德的书读出来的，"厚德"只能理解为强调品德重要，不能理解为要占用大量的时间去开展品德教育活动、政治教育活动，或大量增加德育课的课时。一句话，品德不能靠增加时间投入得到提升，我们要将有限的时间用在培养学生的本领、提高学生的技能上。一个人能做出科学上的发现、理论上的创新、技术上的发明创造，就能够造福于人类。当然，每个人都要守住道德底线，不做有损于社会、有损于他人的事。所以，我觉得我们学校校训的最大亮点是"重教"。

杨新生先生访谈录

采访时间：2020年9月7日

访谈方式：电话访谈

受 访 人：杨新生

采 访 人：郝绵永

整 理 人：陈佳佳

　　杨新生，男，1934年2月生，安徽寿县人，中共党员，研究员。1958年毕业于安徽师院（今安徽师大）中文系。毕业后留校，历任安徽师院、皖南大学系党总支副书记，校团委副书记，安徽师大教务处副处长、处长，副校长、党委书记等职。1985年9月被选为中国共产党全国代表会议代表。曾任省委教育工委副书记，第四届、第五届中共安徽省委委员，第八届省人大常务委员会委员，省人大常委会教科文卫工委副主任，第四届全国高校思想政治教育研究会理事，省高校思想政治教育研究会理事长、高等师范教育研究会理事长、再就业工程研究会副理事长，安徽省关心下一代工作委员会委员。发表论文数十篇，其中2篇分获全国首届教育科学优秀成果二等奖、省社会科学期刊优秀作品二等奖，出版著作《邓小平教育思想研究》。

采访人：杨老师，您好！非常感谢您接受我们的采访。您曾经是安徽师院中文系1954级学生，毕业于1958年。首先请您回忆一下大学时候的往事，您是怎样走进安徽师院的？

杨新生：1949年10月1日，我在合肥二中（初中）参加了庆祝中华人民共和国成立的开国大典。1949年12月，15岁的我光荣地加入了中国新民主主义青年团（后改为中国共产主义青年团）。当年寒假，我被批准参加了皖北行署团委举办的团校，学习了两个多月。在团校学习期间，我受到了深刻的党团知识和革命传统教育。1950年8月，我考进了爱国将领张治中先生创办的安徽省黄麓师范学校，这是一所长期在党的领导下的革命学校。进校后我参加了土改宣传队、抗美援朝宣传队、给志愿军献血、办农民夜校等活动，还参加了"三反""五反"运动，我在锻炼中渐渐成长起来。就在毕业前夕，1953年7月1日，我光荣地加入了中国共产党。在黄麓师范学校毕业后，被分配到安徽省教育厅工作，当了一名公务员。因为解放初期，年轻的党员干部非常缺少，党和国家为了培养年轻干部，1954年决定从机关选调一批年轻的干部作为调干生报考大学。我由于在中学读的是师范，受到了师范教育的洗礼，认为教师职业是世界上最崇高的职业，教师被称为是"人类灵魂的工程师"。所以我就报考并录取在安徽师院中文系。

采访人：您在安徽师院学习期间的哪些经历让您记忆深刻？

杨新生：当时大学生中党员很少，我又是调干生，所以一进校就被校团委任命为校团委委员兼校文科系（中文、历史、地理、外语、艺术）团总支第一书记。我除了要完成繁重的学习任务外，还担负了繁重的团的工作和学生的思想政治工作。根据上级党委和学校党委的要求，1956年要在高校系一级建立党的基层组织。之前因为系一级党员太少，没有建立党的组织，于是我又被校党委任命为中文系专职党支部书记。这样我的担子就更重了，我便一边学习，一边工作。

每天该上的课我都去上，我们的授课老师基本上都是教授级的，那时学生不多，一个班四十人左右，就像现在研究生班一样，老师授完课以后，学生自己去领会，去看书。那个时候实行四级分制：优秀、良好、及格、不及格。所以上完课以后，我除了认真复习外，还要花很多时间在工作上，这就要处理好学习和工作的关系。因为我的理解力比较强，所以学习成绩比较好。现代文选及写作课授课老师是祖保泉教授，也是后来中文系的主任，古典文论的专家，在讲授完这门课后要求写一篇学习体会文章，我就写了学习鲁迅《药》的读后感，没想到这篇文章被祖老师作为一篇范文在全系各个班级宣读。先秦文学授课老师是卫仲璠教授，当时已经快七十岁了，他是先秦文学的专家。这门课是采取当场单独抽题口试的形式进行考试，我抽题答辩完成后，卫老师当场就给我打了优秀。还有一门专业课是修辞学，也是采取抽题口试答辩的方式进行考试。授课老师是张熙侯先生，他是修辞学的专家，因为我对这门课非常感兴趣，我回答的内容让他很满意，他也是直接给我打了优秀。

1954—1956年，我是以学习为主，学生的政治思想工作我都放在晚上和周末来做。1956年以后，我被校党委任命为中文系专职党支部书记，这时我不仅是学生，而且是干部，我是以学生和干部的双重身份去学习的，每节课我都认真听，考试也都认真参加。记得当年给我授课的老师有现代汉语张涤华教授、唐宋文学宛敏灏教授、元明清文学宗志黄教授、外国文学郑启恩教授、苏联文学李炳参教授等。

采访人：您从安徽师院毕业后留在中文系当干部，当时是什么情况？在这期间的工作中，您印象深刻的事情是什么？

杨新生：1958年8月大学毕业后，我被安徽师院党委任命为中文系主持工作的专职党总支副书记。在学校4年的学习和工作期间，经历了"大跃进"等各项运动，使我受到了多方面的教育和考验，丰富了革命斗争知识和经验。特别值得一提的是，1958—1959年，在全国教育革命大潮的推动下，在开门办学的号召下，我和中文系全体师生一起参加到"上山下乡""写厂史""写社史""写革命斗争史"的热潮中去。记得当时一部分师生到芜湖电厂、马鞍山钢铁厂写"厂史"，一部分师生到贵池县全国劳动模范龙冬花公社写"社史"，一部分师生到泾县云岭新四军军部和茂林村（皖南事变发生地）写"革命斗争史"，等等。把课堂搬到了工厂、农村、革命圣地，真是办得热火朝天，如火如荼。为了推动开门办学，我在中文系还主办了《红与专》小报，刊登了师生撰写的很多文章和作品。这对文科师生走进人民群众，联系斗争实际，开展鲜活的教育、教学活动，起到了很好的作用。

经省委省政府决定，1958年从暑假开始，对全省高校进行院系调整，将安徽师院一分为二，文科系全部迁到合肥，成立合肥师院。原安徽师院的理科系继续留在芜湖，改名为"皖南大学"。1959年暑假，我被调任为皖南大学生物系党总支副书记。根据工作需要，1963年我又被调任为校团委副书记。

采访人：到校团委任职后，您的工作处于什么情况？有什么感受？

杨新生：为了更好地深入群众和学生交朋友，更多、更快地了解和掌握学生思想、学习、生活情况，我决定将团委办公室从行政楼搬到学生生活区，安排在离学生宿舍、饭厅、操场很近的荷花塘旁。这里原本是校学生会、校广播站的办公室，从中挤出一间作为校团委办公室，这样可以近距离地接触学生，更加快捷地了解学生情况。记得当时经常有学生端着饭碗，拎着运动鞋，到团委办公室找我们谈心和汇报思想情况，这对我们密切联系群众、改变脱离群众的不良作风起到了很好的作用。1966年6月，"文革"开始了，团委的工作就停止了。

采访人：可以详细说一下"文革"期间您的工作情况吗？在工作当中，您碰到过哪些难题？

杨新生：1966年"文革"开始，学校陷入了派系斗争的混乱局面，全面停止了一切教学活动。为了避免卷入派系斗争，我采取了回避态度，到农村亲戚家住了一段时间。后来根据上级决定，学校驻进了军代表和工宣队，并成立了革委会。不久，根据上级指示，要对在校的四届毕业生进行工作分配。经校革委会研究决定，由我来担任校学生分配工作领导小组副组长（军代表任组长）。在"文革"期间，我的大部分时间和精力都投入到四届（共2000多名）毕业生的分配工作中。毕业生分配工作，难度大、工作细、任务重。因当时学校的毕业生是在全国范围内分配的，分配的地区、工作岗位、工作性质、工作条件都有很大的区别。如有的分在城市、有的分在农村、有的分在省内、有的分到边疆，如黑龙江的抚远、新疆的伊利、内蒙古的赤峰等地都有分配名额。有的当干部、有的当教师、有的当工人，差别也十分之大。所以，分配工作极其艰巨，经常为一个学生的分配，要通宵达旦地开会研究，才能通过。经过两年多的艰苦努力，四届毕业生的分配工作，终于顺利完成了，真算是啃了一块硬骨头。这项工作既磨练了我的耐心和毅力，又积累了做好大学生思想政治工作的经验。

学生毕业分配工作基本结束后，校革委会又调我任校教革大组副组长（军代表担任组长）兼任党支部书记，主持教革组工作。根据教育改革的要求，我带领数名教师组成了教改调查组，对芜湖市、马鞍山市、当涂县的中小学进行了为期三个多月的调查研究，为高等师范教育改革提供了有力的素材，积累了有益的经验，开阔了改革的思路。特别值得一提的是，在教育改革中，遇到了学校的性质和改革方向不明确的难题。为了明确学校的性质和办学方向，确定校名成了教育改革的重要问题。因此，当时的校名由皖南大学改为安徽工农大学。1970年，安徽工农大学与合肥师范学院合并后仍沿用这个校名。随着教育改革的深入，更显得该校名不伦不类，既不能反映学校性质，也不能明确学校的办学方向。我作为教革组的负责人和其他几位系负责人共同向校革委会提出了到外校参观学习的建议，接着校革委会派了由军代表领队的六人考察小组（其中有我和中文系、化学系、地理系、后勤组负责人），先后到了清华大学、北京大学、北京师范大学、武汉大学、华中师范大学、广州中山大学、华南师范学院等高校进行了访问、学习、考察。通过这次考察调研，对明确学校性质和办学方向，以及确定教育改革目标都得到了有益的启示。考察回来后，我们强烈要求立即更改校名，将原安徽工农大学改为安徽师大。这既符合1958年院系调整前安徽师院的性质，也符合1970年合肥师院又合并到位于芜湖的安徽工农大学的历史事实。这个建议经校革委会同意后，报省革委会通过，又经国务院批准，正式改名为安徽师大。这是全国省属师范学院中第一个改名为师范大学的。接着又请郭沫若同志题写了校名，终于完成了一件具有历史意义的大事。

1976年"文革"结束后，我继续在校教务处（原教革组）工作。1977年，全国迎来了搁置10年的高校招生工作。省教委决定，第一届高校招生、考试阅卷工作在安徽师大进行，于是阅卷的整个流程和具体工作都落在教务处这个部门。因全省招生量大，阅卷任务重，除了安徽师大全体教师参加外，还从全省多所中学抽调一批高水平的老教师参加阅卷工作。记得当时高考时间是7月初，高考阅卷是7月上旬，正是天气最热的时候。因阅卷时间紧、任务重，阅卷老师在高温下不分昼夜地工作，造成了不少人中暑、生病。我自己也因工作过度疲劳，讲话过多，造成严重咽炎，一年多都不能发声。之后，安徽连续三届的高考阅卷工作都在安徽师大进行。每一届阅卷工作我都是参与者和组织者，都按时保质保量地完成了任务。为此，学校多次受到省政府和省教委的肯定和表扬。

1984年，我以安徽师大教务处处长的身份，参加了改革开放后国家教委首次召开的全国师范教育工作会议。这次会议十分重要，对全国大、中、小学的教育改革，尤其对高等师范院校的教育改革，进行了认真的、充分的讨论。会议气氛非常民主、活跃，真正做到了畅所欲言、集思广益。在会上，我以在"文革"期间调查城乡中、小学教育改革的情况为依据，又以参观考察北京、武汉、广州多地高校教育、教学改革经验为参考，就教育为"立国之本"，师范院校是教育的"母机"，高等师范院校毕业生质量决定了中小学教师的教学水平为论据，从而提出了高等师范院校应该参加高考第一批次招生录取的建议。未料到该建议被大会以"简报"形式发到各代表组讨论。大家都觉得该建议有道理。接着主持会议的师范司司长黄天祥，直接向时任中共中央总书记胡耀邦同志汇报，经胡耀邦同志批示，决定在当年暑假高考招生中，每个省确定一所高等师范院校从当年暑期起招生，参加高考招生第一批次录取。这条建议被采纳，真是高等师范院校的特大喜讯，给了我极大的鼓舞，同时也给安徽师大带来了荣誉。在全国师范教育工作会议刚结束，国家教委师范司正、副司长便率考察组来到安徽师大进行考察，并对学校的教育、教学改革的成绩和经验做了充分的肯定。这是主管部门对安徽师大的支持和鼓励。

采访人：担任副校长期间，有哪些让您值得回忆的事情？

杨新生：为了培养高校年轻的领导干部，1981年8月，国家教委在上海华东师范大学举办了第一期华东地区高校干部培训班。安徽省委组织部从中国科学技术大学、合肥工业大学、安徽师大、安徽大学、安徽农业大学各选调一名处级干部去参加学习，我被选调去学习。通过半年的教育培训，我的高校管理水平大大提高了。在学习结业时，要求每人写一篇结业论文，我写的论文《关于高校教学责任制问题的探讨》，发表在安徽师大的学报上，接着被《光明日报》、《中国日报》（英文版）、《人民日报》的《文摘报》等同时转载了，后被国家教委评为全国首届教育科学研究优秀成果二等奖。

在培训班快要结束时，我被任命为安徽师大副校长。在任副校长后，我狠抓了教育教学的研究工作，在全省率先成立了高等教育研究室，并同时加强了对思想政治教育研究室的领导。在此期间，除了鼓励大家积极开展高等教育和思想政治教育的研究外，我自己也积极参加了研究工作，先后在《安徽师大学报》《教育研究》《高教新探》等学术刊物上发表了数十篇论文。如《大力加强和改进高校思想政治工作》获安徽省社会科学期刊优秀作品评选二等奖。还主编出版了专著《反对和平演变，坚定社会主义信念》《为建设有中国特色的社会主义而奋斗》《高校思想政治工作研究》《高等学校形势教育教材和论文集》。其间，我还和上海市高等教育局局长余立同志合著了《邓小平教育思想研究》一书，由南京大学出版社出版。

采访人：您曾任校党委书记，第四届、第五届中共安徽省委委员，还参加过中国共产党全国代表会议（1985年）。这些事情的当时情况和您的亲身经历是怎样的？

杨新生：1983年，按邓小平同志提出的干部要"四化"的要求，特别是突出强调了干部要知识化、年轻化。全国从上到下进行了一次党政干部的调整和改革，高等学校也不例外。根据群众的推荐和上级组织的考察，我在1983年10月被省委任命为安徽师大党委书记。这副沉重的担子压在了我的肩上，一方面倍感光荣，另一方面也感到了任务的艰巨。这促使我更加勤奋地学习党的知识，继承党的优良革命传统，谦虚谨慎地向老一辈革命家学习，脚踏实地地对待未来的革命事业。在工作中，我利用老大学的优势，加大了学校改革开放的力度，在学校多项事业发展上，力求赶在全省高校的前面。例如，学校在实行教学责任制的推动下，教师的积极性和责任感更强了，教学质量更高了。根据统计，当年安徽师大的公共英语的教学水平，名列全省高校的前茅。据说在全国高校中也是排在前列的。因而每年全校考取研究生的数量和质量都有大幅度的提高（因为外语成绩是录取研究生必备的硬杠子）。其间，省内外不少高校都来我校观摩学习。

1984年，迎来了我省第四次党员代表大会的召开，经组织考核审定，我被选为党员代表大会的代表，并在这次党员代表大会上当选为第四届省委委员。特别使我兴奋的是，1985年9月，我被推选为中国共产党全国代表会议的代表。这次代表会议是在"文革"后，为了进一步拨乱反正，扩大改革开放而召开的一次重要会议，是我党历史上唯一的一次党代表会议（同时也行使党员代表大会的职能）。出席这次代表会议的人数不多，各省市一般只有十人左右。除各省、市、自治区党委书记、人大常委会主任、省长作为规定代表候选人外，还要在各地、市、县和各条战线推选有代表性的党员作为代表候选人。我省先由省委组织部门通过考察研究，提出代表候选人名单，再经省直机关党员代表会议选举产生。我很荣幸，在这次会议上，当选为安徽省十一名党代表中的一名。当时我感到无比兴奋和光荣。在全国党代表会议上，我当面聆听了邓小平同志、陈云同志和胡耀邦同志所作的重要报告，受到了深刻的教育和极大的鼓舞。特别是在二十一天的会期中，对"文革"后怎样进行拨乱反正，怎样进一步扩大改革开放等重大议题，进行了认真的、广泛的、畅所欲言的讨论，会议的民主气氛特别浓厚。尤其令我感动和震惊的是，在召开大会和集体合影时，当时健在的各位老帅和各位国、部级的老同志，都应邀参加了，显得这次会议特别隆重。这次会议的会期很长，讨论的议题很多，对我的教育特别深刻，这是我一生中最受教育、最受鼓舞、终生难忘的一次经历。我能参加这次全国党代表会议，不仅是我个人的光荣，也是安徽师大的光荣。

采访人：您曾参加过中共中央党校学习。1990年7月后历任省委高校工委副书记、省人大常务委员会委员兼教科文卫工委副主任等职。在这一过程中，您一定经历了很多的故事，可以跟我们分享吗？

杨新生：1986年7月，为了培养年轻干部，省委决定，调我到中央党校培训班学习了一年。在这一年里，我认真地学习了马克思主义和毛泽东思想的经典著作和经典理论，使我在政治水平和理论水平等方面都有了很大的提高。

从党校学习回来后，作为高校的主要负责人，我更加自觉地加大力度，狠抓安定团结和注重大局意识的教育，狠抓大学生的思想政治工作。抓了一段时间后，学校的各项工作都有了更大的起色。1990年，党中央决定，各省、市都要成立省委高校工委，以加强党对高校的领导，特别是重点加强对大学生的思想政治工作的领导。

1990年7月，省委决定，我被调到合肥筹建省委高校工委（现改为教育工委）并任省委高校工委副书记。在此期间，我仍兼任安徽师大党委书记。直到1991年秋，谷国华同志调任安徽师大党委书记后，我就不再继续兼职了。

1993年春，安徽省召开了第八届人民代表大会，我被选为省人大代表，并在代表大会上被选为省人大常务委员会委员兼教科文卫工委副主任，直到1999年10月退休。

采访人： 据我们了解，您在我们师大任职期间，接待了好几位国家领导同志来校视察，还收藏了许多珍贵照片，其中有哪些瞬间给您留下了深刻的印象？

杨新生： 1984年秋，胡启立同志来我校视察，当时他是中共中央政治局委员、书记处书记，他非常平易近人。陪同他来校视察的还有时任省委书记黄璜同志和省长王郁昭同志。我除了简要地向他汇报了学校的全面工作外，还着重向他汇报了安徽师大的校史演变情况，说明安徽师大是由1928年建立的原安徽大学几经演变、几经搬迁才建立在芜湖的赭山脚下、长江之滨的。这里原是一块革命圣地，因校园内的赭山半山腰建有个"四合院"，原为"中江书院"，1903年改为"皖江中学堂"，这是当年中国同盟会的活动据点（著名革命党人和学者陈独秀、高语罕、蒋光慈等人先后在此执教并开展革命活动），后被誉为"安徽的辛亥革命发源地""南方的北大"。1914年，为省立第五中学，也是安徽省最早的中学之一。这里曾是教育家、革命家严复、刘希平、恽代英、张伯纯、吴祖缃、阿英等人工作和活动的地方。1949年后，原安徽大学（后改为安徽师大）就迁到了这个革命圣地——芜湖赭山脚下。师生们常为学校能够建在这样一个具有革命历史传统的地方而感到光荣和自豪。当我向胡启立同志介绍了安徽师大建校的历史后，他非常感兴趣，所以我就陪同他参观了我们的校园和赭山上的"四合院"，并拍了一些有纪念意义的照片。另外，我还带他参观了学校的学生食堂，当时正是开饭时间，我们没有安排任何欢迎仪式，学生都自发地捧着饭碗迎接他，他也和同学们亲切交谈，还和同学们在一起拍了好几张照片。

李贵鲜同志当时是安徽省委书记，后来到中央任国务院副总理。1987年秋季，刚到安徽任省委书记不久，便来到我校视察，他认为安徽师大是全省最老的一所大学，又在芜湖，所以一定要来看看。他来校后，我重点向他汇报了关于党委领导下的校长负责制问题。因为当时安徽师大的校长杜宜瑾和副校长严云绥都是党外人士，如何处理好党委领导和校长负责的关系，就显得尤为重要。我根据邓小平同志亲自主持制定的"高教六十条"的精神，汇报了我们的做法：学校党的工作、组织工作、思想政治工作主要由党委来管；学校的大政方针和重要问题的决策，由党委召开请校长参加的会议研究决定；学校的教学工作、科研工作主要由校长主管。这样的处理方式，李贵鲜同志听了很是赞成，并愉快地和我们合影留念。

还有一位是汪道涵同志来校视察。汪道涵同志原是上海市委书记，后是中共中央顾问委员会委员，海峡两岸关系协会首任会长。他当年在做党的地下工作时，多次来过这里。这次他主动要求来我校参观视察，他对学校建设和发展得这么好感到非常高兴。他兴奋地提笔给我们学校题写了"为人师表"四个大字，并拍照留念。

采访人：如果给我们师大寄语的话，您想说些什么？

杨新生：回想我在安徽师大学习、工作了37年，对赭山留下了深厚的感情，我永远怀念赭山脚下的一草一木。

安徽师大具有90多年的悠久历史，具有优良的校风校纪。特别是1949年后，七十多年来，为国家培养了大批优秀人才，尤其是为安徽省各类大、中、小学培养了一大批优秀教师，不愧为安徽省教育的"母机"。

在安徽师大90周年校庆时，我曾写过几句感言，现附录如下：

赭山之麓，长江之滨。

母校师大，华诞九旬。

启蒙开智，肩负重任。

筚路蓝缕，砥砺前行。

几经分合，益求精进。

十年树木，百年树人。

桃李飘香，英才成林。

创新一流，铸就师魂。

鸿鹄之志，高歌奋进。

长江学者，届届成群。

希望安徽师大不忘初心，牢记使命，勇于改革，敢于创新，为国家培养出更多高质量的优秀人才，做出更大的贡献！为创办一流大学，不懈努力！

杨忠广先生访谈录

采访时间：2021年1月6日

采访地点：杨忠广先生寓所

受 访 人：杨忠广

采 访 人：戚洪影　汪　佳

整 理 人：戚洪影

杨忠广，男，1934年12月生，安徽歙县人，中共党员，副教授。曾任歙县人民政府民法科员、安徽省新华书店秘书、安徽省文化局秘书。1957—1960年在安徽师院、合肥师院中文系学习。1960年秋，提前毕业留校，派往复旦大学进修。从复旦大学进修回校后，先后担任中文系古代文学教师，并兼任政治辅导员、党支部书记、现代文学教研室副主任等职。曾被评为全国新华书店先进工作者、安徽省劳动模范，获校级"教书育人奖"。发表学术论文多篇，撰写、合编著作多部。主要作品有《毛主席诗词注解》《中国古代文学作品选析》等。

采访人： 杨老师，您好！感谢您能接受我们的采访。首先请回顾一下您上大学前的工作经历。

杨忠广： 1949年4月28日，徽州全境解放。5月中旬，歙县首任县长杜维佑介绍我参加工作，我来到刚刚建立起来的歙县人民政府。开始几天，主要是代县长收信复信，随着政府办事机构逐步健全，我被分配到民法科任科员。当时科里只有两个人，科长高济川，南下干部，他听不懂徽州方言，所以我除了审查、甄别在押犯人外，还有一项翻译任务。当时县城遗留不少犯人，凡属政治犯、"通匪犯"，经过甄别，统统释放。

同年7月下旬，我被抽调去创办徽州新华书店，8月初，我随徽州地委专署的干部，由歙县搬迁到屯溪原来皖南区党委所在地（皖南区党委和皖南行署刚刚搬至芜湖）。次日，我到屯溪新华书店报到。屯溪新华书店加上我一共七人，经理孙东莱也是南下干部。当时我们都是供给制，没有任何工资薪水，每个月初，到地委行政科领取口粮、菜金和每人每月十几元的生活补贴（一斤肉、肥皂、牙膏、牙刷的折款）。是年冬天，每人领到灰色军棉服、军帽一套和一顶白色蚊帐，同时上级书店寄来全国统一的新华书店店徽。1950年2月，全店七位职工穿上新发的军服军帽，佩戴寄来的新华书店店徽，在屯溪新华书店门前照过一张合影。4月，孙东莱经理介绍我们其中三人加入中国新民主主义青年团。

1950年秋季，各级各类学校的教科书，包括中华书局、商务印书馆等出版社的教科书，全由新华书店统一发行。之后，我收到皖南新华书店调令，让我到芜湖皖南分店业务科工作。1951年10月，《毛泽东选集》（第一卷）出版，这是全国人民政治生活中的大事，皖南区党委领导非常重视，亲临书店现场检查指导，10月12日全国新华书店统一发行。一早，书店门前排起长长的队伍，发行的每册《毛泽东选集》，都用红纸条围扎。这时正是皖南新华书店的鼎盛时期，全店包括芜湖分店共有69名干部。

1951年年底，皖南新华书店和皖北新华书店合并，我与其他14人随着经理贺申府迁往合肥，与皖北新华书店合并，成立安徽省新华书店。我由业务科秘书转为秘书科秘书，负责省店的文书档案、撰稿、监印等。

1953年春天，在增产节约运动中，我向北京新华书店总店和北京全国邮政总局寄去"统一新华书店电报挂号"的合理化建议。出乎我的意料，总店和总局很快向书店系统和全国邮政系统发出联合通知，决定采纳我的建议，并授予我"全国新华书店先进工作者"称号，颁发纪念奖章、奖金等。

1953年7月1日，中国共产党建党32周年纪念日之际，我认真写了《入党申请书》交给党支部书记，当年12月，我刚19岁，安徽省新华书店召开了党支部大会，最后，全票通过我的入党申请，预备期一年，如期转正，这是我政治上的一大进步。

1956年3月，我作为省店代表，参加了安徽省社会主义建设积极分子大会，荣获省级劳模称号。1956年9月，我被调任安徽省文化局秘书，在文化局工作一年。以上就是我上大学前的工作简历。

采访人：您曾经为了报考安徽师院付出过怎样的努力？通过高考改变命运，从中您有怎样的体验？您怎样看待在安徽师院的学习经历？

杨忠广：1956年秋天，安徽省新华书店洪宁琪、王起儒、张子淳等五六位同事分别考取了南开大学、南京大学、华东政法大学等高校，这对我触动很大，鼓舞也很大。有志者，事竟成。我从1956年秋天起，就有计划地阅读高中的文学、汉语、地理、历史等课本，决心于1957年参加高考。当时的心态是：如果能考取，自然符合自己的心愿，万一考不上，我还可以回到文化局，继续当我的秘书，这叫"一颗红心，两种准备"。做一件事，心态很重要，既要认真对待，也不要过分较劲，这是成功的关键。高考之后，我还有出差外调任务，我在徽州地委组织部收到省文化局转来的《安徽师范学院入校通知书》，九月中旬完成外调任务赶回文化局，迅速办理秘书交接手续。

1957年9月19日，我离开合肥，来到位于芜湖的安徽师院，补办了注册报到手续，开始了我梦寐以求但十分艰辛的大学生活，这是我人生道路上的一次重大抉择。在当时，是留在省文化局工作，还是上大学，确实因人而异。就我个人而言，选择上大学是完全正确的，它改变了我的人生历程。年轻的时候，适当地选择人生，选择职业方向还是必要的。

安徽师院背倚赭山、面对镜湖，有山有水，环境优美，它是安徽省历史最久、规模最大、系科比较齐全的一所高等学府，特别是中文系（文学院前身），师资力量比较雄厚。第一学年，给我们讲授主课的有张涤华先生，他是中文系主任，主讲现代汉语。后来，他给我们用的材料由高等教育出版社出版，成为全国高校的通用教材。"文革"后，他被聘为《汉语大词典》副主编。祖保泉先生，中文系副主任，主讲文艺学概论，后来在古代文论"文心雕龙""人间词话"等研究方面做出了较大贡献。卫仲璠先生主讲先秦文学，他是研究屈原赋的著名学者。还有宛敏灏先生，他是教务长兼图书馆馆长，他是研究宋词的著名专家，讲授宋词专题。以上四位先生都有很多著作，是全国知名的教授、研究生导师。良师出高徒，1957级同学不仅从他们那里学到了系统的、深厚的基础知识，更重要的是从他们那里学到了为人师表的做人风范。

1958年7月，中共安徽省委决定将安徽师院一分为二，文科四系（中文、外语、历史、地理）迁往合肥，与合肥师专合并，成为合肥师院，理科五系继续留在芜湖安徽师院。

我在安徽师院读书时，周末参加农场活动，第二学期学校还开展了"除四害"运动等，这对教学确实有影响。不过学校还是始终坚持以教学为主，课堂教学秩序稳定。教师认真备课教课，学生好学、积极向上。无论行政管理、科学研究、校园建设，还是后勤工作等，各方面都比较规范，井井有条。应该说，当年安徽师院的校风、教风、学风还是很不错的。

采访人：您刚才提到四位先生，其中对您影响最深的是哪位？为什么？

杨忠广：刚才提到的四位老先生，个个学识渊博，治学严谨，成就卓著，都把自己的毕生精力献给了祖国的教育事业，值得所有学生尊重和敬佩。当然，其中，我对张涤华先生特别敬重。因为张涤华先生是安徽省知识分子的楷模，他不仅是著名的学者、教育家，也是社会活动家，他是第三、五、六届全国人大代表，平时认真听取群众意见，人大会议期间积极发言，递交议案。他一生追求进步，向往加入中国共产党。1978年，先生的夙愿终于实现，成为一名光荣的中共党员。他严于律己，宽以待人，为国家培养了大批优秀人才。他的学生都认为要像他那样当教师，真正做到教书育人。我们愈加敬重这位为祖国教育事业操劳一生的教育家。

采访人：您是什么时候转入合肥师院的？当时的情况如何？合肥师院里都有哪些让您印象深刻的事？

杨忠广：1958年9月初，我从家乡过完暑假直接来到合肥师院。这时的合肥师院，正在热火朝天地进行基本建设，到处都是工地。比起安徽师院，要杂乱很多，一切还没有走上正轨。

这里要特别讲一下，合肥师院广大师生都近距离地见到了伟大领袖毛泽东主席，这是一段很不寻常、很有意义的经历。

1958年9月19日是一个不平常的日子，上午10时，合肥师院紧急召开全校党团干部大会。陈望歧书记和吴从云院长分别讲话，陈望歧书记说："我们要去欢迎中央首长、伟大领袖毛主席来到合肥。"吴从云院长说："我们全校师生要立即整队前去欢迎毛泽东主席。"这时合肥师院大礼堂欢声雷动。会后，广大师生赶往大操场。在陈望歧书记和吴从云院长等率领下，全校三千多名师生集合在合肥市金寨路，从稻香楼到教育学院的公路两边都站满了人。为维持秩序，各班班干部列队第一排，我当时担任中文系1957级甲班团支书。下午二时整，车队从稻香楼开出，缓慢地行驶在金寨路、长江路、胜利路，一直开往火车站，沿途两边都是黑压压的人群，欢呼声、鼓掌声、口号一浪高过一浪。在三辆开道车之后，就见到毛主席、曾希圣书记的敞篷车，毛主席面带笑容，挥动右臂，向群众致意，接着就是张治中将军、黄岩省长的敞篷车，后面还有密密麻麻的小轿车。整个合肥市都沸腾起来了，如此万人空巷，二三十万人欢迎和欢送毛主席的热烈场面，据说在全国是第一次。当时我在激动之余，从心底涌出我的第一首白话诗《万岁毛主席！万岁共产党！》。1958年9月19日下午二时十五分，是我生平最幸福的时刻，也是我最难忘的时刻，就像做了一场幸福而甜蜜的梦。

> 多少个欢乐的夜晚，
> 我梦里到了北京，
> 会见了那人间的巨星。

如今我真的看见了这位世界的巨人，

我们敬爱的领袖、导师毛泽东。

您给我们带来了最大的幸福，

您给我们增添了无穷的力量。

车上的巨人面带微笑，挥动右臂，

从我们身边缓缓走过。

我温暖，我幸福，我跳跃，我高呼。

语言表达不尽我们心中的激情。

我们只能高呼：

万岁毛主席！万岁共产党！

我们只能在心中宣誓：

为了实现美好的社会主义和共产主义，

我们将献出整个生命！

　　1958年下半年，全国开展"大跃进"、大炼钢铁运动。我们先后参加过炼焦、运煤、坩埚炼铁、兴建高炉、突击搞"劳卫制"达标等活动。虽然还坚持上课，但课余时间全都忙于这些活动。当时学校实行军事化编制，全校为一个"合师民兵师"，各系为团，年级为营，班级为连。1957级甲、乙两班共105人，合班上课，成为八连。我是八连指导员。当年毛主席有个讲话："教育必须为无产阶级政治服务，必须同生产劳动相结合。劳动人民要知识化，知识分子要劳动化。"这时，省委宣传部和安徽省文联正组织广大作家深入工厂、农村公社采风，提倡大写社史、厂史，大写革命回忆录。他们也希望文科大学生能够深入实际，边劳动、边采访、边写作。为此，合肥师院领导特地请来安徽著名作家陈登科同志给我们中文系学生做了《如何调查采访，如何写作》的报告。合肥师院团委书记王杰这时调来中文系任党总支书记，他和张涤华主任研究决定，由我带领十名同学先到著名的舒城县舒茶公社（不久前毛主席视察过）作为试点，编写社史。我们在当地党委领导下，吃住在舒茶小学，通过一个多月的边劳动、边调查、边访问，写出了《人红茶绿：舒茶公社史》，由20篇散文组成。《"人红茶绿"采访记》《紫竹林中幸福人》和《养猪能手吴福妹》等在《安徽文学》1959年第4—6期发表。

1959年春天开学后不久，王杰书记要我在1957级全体同学会上作《舒茶公社史是怎样写成的》经验介绍。王杰书记认为试点成功可以推广。会后甲、乙两班105名同学分成11个小组，到全省九个著名公社边调查，边写社史。我带10名同学到金寨，吃住在金寨文化馆，编写《金寨县江店公社史》，同时还访问了几位老红军，写出了《尼姑参军》《烈士占国堂》（刊载《安徽烈士传》）。沈国宝小组编写了《三八河里的浪花》（宿县三八公社史），由安徽人民出版社出版，还写了《万山红》（来安半塔公社史），《插花红》（阜阳插花庙公社史），发表在《安徽文学》1960年各期。王昭干小组采写的革命回忆录《省委书记王步文》，由安徽人民出版社出版。总之两个月，硕果累累，成绩辉煌。1957级105名同学，通过边劳动、边采访、边写作的实践，采访、写作能力和组织工作能力普遍提高，成绩突出，反响很大，从而引起学校、社会各方面的重视。

1960年上半年1957级学生合班上课，一方面把105名学生组织起来，以原学习小组为基础，组成各个评论组。在任课老师指导下，他们有目的地看书、看资料、确定选题、分头执笔，最后写出来一批很有质量的文章。比如，《论文学遗产的批判与继承》刊于中共安徽省委刊物《虚与实》（1960年第8期），《关于古典文学的人民性和进步性问题》刊于《光明日报·文学遗产》（1960年10月9日），《王维山水田园诗的思想倾向及其社会意义》刊于《合肥师范学院学报》（1960年第5、6期），《论我国近代反帝诗歌》刊于《合肥师范学院学报》（1960年第5、6期），《揭开高老头父爱的本质——巴尔扎克"高老头"人物分析之一》刊于《合肥师范学院学报》（1960年第4期），《资产阶级野心家的形象——拉斯蒂涅——巴尔扎克"高老头"人物分析之二》刊于《合肥师范学院学报》（1960年第4期），《正确地评价契诃夫的"小人物"》刊于《合肥师范学院学报》（1960年第5、6期）。

合肥师院中文系编印的《"文学遗产的批判与继承"论文选集》，全书十篇文章，以上七篇文章全被收录，多数以"1957级××文学评论组"署名。正如论文选集《编辑说明》所说："近年来，我系师生在党总支具体领导下，结合教学，在这方面开展了一些初步的研究，取得了一定的成绩，写了不少论文在校内外刊物上发表。……从这可以看出我系科学研究新生力量成长的一斑。"

当时，合肥师院1957级的师生通过边劳动、边采访、边写作的实践，并有目的地组织起来，结合教学，编写专题文章。这种做法非常成功，成绩斐然，其经验值得在高校文科普遍推广。

采访人：您曾到上海复旦大学进修，当时合肥师院对于教师进修有什么特别安排？您在复旦大学进修有什么体验？进修回校工作后，您发生了哪些变化？

杨忠广：1960年暑假前夕，合肥师院党委雄心勃勃，推出超赶名牌大学，向综合大学看齐的规划。首先，增设了政教系，扩大了教育系，要求各系增开提高课。中文系则计划开设美学、中国文学批评史、汉语史等课程。1960年7月1日，中文系决定抽调10名学生提前毕业留校，有计划地派往名牌大学进修。比如，孙文光派往北京大学进修古代文学，后来考取了北京大学季镇淮教授的研究生；徐广勋派往北京大学进修美学，听朱光潜老先生的美学课程，后来未能成行，改调院部秘书；杨忠广派往复旦大学进修，听刘大杰教授的中国文学批评史课程；沈国宝派往华东师范大学，进修汉语史；王昭干调至政教系，程可传调到教育系，他们都到华东师范大学进修党史、哲学、教育学和心理学。

1960年秋，复旦大学没有安排刘大杰教授教课，我的进修计划遇到困难。后来通过复旦大学中文系主任胡裕树的帮助，向刘大杰先生借来他的《中国文学批判史》讲稿两册、《中国古代文论选》资料汇编五册（都是油印本）。我夜以继日地认真阅读此讲稿和资料汇编，对其中不易找到的资料，手抄了三大本，20多万字，记下了目录章节和资料名称（当时还没有复印机）。我在复旦大学三个多月，主要是读书、抄书，12月底回到合肥师院。中文系原计划是让我跟祖保泉先生学习、进修，准备开中国文学批评史课，但是当时的合肥师院，条件并不具备。因为合肥师院正处在大发展时期，中文系有学生1000多人，占全校学生的一半。班级很多，教师奇缺，当时还请来图书馆的宛敏灏先生、吴孟复先生代课。这样，祖保泉先生继续讲授毛泽东文艺思想，我则回到古代文学教研室担任徐炎文先生的助教，由于徐炎文先生身体多病，我曾代他讲过许多课程。

采访人：谈谈您担任政治辅导员和党支部书记期间做了什么？有何成效？

杨忠广：1961年秋—1962年秋，我担任1958级第三大班的班主任、党支书，兼古代文学辅导员一年，工作兢兢业业，随班听课、辅导。其中有几位学生政治业务强、身体素质好，毕业前夕被部队选中，他们到部队后都来过信、寄来照片。1958年，招生最多，共12个班，因此毕业人数也最多，近700人，毕业分配方案很难平衡，阻力也很大。党总支副书记和我们三个辅导员夜以继日地对分配方案反复斟酌修改，尽可能接近毕业生的志愿和要求，其中有十位政治业务较好的同学决定留校。最后总算完成了中文系当年近700人毕业分配的艰巨任务。

采访人：1970年1月，合肥师院并入位于芜湖的安徽工农大学，在此过程中，您遇到过哪些印象深刻的事件？

杨忠广：合肥师院校址、校舍给予中国科学技术大学在皖办学之用，中国科技大学由北京迁入原合肥师院校址。根据学校安排，大家夜以继日地整理各自的家具行李，仅有五天时间打包搬家。1970年1月29日，学校包用了一列火车，20多节车厢，开到芜湖火车站码头。车上既有学校的大量图书资料、设备仪器，各个院系的档案、办公用品，还有400多名教师和他们的家属，以及各家的行李衣被、坛坛罐罐。在搬运过程中，图书资料、设备仪器丢失严重。当时，安徽工农大学的房源极为有限，加之合肥师院迁来400多名教师，住房相当困难。好在学校已经停止招生，合肥师院迁来的400多名教师，多数就临时安置在学生宿舍，恢复招生后，他们就从学生宿舍搬了出去。

我毕业留校十年，正是合肥师院从建立、成长到发展、壮大，再到被撤销的十年。我个人则是由学生成长为教师，本来可以做一些事情，却把大量的时间、宝贵的光阴，在"文革"等政治运动中白白浪费掉，这是我们这一代人的最大损失和遗憾。

采访人：您转入成为安徽工农大学教师后很快就被抽调到学校专案组，参加侦破合肥师院"九万斤粮油票被盗案"，能谈谈此案侦破的经过和感受吗？

杨忠广：当时在军代表、工宣队组成的安徽工农大学革委会领导下，我被抽调到学校专案组。经过研究排查，从众多案件中选出几起典型案件，分别组成专案组进行侦破，如1965年合肥师院"九万斤粮油票被盗案"、"文革"中原皖南大学"女生宿舍楼被烧案"和"巴甫洛夫实验室被烧案"。

1965年冬，合肥师院学生食堂发生"九万斤粮油票被盗案"，当年公安部把它列为重大案件，责令安徽省公安厅限期破案。省公安厅和合肥市公安局联合组成专案组，派来五六人在合肥师院蹲点侦破。历时半年，毫无头绪。事隔五年，省公安厅又要学校组成合肥师院"九万斤粮油票被盗案"侦破小组。1970年8月底，校领导指定原合肥师院教师陈维型、杨忠广、王家成，还有杨荣华、刘培新、龚千炎共六人组成侦破小组，奔赴合肥原合肥师院宿舍。不久，杨荣华等三人因教学需要中途撤回。到年底前，经过三个月努力，得到一条重要线索。因为合肥师院学生食堂用的都是500斤、1000斤的大额粮票，只有几所高校才有。在省公安厅、市公安局的支持下，我们向粮食部门发出通报，请他们回忆近几年有无使用大额粮票购粮的有用线索。很快，东门粮站女营业员回忆起"1967年暑假，有一位三十多岁，一米七八的男子，拿一张1000斤的粮票来购粮。问他是何单位，他说是二工区事务长。这引起营业员警觉，于是带他到刘站长办公室，正当刘站长向他询问时，他趁人不备，一溜烟逃跑了。"后经营业员到市局在押犯人中经过反复秘密辨认等许多曲折过程，最后认定是合肥某豆腐店刘老板所为。于是我们找到嫌疑人的哥哥、弟弟、妻子，做了细致耐心的工作并得到他们的支持，最后刘某向市局刑侦科供认罪行，我们侦破小组三人也在场。他说："1965年冬天的一个晚上，我转到合肥师院学生食堂，破窗而入，撬开保险箱，把箱内的所有东西包好带回，到家一看，现金只有600余元，大量的都是崭新的粮油票，足有好几万斤。我当时心里非常恐慌，不知如何处理。1967年暑假来到东门粮站，试着用一张1000斤粮票购粮，被女营业员识破，我就逃跑了。这些粮油票终是祸根，为了防止暴露，我于1967年冬带回肥东老家把它们烧掉。"这个案子的侦破前后花了六个多月，1971年3月结案，犯罪人刘某当时被判刑十年。省公安厅认为，此案是三位高校教师侦破的第一大案，影响很大，具有典型意义。不久后在全省公安会议上，陈维型代表侦破小组作了"毛泽东思想指挥我们战斗"的发言，获得好评。

原皖南大学"女生宿舍楼被烧案""巴甫洛夫实验室被烧案"一直没有进展，随后也就不了了之。

采访人：1971—1976年，您为六届学生讲授毛主席诗词课，并连续编写三本学习《毛主席诗词》的交流教材，这是怎样的一个过程，能给我们讲一下吗？

杨忠广：1971—1976年，学校招收了六届工农兵学员，学制3年。我一直担任"毛主席诗词"主讲，每届半年时间，60课时。为此，我边备课、边讲课。前后编写了《毛主席诗词讲稿》（37首，梅花插图本）、《郭沫若同志对毛主席诗词的解说》、《毛主席诗词注解》（合编）三本高校交流教材。

这时"文革"的干扰仍然很大，但作为培养接班人的高校，这时也强调教学、科研的重要性，教学工作逐步走上正轨。我原来一直在古代文学教研室，备课、听课、讲课都是古代文学。"文革"期间，古代文学停止授课。1967年"复课闹革命"期间，我应1963级同学要求，给他们讲解《毛主席诗词》20余首，反映较好。后来全国各高校文科都正式开设了"毛主席诗词"课。我们中文系领导认为我有一定基础，就把我从古代文学教研室调到现代文学教研室，并担任副主任。这样，我把自己20余首诗词讲稿，参考当时所能见到的各种版本的《毛主席诗词注解》，经过认真地补充修改，编成一本《毛主席诗词讲稿》（37首梅花插图本）。为了配套，供同学自学，我把郭沫若同志解释毛主席诗词的文章、通信、谈话、批注等共34篇统统收集起来，编成一本《郭沫若同志对毛主席诗词的解说》。这两本书花了我两年时间，从编写、设计、排版，甚至重新铸字，都亲自动手过问。这是我校印刷厂第一次印书，这本书经过三次精心校对后于1973年3月正式出版，各印两万册。

1975年春，省委文教部和省教育厅指示：安徽师大、安徽大学、安徽劳动大学组成协作编写组，编写一本质量较高的《毛主席诗词注解》，同时也可供中、小学教师教学参考。为此，三校抽调了杨忠广、胡汉祥、赵应锋、徐传礼、王多治、李谷鸣等六位教师组成编写组。1975年5月，编写组成员赴武汉、长沙、井冈山、瑞金、庐山、长沙、南昌、会昌等革命纪念地参观学习，实地调查，得到上述各地革命纪念馆的大力帮助。三校合编的《毛主席诗词注解》历时三年，四易其稿，于1978年年初出版，印发两万册。除了三个学校的在校中文系学生人手一册外，还分寄到其他高校中文系。

这本教材编写于"文革"后期，出版于1978年年初，随着时间推移，书中涉及许多历史人物、历史事件需要重新叙述，然而，这本《毛主席诗词注解》还是很有特色的，得到较高的评价。正如评论者所说，那时几乎所有高校的中文系都开设"毛主席诗词"这门课，因此，各校纷纷以教材的形式编写了许多不同的毛泽东诗词注释本。比如，北京大学的《毛主席诗词注释》、北京师范大学的《毛主席诗词试解》、福建师范大学的《毛主席诗词笺解》、南京师院和南京大学合编的《毛主席诗词注解》等等，其中最有特色、最有代表性的，当数安徽大学、安徽师大和安徽劳动大学合作编写的《毛主席诗词注解》。它具有如下特色：形象性、资料性和知识性。当然，这本《毛主席诗词注解》也存在不少缺点，但无论如何，这本《毛主席诗词注解》仍具有多方面的价值，值得一读，是20世纪最好的毛泽东诗词注释本（高建国《诠释的历史——1957年以来毛主席诗词注释本代表作巡评》，《文艺理论与批评》1992年第3期）。

采访人：您曾连续参加三次全国性会议，能介绍一下自己的参会情况并解释这一过程吗？

杨忠广：1978—1979年，我连续参加三次全国性会议。"文革"中，国内高校文科都开设了"毛主席诗词"课，但在教学和科研中存在一些错误倾向。十一届三中全会之后，随着拨乱反正，正本清源，各个高校的任课教师一致呼吁，有必要召开全国性会议，讨论如何纠正"毛主席诗词"教学和研究中存在的错误倾向，如何恢复实事求是的教学态度和研究风气，于是连续召开了三次会议。

第一次是1978年10月，由湘潭大学发起，在韶山宾馆召开的"毛主席诗词教学"座谈会。来自全国53所设有文科的高校60名代表参加了本次会议。

第二次是1979年5月6日—15日，由西南师范大学为东道主主持召开的"毛主席和老一辈革命家诗词"座谈会。来自全国63所大学和有关的研究人员100名代表，聚会重庆北碚公寓，就今后毛主席诗词课教学研究问题交换了意见，并对韶山会议确定的四部教材的初稿进行了讨论、定稿。同时正式成立了毛主席和老一辈革命家诗词研究会，请臧克家、周振甫、郭化若为研究会顾问。选举鲁歌、羊春秋等七人组成理事会，并确定到会代表100人都是毛主席和老一辈革命家诗词研究会的会员。各个高校的代表都分配了一定的写作任务。

第三次是1979年11月，由我校为东道主主持召开的《中国当代文学研究资料》分工编写会议。会前，即十月中旬，我受学校指派赴黄山管理局，落实会议地址和食宿问题。当时黄山管理局局长、党委书记王杰是我们合肥师院的老领导，在他的帮助下，会议安排在黄山干部疗养院，会场相当宽敞、规格很高。到会代表有复旦大学、武汉大学、四川大学、华南师范大学等40多个高校50多位代表，会议七天，由我和刘普林同志、沈洪同志共同主持。这次在黄山召开的会议圆满成功，与会代表非常满意。

采访人： 1982年，您曾被学校抽调编纂《安徽师范大学简介》，2007年又被抽调编写《安徽师范大学校史（1928—2008）》，这两本书的编辑出版，是学校发展历程的"鉴真实录"，意义重大，也来之不易。其在出版面市前都经历了什么？

杨忠广： 1982年4月—1983年4月，我参加编写了《安徽师范大学简介》。早在1982年2月，安徽师大校长办公会议就研究决定，拟于1983年10月召开"庆祝安徽师范大学建校55周年大会"，并决定成立校史编写组，抽调我任校史编写组专职副组长，组长由党委副书记张正元同志兼任，同时抽调刚毕业的舒咏平、汪青松同学加入校史编写组。编写校史的确是一件难度很大的开创性工作，学校经历久远，点多面广，史料缺失。我从策划、设计到制定提纲，外出搜集材料，从初稿、二稿到定稿，历时一年，三易其稿，由原来的20万字，删繁就简，最后剩下7万字，成为《安徽师范大学简介》。1983年10月印发，共4万册，社会反响很大。

这本《安徽师范大学简介》是我校1949年后的第一本，也是我省高校中的唯一一本校史，具有较好的历史价值和现实意义。后来安徽大学、安徽农业大学等校的校史，大量引用其中的基本材料。

为了走访校友，搜集资料，我和张正元同志进行了分工。张正元同志主要到安庆寻访原校址，以及安庆附近的老校友，还有福建党委书记项南同志（他是新中国成立后安徽大学第一任党委书记），他先后给安徽师大写过几封来信，意义重大。我则赴天津、北京等地拜会并采访了许杰、戈华、周建人、靳树鸿、范寿康、章益等老前辈、老校友。1983年4月至5月，我又访问了南京江苏政协副主席欧阳惠林同志，安徽省委副书记王郁昭同志，安徽大学副校长方向明同志，原合肥师院党委书记李锐同志等，凡是采访的人都留下了个人照片、题词或访问录等。在校史编写过程中，由我和舒咏平整理记录的欧阳惠林口述的《安大初期共青团组织及其活动》，由《安庆文史资料》第7辑收录；由我和张正合合作的《疾恶真推祢正平——我校创始人刘文典》，刊于《安徽师大学报》（哲学社会科学版）1988年第2期；由我和张正合合作的《刘文典与安徽大学》，由《安庆文史资料》第15辑收录。另外，《安徽师大学报》曾载有《校史一瞥》15篇，其中我执笔五篇。

2008 年，为庆祝建校 80 周年，学校编写出版了《安徽师范大学校史（1928—2008）》一书。其中"上篇"中的第三章《国立安徽大学时期（1946年 4 月—1949 年 12 月）》是我执行撰写的。2017 年，为纪念建校 90 周年，学校又编写出版了《安徽师范大学校史校情简明读本》。

所述的三本校史，一本比一本完善、精准，这正是我校的一大特色。校址数迁、校名几易，但弦歌不辍、特色不改、传统不失、信念不变、追求不止。

《安徽师范大学简介》出版后，我立即开始备课。1983 年到 1984 年年底，我担任 1981 级学生的唐宋文学课程主讲老师。由于多年来的充分准备，加上全身心地投入，得到 1981 级全体学生（共 6 个班，260 余人）对我的认可。1984 年 10 月，经过全校评审，我获得了"教书育人"奖。

采访人：经过近百年的耕耘，我们师大中文系已发展成为文学院。对比您刚进中文系，工作了这么长时间的您，经历了文学院怎样的变化？

杨忠广：安徽师大文学院发展变化确实很大。从文学院的发展规模来看，中文系每年招生一二百人，后来发展为文学院，每年招生四五百人，再后来，文学院新增了新闻、秘书学、汉语国际教育等专业，学生由数百人变为数千人，办学规模不断扩大，教学质量不断提高。从文学院的办学层次来看，提高了好几个台阶，原本只有本科和专科，现在除了本科，还有硕士生、博士生、博士后。教师的学历大大提高，过去本科毕业可留校任教，现在招聘的教师都要求是博士，高学历教师越来越多。至于科学研究，文学院更是一马当先，在国内外许多知名的期刊上，发表了很多高质量的文章，出版了很多高质量的专著，文学院的发展变化确实是翻天覆地、前所未有的。我作为文学院一名老教师，从心底感到自豪和欣慰。

采访人：您在我们师大教书育人几十年，而今桃李满天下。作为学生爱戴的教师，有哪些让您印象深刻的学生？

杨忠广：我主讲古代文学、毛主席诗词等课程，亲自教过的学生确实不少，多数学生都很优秀。不论是做行政，还是当教师，他们在各自岗位上都做出了出色的成绩，我为他们感到自豪。当然，印象比较深刻的有工农兵学员六届，他们多数来自工厂、农村，水平参差不齐，但也出现了许多优秀学生，像1974 级的臧世凯，由于自己刻苦努力，后来担任过省委宣传部部长、省人大副主任等职。1971 级的朱小蔓，毕业后留校，担任过学校宣传部副部长，后来考取了南京大学的硕士、博士，博士毕业后先后担任南京师范大学的副校长、中央教育科学研究所所长兼党委书记，成为我国著名的教育家。还有恢复高考后的1977级、1978级学生，其中不少属于"老六届"知青，很多都有上山下乡的经历，基础扎实，他们来到大学，非常珍惜这种难得的学习机会，通过四年刻苦努力，成长很快，不少学生在后来都成了教学骨干和社会栋梁。像1977级的杨树森、汪大白等，1978级的朱良志、黄书元、俞晓红等都非常出色。另外，印象深刻的还有1981级学生。我给他们讲授唐宋文学这门课，他们毕业于1985年，当年，有16位学生考上了名牌大学研究生，留在学校各部门的有10多位，其中许多人后来都成了教授，硕士生导师、博士生导师。作为他们的老师，我感到获得感、幸福感满满。

采访人：目前您对我们师大年轻教师和青年学生的期望有哪些？

杨忠广：我在安徽师院、合肥师院、安徽师大学习、教学、工作、生活60多年，可以说是安徽师大发展壮大的见证者、知情者和参与者，我深深地感谢安徽师大以及我的老前辈对我的培养和教育。"沉舟侧畔千帆过，病树前头万木春""长江后浪推前浪，一代更比一代强"，我衷心祝愿安徽师大一代代的同行和莘莘学子在师大"厚德、重教、博学、笃行"校训的指导下，在光辉灿烂的新时代，志向高远，珍惜时光，努力拼搏，练就本领，为祖国、为人民、为师大做出更大的贡献！

严祖同先生访谈录

采访时间： 2020年12月1日

采访地点： 严祖同先生寓所

受 访 人： 严祖同

采 访 人： 姚芳芳　宋壮壮

整 理 人： 姚芳芳

严祖同，男，1939年8月生，安徽桐城人，教授。1957年在安徽师院物理系学习，后随院系调整到合肥大学（今安徽大学）续学，1961年毕业后在皖南大学、安徽师大物理系任教。曾任理论物理教研室主任、物理系主任、安徽省物理学会常务理事、芜湖市物理学会理事长。合作著书多部，在国内外期刊发表论文60余篇，两个合作项目分别获安徽省科技进步三等奖和四等奖。曾获曾宪梓教育基金会高等师范院校教师奖三等奖。被英国剑桥国际名人传记中心确认为1992—1993年"世界名人"，事迹入选《国际名人传记辞典》等五种世界名人录。享受国务院政府特殊津贴。

采访者：严老师，您好！很高兴您能接受我们的采访。首先请您介绍一下我们师大建校历史和发展沿革。

严祖同：我校建校至今已有九十多年，要记载我校九十多年的发展历程，那必将是一部几十万字的巨著。我只能就我知道的讲一点。讲什么呢？就讲我校发展史上的几个时间节点，这大致能反映我校发展的脉络。第一个时间节点是1928年，我校在安庆建立，校名为省立安徽大学，并招收第一届学生。第二个时间节点是1938年，安庆被日本侵略者占领，学校停止招生并把仪器设备和图书资料搬到大后方，先搬到湖北，后又搬到湖南，存放在别的学校里。由于各种原因，师生流失很多，学校未能在大后方继续招生。第三个时间节点是抗日战争胜利后，1946年学校在安庆恢复招生，校名改为国立安徽大学。第四个时间节点是1949年，这年安庆发大水，校园被淹，学校于12月底整体搬迁到芜湖赭山南麓，省立安徽学院并入我校，校名为"安徽大学"。赭山南麓即今天的赭山校区，在日本侵华战争时期被日军占据为兵营并建了三座两层的楼房，分别称为"一大楼""二大楼""三大楼"。现在仅存的"三大楼"是侵华日军警备司令部旧址，2017年11月芜湖市政府公布为市级文物保护单位，大门右侧立有牌匾，是为日本侵华罪证之一。第五个时间节点是1954年。1953年全国高校院系调整，到1954年年初，我校只剩下两个学院，一个是农学院，另一个是师范学院。1954年下半年，农学院迁到合肥，单独成立了安徽农学院，即今天的安徽农业大学。从省立到国立，从安庆到芜湖，这时安徽大学只剩下一个学院即师范学院。于是，"安徽大学"校名被取消，更名为安

徽师院。第六个时间节点是1958年。这年省委决定我校的文科和理科分开办
学，文科迁到合肥，理科留在芜湖。合肥当时有一所合肥师范专科学校，合肥
师范专科学校的所有理科专业于1959年全部迁到了芜湖，与安徽师院相应专业
业合并，而安徽师院的所有文科专业于1958年全部搬到了合肥，与合肥师范
专科学校的相应专业合并成立了合肥师院。这时原先的安徽大学分成了三所学
校。第一次分家，是农学院和师范学院分家，各自独立建院。第二次分家，是
安徽师院的文理分家。当时省委还决定新建"合肥大学"，由省委书记曾希圣
兼任校长。为此，我校的物理系搬到合肥，作为合肥大学的建校基础。

那么校园定在哪里呢？这里我补充一点。原来省委在决定把农学院搬到合
肥的同时，想把已定名为安徽师院的我校也搬到合肥。1956年我校派出由校
基建科长带队的基建班子到合肥选址建校，1958年新校园已经建好，位于合
肥市德胜门外。这时由于形势的变化和需要，省委决定我校不迁往合肥了，仍
留在芜湖发展，而在原为我校准备迁往合肥，刚刚落成的新校址上新建合肥大
学。物理系援建合肥大学的师生1958年7月中旬从芜湖八号码头乘轮渡过江到
裕溪口，再坐火车到合肥，在合肥火车站受到了合肥大学领导的迎接。我们乘
汽车到达校园时，宿舍已经安排好了。当时我见到床柱上有"安师"字样的
"火印"，觉得很奇怪。因为那时我不知道上面所讲到的我校原来要迁往合肥的
事，这都是后来才知道的。第七个时间节点是1960年，学校改名为皖南大学。
校名是刘少奇同志题写的，后来改名为安徽工农大学，这件事发生在1968年。
因为涉及我校校名的演变，就作为第八个时间节点吧。第九个时间节点是
1969年年底至1970年年初。在这段时间内，合肥师院整体迁到芜湖，与安徽
工农大学合并。从1958年的文理分家，到这时的文理合并，原先的安徽大学
依然是分成了两家，一是在合肥的安徽农学院（今安徽农业大学），一是我们
学校。我们学校为什么既分又合呢？因为要迎接中国科学技术大学南迁合肥，
合肥师院的校址全部让给中国科学技术大学了。第十个时间节点是1972年。
"安徽工农大学"的校名不伦不类，不能反映我校综合性师范院校的内涵，
1972年省委决定将我校定名为安徽师大，校名是请郭沫若同志题写的。从以
上十个时间节点看，我校自1928年在安庆建校至今，中间几经变革，几易校
名，几度分合，但悠久的办学历史及传统，薪火相传，一脉相承。

采访者：1958年物理系援建合肥大学后，我校的物理系是如何发展起来的？

严祖同：虽然1958年物理系绝大部分教职工、所有的仪器设备、图书资料以及1955—1957级三个年级的全体学生都援建合肥大学了，但是，安徽师院物理系的建置仍旧保留。也就是说，安徽师院物理系没有撤销，还留下了七位教师：吴锐、张先基、贺础卿、张景炎、崔可范、赵鹏杰、吴长乐和一位干部：蒋茂华。其中，蒋茂华是党支部副书记，那时各系党组织都是党支部。吴锐教授是国内著名的光学专家，早年留学法国，是居里夫人的学生，1931年学成回国，先后在北京大学、北京中法大学、西北大学等校的物理系任教，1946年到安徽大学任教，是安庆时期和芜湖时期我校校务委员会委员，先后任安徽师院和皖南大学物理系主任。张先基教授是我校第一届毕业生，他1928年考取我校物理系，当时物理系尚未建立，暂时在工学院上课，次年物理系建立后才回到物理系学习，1932年毕业留校任教。1957年我在物理系读一年级时，贺础卿先生给我们讲授普通物理学力学和热学部分，吴锐教授给我们讲授光学实验，张景炎先生给我们讲授制图学并教我们做木工。就是这七位教师和蒋书记把我校的物理系撑起来了。1958年当年就招生，而且招了四个班，120多名学生。我很佩服他们，他们有远见、有魄力、有干劲，没有他们的坚持，物理系就垮掉了。正是他们不怕困难、艰苦创业的精神支撑着物理系在困境中崛起，并逐步发展壮大，才有了今天已经做大做强了的物电学院。

采访者：大学毕业后，您回到皖南大学任教，当时的皖南大学是什么样子的？皖南大学又经历了怎样的发展？

严祖同：1961年9月，我从合肥大学毕业分配到皖南大学物理系任教。此时，离安徽师院改名为皖南大学才一年多时间，离1958年7月原物理系整体援建合肥大学才三年多时间。离开芜湖三年，再回来看到皖南大学物理系，感觉变化真大，教师已由当初的7位增加到近70位，连续招收了1958—1961级共四个年级，在校生近700名。教学计划中列出的必修课大多已经开课，实验仪器设备和图书资料基本上能满足教学需要，从几乎是一张白纸到初具规模，仅仅用了三年时间，真不容易。但是由于1958年的"大跃进"和大炼钢铁运动，同时又遇到了三年困难时期，学校管理制度和教学秩序受到了冲击，影响了教育和教学质量。1960年9月，党中央提出了"调整、巩固、充实、提高"的八字方针。1961 年 9 月，教育部颁布了《中华人民共和国教育部直属高等学校暂行工作条例（草案）》（简称《高教 60 条》）。《高教 60 条》的主要精神是，高校要确立以教学为主的办学理念。例如，减少师生参加过多的政治运动和生产劳动，发挥教师在教学中的主导作用等，内容很多、很具体。我来到学校工作的时候正赶上全校师生员工学习贯彻《高教 60 条》精神。所以，讲皖南大学的事情，就必须与当年学校如何贯彻《高校 60 条》精神联系起来讲。

物理系贯彻《高教 60 条》精神，完善教学管理制度方面，首先做的就是修订教学计划，重点是加强基础知识和基础理论课程的教学。记得这次修订教学计划时，动员了全系教职工参与讨论，花的时间也较多。修订后的教学计划一直执行到 1966 年"文革"前夕，后来在 1977 年恢复高考时制定的教学计划也参考了它。其次是调整教研室。根据课程的性质和教师的特长、意愿把全系教师划归为普通物理、理论物理、电工无线电物理、中学物理教材教法、中级物理实验、外系科普通物理和函授夜大学等七个教研室。各教研室的主任、副主任大多由具有讲师以上职称的中老年教师担任。最后是确定主讲教师和实行主讲教师责任制。每门课程都确定了主讲教师和辅导教师，组成教学小组，组长由主讲教师担任。主讲教师负责确定教材，制定教学大纲，填写教学进度表及课堂讲授等；助教要跟堂听课，担任习题课和辅导课的教学，白天有课的话，晚上要到教室答疑。那时各教学班级都有固定教室，助教每周还要将答疑过程中了解到的情况整理成辅导笔记，交给主讲教师批阅。主讲教师借以了解教学上是否有需要改进的地方，助教通过写辅导笔记提高自己的业务水平。系领导和教师对课程的平时测验、期中和期末考试都十分重视，往往是由主讲教师出题，让助教提前先考，记下考试用时和可能出现的问题。以上这些事情都要在每周一次的教学小组会上讨论。

我教过的学生中有很聪明的，有的学生政治水平和自学能力不在我们助教之下，后来发展得都很好。我上大学时，一年级遇上反右派斗争，二年级遇上"大跃进"和大炼钢铁运动，三年级和四年级正值三年困难时期，业务基础并不扎实。刚走上教学工作岗位时感到压力很大，也很紧张，只得花力气猛补，经常看书到半夜。我在给学生答疑时，学生问题中能回答的立即解答，没有把握的就跟学生约好时间事后再解答，不耽搁学生的时间，更不敷衍塞责。这样做得到了学生的理解和信任，加深了师生间的友谊。前几年 1964 届、1965 届校友返校聚会时，我们还谈到了这些教学相长的往事，十分愉快。那时学校和物理系还制定了各种规章制度，执行效果都很好。

"皖南大学"作为我校校名，"文革"前只有八年多时间，却在师资队伍建设和培养青年教师方面做了不少工作。当时提出的口号是要建立一支又红又专的教师队伍。物理系领导特别重视教师的思想政治教育和青年教师的业务进修。在政治学习方面，每周三下午是规定的政治学习时间，雷打不动，学习的内容除有关中央文件和时事政策外，还学习马列主义经典著作，《毛泽东选集》和《论共产党员修养》等。党总支副书记蒋茂华多次为教师讲读，引导教师学习。我们那时政治学习的积极性很高，纷纷自由结合组成《毛泽东选集》学习小组，除自学外，还利用业余时间集体学习，交流心得体会。记得是1963年前后，物理系组织全系教职工在赭山校区的五四堂进行过几次红专大辩论。红专大辩论使广大教职工更加坚定了忠诚党的教育事业，做又红又专知识分子的决心，并制定《红专规划》，努力践行。在青年教师业务进修方面，物理系采取在职进修和脱产进修两条腿走路相结合的办法。在职进修是第一种方式，青年教师以各自所在的教学小组为平台，明确主讲教师和助教是师徒关系。在主讲教师的指导下制定进修计划，边辅导边进修，并由主讲教师定期考核。比如按教材的单元内容出题让助教考试，指定参考书让助教在规定的时间内写出读书笔记，指定教材中的某一章或某一单元让助教试讲，以此逐步提高青年教师的业务水平和教学能力。脱产进修是第二种方式，不少青年教师被派送到北京大学、浙江大学、复旦大学、南京大学等名校和中国科学院相关研究所，委托他们指导。两种方式中，前者有主讲教师盯着，有学生"逼"着，有利于进修计划的落实；后者可以见到名校名师的风采，只是一个人在外面，没有人盯着，必须自觉。物理系当年为什么要花这么大的力气培养青年教师呢？因为他们深知要办好物理系，师资的政治素养和业务水平至关重要。物理系又有点特殊，虽有近70名教师，但大部分是刚毕业工作不久的青年人。青年人占比大不能说是坏事，但那时助教是不能上讲台讲课的，当然也有个别资深助教除外，必须要做五六年甚至更长时间的助教工作，经过考核后才有可能"开课"。帮助青年教师快速成长，物理系比其他系科更加迫切，这是由物理系当时实际情况所决定的。

1961年9月，我到校报到后没几天就担任了热力学与统计物理学课程的辅导工作，主讲是杜宜瑾老师。从那时起，直到杜老师1987年调任安徽大学校长，我们在同一教学小组共事长达二十六年，没有分开过。不记得是1964年还是1965年，杜老师让我准备给学生讲授《量子统计初步》这一单元，虽然已经辅导过多遍，但还是有点紧张，当然更多的是兴奋。我先写好备课笔记，感觉心里还不够踏实，如果讲不好可能会影响好多年甚至一辈子，于是又写了详细的讲稿，一个人在树林里（那时我住在赭山顶上的四合院），对着树林讲了很多遍，然后请杜老师听我试讲，他听过后提了不少改进意见。临到正式给学生上课前夕，时任系主任吴锐教授又约我到他办公室，详细询问了我的备课情况。这一单元内容讲了两周，每周四节课。我每次上课，杜老师都随堂听课，课后都与我交换意见，帮我提高处理教材和课堂教学的能力，我十分感动。用这种两条腿走路的办法培养青年教师，效果明显。20世纪80—90年代，站在物理系讲台上授课的教师大多是20世纪恢复高考后培养的，都成长为物理系的骨干教师了。

我刚参加工作时才20多岁，有的学生比我的年龄还大，我很容易融入他们之中，参加他们的课外活动。皖南大学时期，学生的文体活动开展得非常好。校文工团里有话剧队、合唱队、舞蹈队、铜鼓和管弦乐队等，还有篮球队、足球队、田径队等，这些都是在校团委和学生会支持由学生自发组织起来的。学生参加课外活动的热情很高，每天下午一到课外活动时间，操场上都是人。我还观看过学生话剧队演出的话剧《年青的一代》，他们自导自演，演出的效果很好。教师的文体活动开展得也不错，有教师合唱队、教师足球队。校教师足球队常与校外厂矿的足球队比赛，也与学生足球队比赛过。各系之间还举行过教职工大合唱比赛。有一年学校举办教职工大合唱比赛时，我还临时"客串"过物理系教工合唱队的指挥。2019年，学校举行秋季田径运动会时，我在校园网上观看了开幕式，很有气派。这使我想到皖南大学时期（"文革"前那几年），每年都开春季田径运动会，教师、学生同时参加，入场式有彩旗队、铜鼓和管弦乐队。队伍经过主席台前时，鼓乐齐鸣，掌声雷动，场面壮观，印象深刻。五十多年过去了，那情景仿佛就在昨天。

2019年秋末的一天下午，我在赭山校区散步时看到十多个年青人在修剪树枝，因为是劳动周，我了解到学生跟着师傅在劳动，我见了很高兴。学生参加一些体力劳动意义很大，能培养学生的劳动精神和对劳动人民的感情。皖南大学时期，贯彻《高教60条》精神后，师生参加体力劳动的时间减少了，但对劳动教育还是十分重视的。那时，除经常安排师生进行室内外大扫除外，每年都安排学生到芜湖周边农村生产队参加田间劳动，每次一至两周时间，如果是春天去，就跟社员一起插秧，如果是夏天去，就跟社员一起拔草。这些都是很苦很累的农活，因为干活时要赤脚在水田里，弯着腰。教师也要跟自己的授课班级一起去，教师还要各系轮流，不定期地安排到校办横埂农场劳动，每次半天。

由于校系领导认真贯彻"调整、巩固、充实、提高"的八字方针和《高教60条》精神，落实知识分子政策，极大地调动了教职工的积极性，学校各项工作都逐步走上了正轨，教学质量明显提高。然而，正当学校欣欣向荣，稳步发展的时候，1966年"文革"开始，一切教学和科研活动都戛然而止。

采访者：在您的访谈中曾谈到您的心情早已"春暖花开"了，能为我们讲讲让您有"春暖花开"之感的事情是什么？发生在哪一年？

严祖同：1978年，难忘的1978年。这一年接连发生的几件大事令人振奋。后来我读到安庆诗人海子"面朝大海，春暖花开"的诗句，顿时觉得用"春暖花开"这四个字来描述我当年的心情很恰当，今天就借用了。

下面我简述一下国家在1978年发生的几件大事。1978年3月，1977级学生进校，这是1977年恢复高考后的第一届学生，1000多人。大家欣欣鼓舞，学生高兴，教师也高兴。不少教师十年未上讲台讲课了，现在可以教书育人为国家做贡献了，能不高兴？"文革"期间，学校招收了六届工农兵学员，培养了不少杰出人才，缓解了国家急需人才的需求。但当时课堂上讲的都是基础知识，内容过于简单，俗称"三机一泵"，其实只是理论课程讲得很少或者不讲，学工、学军、学农的时间过多。我工作后，一直在理论物理教研室，理论物理课程在"文革"中被视为"无用"，现在又"有用"了，怎能不高兴呢？还是在同年3月，党中央在北京召开了全国科学大会。邓小平同志发表了重要讲话，内容很多，我还记得前面的两点，一是邓小平同志讲科学技术是生产力，没有科学技术的现代化，就不能实现其他三个现代化；二是邓小平同志说绝大多数知识分子是工人阶级的一部分。这年5月，在全国范围内掀起了关于真理标准问题的大讨论，明确了实践是检验真理的唯一标准，批判了"两个凡是"的错误观点。同年12月，党中央在北京召开了党的十一届三中全会，提出了把党和国家的工作重心转移到经济建设上来，停止使用"以阶级斗争为纲"的口号，实行改革开放。这些都是关系到党和国家前途和命运的历史性转折。

喜事一桩接着一桩，桩桩都发生在1978年，所以说1978年是令人难忘的一年，是"春暖花开"的一年。它迎来了知识分子的春天，迎来了科学的春天，迎来了改革开放的春天。

采访者： 改革开放初期，学校的教学和科研情况怎么样？您能给我们具体说说吗？

严祖同： 1977级新生入学前，学校各部门人员和教师都在忙着做迎接新生入学的准备工作，但时间太紧了，只有不到三个月的时间，中间还夹着春节。整修教室、宿舍，阅卷评分、录取（那时还不是统一招生），忙过这些就要准备新生的上课了。物理系有以前的创业经历，有皖南大学时期打下的坚实基础，特别是思想解放后焕发出的积极性，很快就落实了教学工作，基本上是沿用了"文革"前的教学计划，恢复了教研室活动，实行主讲教师和辅导教师制度。新生入学后的各门必修课很快就落实到教师头上。困难还是有的，一是缺教材，二是缺实验仪器。这两个困难必须解决，而当时不仅经费紧张，即使有经费也买不到，怎么办？没有教材教师就自己编写讲义，时间来不及就编一章，刻一章，印一章，有的教师也帮着刻蜡纸。那时学校有个油印刻印社，在赭山校区生化楼的阁楼上，常常有教师坐在那里等着拿讲义发给学生用。缺实验仪器，教师和实验技术人员就自己修，没有零件就自己动手制作，或者把损坏的仪器拆开来再拼凑成能用的仪器。1978年的春天，1977级学生到校；秋天，1978级学生到校，还有1978届、1979届两届工农兵学员尚未毕业，真是太忙了。但是忙着也快乐着。到1979级学生到校时，学校有教材科负责采购教材，有设备科负责采购教学仪器，情况就好多了。回想起1977级、1978级、1979级这三个年级的学生，印象深刻的，一是班上同学的年龄差距大，特别是1977级的，年龄大的同学与年龄小的竟相差十多岁。二是他们都十分珍惜得来不易的上学机会，学习非常刻苦认真。图书馆自修室一位求，必须提前"抢占"。有时我晚上到教室答疑，刚进门就被同学们围住轮流提问，虽然讲得口干舌燥，但看到他们求知欲望如此强烈，很感动也很欣慰。三是他们生活、衣着都很朴素，能吃苦。

改革开放前，教师的科研工作是薄弱环节。有科研成果，但很少，水平也不怎么高，加之长期与外界隔绝，只能从《参考消息》上了解到一些零碎的信息。改革开放后，教师想到要搞科研，但是很茫然，信心不足，不知道从哪里着手。幸运的是，当时物理系有两个教研室，一个是近代物理实验教研室，教研室主任是陆同兴老师。陆老师曾留学苏联，据说他回国时还带回一个能用在激光实验上的关键零件。这个教研室的教师以他为主，以激光光谱分析为研究课题，开展实验研究，取得了很大成绩，发表了不少高水平论文。另一个是理论物理教研室，教研室主任是杜宜瑾老师。杜老师在"文革"前就已是讲师职称了，他毕业于北京师范大学研究生班，受过系统的科研训练，在学报上发表过论文。后来他又师从北京大学著名的物理学家王竹溪教授进修过一年。在他的带领下，我们三个人（还有一位是陈立溁老师），一起做凝聚态物理理论研究。杜老师眼界高，胆子大，有魄力，研究国际前沿问题，往国际上有很高声望的《英国物理学杂志》上投稿。在20世纪80年代初到中期的六七年时间内，我们在英国《物理学杂志》、德国《固态物理学》，国内的《物理学报》《金属学报》《力学学报》等学术期刊上发表了系列论文20篇左右，受到了近20个国家的几十位同行学者关注，并来函索取论文的抽印本。我们基本上没有回过信，那时仍然认为和国外陌生人通信不好，同时那时我们工资低，寄一封到国外的信件要花八九元钱。

20世纪80年代初，大家都很忙，除了讲授系内的课程还要讲授安徽师大夜大学的课程。为什么能做到教学和科研两不误呢？我觉得有两方面的原因：一是1978年后我们一直沉浸在"科学的春天"里，积极性高，希望能为国家多做工作，把因"文革"耽误的时间尽量补回来，同时认识到只有做好科研才能提高教学质量，内心十分乐意搞科研写文章。二是学校图书馆帮了大忙，给我们提供了接触国际前沿知识的有利条件。"文革"期间，学校实验设备、图书资料损失破坏严重，但有一样"宝贝"基本上保存下来了，那就是绝大多数外文图书和外文杂志。20世纪80年代初，我们到图书馆外文资料室查文献，发现各类外文杂志有126种。我们就是靠这些外文杂志了解国外学术动态的。国外著名学术期刊上发表的论文总归是国际前沿知识了吧，他们研究的课题我们也研究，并在同类期刊上发表论文总算是走在国际前沿了吧。这些都是杜老师出的主意。我从他那里学到了做学问的方法，很感激他。

那时我们也遇到过不少麻烦和困难。麻烦的是改革开放初期向国外期刊投稿需要校党委宣传部开证明：论文不涉及国家机密，论文才能寄出。向国外期刊投稿的程序很规范，编辑部收到论文不久后会给我们回信，说明论文正在处理，并要我们签订一个合同，大意是如果论文发表了，版权要归他们，然后把论文送给两位同行学者审阅。如果两个人都同意发表，那么文章就可以发表了，如果一个同意发表，另一个不同意，那就请第三个人再审，以第三个人的意见为准。如果有修改的建议，由编辑部返回，修改后重新投稿。在接到编辑部寄来的校样时，还会收到要我们支付美元的通知，这是付抽印本的钱。每发一篇论文，我都要跑一趟合肥，找省财政厅请求批准兑换美元的指标，就是一二十美元的样子。大概是在1983年就不需要学校开证明，也不需要兑换美元，向国外期刊投稿方便多了。困难的是我们当时计算工具落后，没有计算器更谈不上使用电脑，只能靠算盘，用六位对数表和反对数表进行转换，在算盘上进行加减运算，反复几次才能得到结果；制图、画曲线用鸭咀笔和曲线板画，有时忙了一整天画好的图上滴了一滴墨水就要作废重画。记得我们在《力学学报》上发表的那篇论文，要对57种化学元素的有关实验数据进行最小二乘法计算，每一种化学元素都要花很长的时间，而且要计算两遍，结果相同才能通过，如果不同，要计算第三遍，直到确定为止。这篇论文光是计算就花费了整个暑假的时间。

采访者：在我们师大工作这么多年，您的感受是什么？

严祖同：我1957年来到学校求学，1958年离开，三年后的1961年又回到学校工作，在安徽师大学习、工作和生活至今整整60年了。60年来也不都是一帆风顺的，经历过坎坎坷坷，多半是发生在"文革"期间。和前辈们比，我幸运的是在不惑之年赶上了改革开放的大好时代，党的知识分子政策得到了落实，让我们有愉悦的心情读书做学问，为国家做贡献。有时学院老师遇到我都说我身体好，我想，我遇上了好时代，幸福满满，心情好，身心当然健康。因此，我感谢党，感谢国家，感谢来之不易的大好时代。我还感谢前辈老师们和所有同事，感谢他们对我的教导、帮助、鼓励和包容。在历次校友返校聚会时，我常与他们交谈，其中有一个经常涉及的话题是：我们为什么感恩母校？为什么热爱安徽师大？是啊，我们为什么如此感恩母校？为什么如此热爱安徽师大呢？安徽师大有悠久的历史，有优美的校园，有优良的传统，还有优秀的教师和各届校友。我们就是在这样的安徽师大里学习成长并追梦远航的。这样的安徽师大难道不足以让我们永远感恩，永远热爱吗？

改革开放以来，学校在办学规模、办学层次、教学质量和科研成果等方面都取得了许多骄人的成绩，特别是有本科毕业生先后成长为中国科学院院士，他们都出自师范专业。师范专业是我们学校的老本，是办好非师范专业的基础，我们不能把这个优势丢掉了。物理与电子信息学院现有五个专业，其中物理专业是师范专业。我常与学院领导交谈，物理专业基础好，是学院的优势专业，把精力放在抓优势专业和薄弱些的专业上，抓两头带中间，这样学院就会整体向前发展。现在，在学院领导和全体教职工的努力拼搏下，多年前就已经申请到了物理专业一级学科博士授权点，这是省内高校中除了中国科学技术大学外，目前唯一的一个物理专业一级学科博士点，可喜可贺。

采访者：您退休以后还为学校的建设和发展做过哪些事情？

严祖同：我2005年退休前后，正赶上学校要迎接教育部的本科教学评估。我应邀在校评估办公室担任校内评估专家，与其他专家一起跑遍了学校的各个学院，和他们一起准备和完善评估材料，历时两年多，直到2007年暑假前夕。之后我就没有做过什么工作了。

查良松先生访谈录

采访时间：2019年11月15日
采访地点：安徽师大档案馆
受 访 人：查良松
采 访 人：徐兰婷
整 理 人：王晓琪

查良松，男，1953年6月生，安徽铜陵人，教授，硕士生导师。1981年12月南京大学气候专业硕士毕业。1996年12月—2004年7月，先后担任安徽师大地理系、旅游系副主任，国土资源与旅游学院院长。曾任《地理学报》编委和中国地理学会、中国自然资源学会理事和有关专业委员会副主任、委员，安徽师大自然地理专业学科带头人、地图学与地理信息系统学科带头人、地理信息系统重点实验室主任。主持省部级以上科研项目13项，其中国家自然科学基金项目3项，发表学术论文120余篇。主编普通高等教育"十五""十一五""十二五"国家级规划教材《旅游管理信息系统》和其他著述7部。曾被评为首届全国优秀地理科技工作者，曾获首届安徽青年科技奖、安徽省科学技术三等奖、省级教学成果奖等。

采访人：老师，您好！非常感谢您接受我们的采访。据我们了解，您先在安徽省气象局工作，1978年工作结束后前往南京大学深造，这其中有何契机？

查良松：我一开始是在安徽省气象局工作，当时工作条件比较艰苦，比如说吃饭的食堂，住的省气象局招待所都很简陋，但工作还是很顺利、很称心的，任务都能很好地完成，安徽省气象局的领导、同事都对我很好。可是看到一些学术杂志、学术讨论会和水平高的专家，对于当时的我来说是一种吸引力。一方面，我羡慕这些高水平的人；另一方面，自己有内疚感。1978年，对照"文革"后全国第一次研究生招生考试通知，我发现自己是符合这个报考条件的，于是我就报考了南京大学的研究生。报名以后，发现安徽省气象局系统共有十多位同仁要考研究生，除了我年龄小、资历低一些以外，其他的都是1967级、1968级、1969级的大学生。尽管他们大学没有读完，但是他们还是成熟些，这对我来说压力是很大的，也让我产生了动力。第一，既然决定要考研究生，就得考好。我除了白天坚持工作以外，晚上复习到凌晨两三点也不感觉累。第二，因为我之前是工农兵学员，但我们那一届已经开始实行考试了，我的语文和数学都考得很好。那时中国科学技术大学的一位副教授来铜陵招生，他是招生组组长，找我谈话，说如果我被录取的话就在中国科学技术大学学习地球化学专业。后来我接到了南京大学的通知，因为南京大学属于省外优先录取。我为了摘掉工农兵学员的帽子，只有选择考研。第三，安徽省气象局

领导的支持激励着我考研，在考试前的一两个星期，我白天可以不工作，把主
要精力放在复习上，领导的支持成为我考研的另一动力。第四，我住在安徽省
气象局招待所，当时我的脚上生了扁平疣，走路、下蹲都很困难，医生说要每
天用中药泡脚。有一位淮北的服务员杜老太太（我们都喊她杜奶奶）对我很
好，每天将药水烧好给我泡脚，一位平凡的热心人的帮助让我很感动，这为我
考研提供了又一动力。记得去南京大学报到的那天，我很激动，临走时安徽省
气象局派了一辆吉普车送我去火车站。以上就是我考研和读研的契机和动力。

采访人： 1981年硕士研究生毕业，您被分配到安徽师大任教，当时学校
的师资力量、学科建设以及教学安排如何？

查良松： 还是先说一下在南京大学的情况，因为是"文革"后第一届招
生，全国只招了两三千人，南京大学就招了150人，学生水平参差不齐。我们
男生都住在11号宿舍楼，互相都认识。之前说了安徽省气象局对我的关怀，
让我不能忘记。那时，安徽省气象局的领导每次来南京大学看望我时，都会提
着一卷一卷的纸，作为礼物送给我。即使我不在单位了，工资也照发，每月还
有5元生活补贴。那时外人去安徽省气象局抄录资料都是收费的，我到省气象
局查资料写论文时，不但不收费，而且还派人帮助我抄资料。当然，他们希望
我研究生毕业后回安徽省气象局工作，可我还是选择了到安徽师大任教，当时
主要考虑到家属在铜陵，离芜湖比较近。临近毕业时，我写了一封信给安徽师
大人事处，过了两三天，安徽师大地理系喻家龙副主任代表安徽师大到南京找
我谈话，欢迎我到安徽师大任教。刚来到安徽师大时，我感觉安徽师大的师资
力量是很强的，比如说中文系、历史系、地理系等有很多老先生在全国是很有
名气、很有影响力的，我内心里是很崇拜的。不足之处在于，从数学方面来描
述地理、分析地理要差一点。在常规教学方面还是很不错的，这是我来安徽师
大之后的感受。因为我学的是气候专业，南京大学对我们这个专业的要求是重
视基础课，比如高等数学、高等代数、概率统计、数学物理方程、数学分析，
甚至理论力学、计算机语言等都是必修课。我记得来安徽师大报到时，曹有
辉、黄成林老师受系领导的安排，拖着板车到火车站接我，步行几公里，很是
感人。当时地理系主任闵煜铭先生说我的数理基础是比较好的，所以建议我先
不从事气象气候教学，而是从事计量地理学、计算机程序设计教学。因为就全
国来说，安徽师大在数学地理方面还是比较薄弱的，系领导支持我参加全国的

计量地理研究会。这个研究会是由北京大学、南京大学、华东师范大学、东北师范大学的老先生们组织的。安徽师大要求我从事计量地理学教学，那我就全身心投入工作。因为是新兴的专业课，全国都没有相应的教材。记得1982年、1983年，我相继编写了计量地理学的教材，当时我的硕士生导师邹进上教授看了我编写的教材之后很满意，让我将这本书出版，后来由于其他原因将出版的事情搁置了。

那时安徽师大的130型计算机房在赭山校区西南角的小楼里，学校买来计算机之后几乎没有人用，或者说利用率不高。我来了之后他们都非常欢迎我使用计算机。印象最深的是，安徽师大建校90周年之际，来了一批杰出的校友，有几位校友真诚地对我说："当时您教的计算机让我走上了研究地理学这条路。"1988年，我拿到了国家自然科学青年基金项目，这类项目是安徽师大首次获得。当时我带学生去南京出差，收集资料，我是很自豪的，因为有基金资助。总体来说，当时安徽师大的教学、科研氛围都非常不错。就地理系来说，有些老师做了科研工作，比如黄淮海平原土地利用总体规划、皖南山区的一些考察项目，很多是国家级的，也有很多是省级的，成果很有分量。当时的安徽师大人才引进是没有房子的，学校就将我安排到赭山校区。赭山校区有一位余俊生老教授，他常年在合肥居住，地理系领导安排我帮他看护房子，这既解决了我住的问题，同时也解决了老教授房子需要人看护的问题。有一次，这位老教授从合肥来到芜湖，聊天时，他给我讲述了自然地理学的发展，我感受到这位老教授的知识是很渊博的，另外，他还和我说地理学以后的发展趋势，这对我很有启发。还有一位卢村禾老教授，很有水平，知识面广，口头表达能力极强，所有这些方方面面都感动了我。在教学安排上，安徽师大非常重视教学，教师上讲台就是要把书教好，现在很多毕业后有成就的学生，都离不开安徽师大老师的培养。安徽师大计量地理、计算机在当时可以说是空白的，这让很多老师重视起来了，从教学安排来说，我服从学校安排，发挥自己的优势，同时对于自己的不足，尽量去弥补，这是很重要的。

采访人：您在1996年12月至2000年3月，担任安徽师大地理系、旅游系副主任，其间有哪些令您印象深刻的事情或者做了哪些有意义的事情？哪些事情是您比较自豪或者比较遗憾的？

查良松：1981年来安徽师大后，我服从大局，听从安排，在教学上先后承担计算机语言与程序设计、计量地理学、全球变化、气象学与气候学、地理信息系统与模型设计、旅游管理信息系统等多门课程的教学；科研上承担国家、省、厅多项项目，于1996年11月评上了教授职称。当年12月，校党委副书记高家保同志约我谈话，内容大意是：现在你已是教授，该为行政做贡献了。就这样，当年12月我被任命为地理系、旅游系教学副主任，在此期间，我最难忘的是教学实习。虽然当时学生实习经费紧张，但是必须去庐山野外实习，只好采取让学生承担一部分门票等费用，压缩实习天数，地貌、土壤、植物等各门实习课综合，精减指导教师等措施，才能勉强维持野外教学实践环节安排。

记得1997级地理科学本科专业的庐山野外实习期间，我和张宏梅老师（地理系教学秘书）、王学灵同志（安徽师大教务处）去看望师生，学生实习非常认真，师生吃饭以咸菜为主，没有荤菜，生活条件极其艰苦。我们出发前系党总支书记俞士超一再对我打招呼，要把教务处的王学灵同志照顾好，他是代表学校了解我们系教学实习真实情况的。可到了庐山实习地才知道，当时实习地周围没有像样的地方可以改善伙食，结果事与愿违。他对我们师生的实习认真和不怕吃苦的精神充分肯定，要我们将学生实习面临的经费困难向学校反映。那次实习情景，让我终生难忘。教师的精心培育、学生的刻苦学习，总有丰硕的回报，这一届地理科学专业学生绝大部分非常优秀，如高超是宁波大学研究生院副院长、教授，李经龙是安徽大学教授，汪丽是西安外国语大学副教授、《人文地理》编辑部副主任，胡启武是江西师范大学教授，徐光来是安徽师大副教授，仲雷是中国科学技术大学教授、博士生导师，等等。

1993级旅游管理专业是我系第一届旅游本科专业，执行教学计划、办好实习教学环节关系到专业发展的前途，安排好这届学生教学实习，其意义是不言而喻的。在系党总支书记俞士超、系主任钱复生等领导和筹划下，学生到安徽饭店、合肥新世纪大厦等省内饭店和旅行社实习，实习方对我们的要求是：学生住宿自理，同时要适当交实习费用。我们外借一所学校学生宿舍，让学生住下。女生住一大通铺，发现门栓坏了，章锦河老师（该班辅导员）等连夜上街找商店买房门插销，解决学生住宿安全问题。在安徽饭店、合肥新世纪大厦等实习单位、安徽省旅游局的支持下，大家像爱护花朵一样培植新专业。这一届培养了很多优秀毕业生，如储晓焱、徐菲菲、王咏、汪德根、杨效忠等，他们或是省直业务部门领导，或是宾馆饭店老总，或是高等院校教授、博士生导师等。

回忆当时，总结自己：工作单纯、认真，总想做点事，总想把每件事做好，比如维护领导班子团结、没有任何私心杂念等，每年年终考核，全系教职工都以无记名投票方式选出10%左右的人为优秀，我连续四年考核为优秀，工资还加了一级，因学校规定年终考核连续三个优秀就可加一级工资。这是全系教职工对我的认可，我感到自豪。

遗憾的是，1996年11月我刚评上教授，科研正处于上升势头，为了服从组织安排，从事行政工作，这对我的科研或多或少产生了一些影响。由于自己能力有限，面对行政事务，势必分散精力。

采访人：您于2000年3月至2004年7月，担任国土资源与旅游学院院长，这期间您印象深刻的人和事有哪些？

查良松：2000年3月，地理系、旅游系改成了国土资源与旅游学院，因对外工作的需要，学校给我们特殊政策，同意我院同时挂两块牌子，使用国土资源学院和旅游学院两个名称，即"两块牌子一班人马"。我任国土资源与旅游学院首任院长，给自己的定位是，既然当院长了，更要认真为全院教职工服务，甚至给自己定了规矩：除了申报科研项目外，不申请任何个人荣誉，不与其他教师发生荣誉冲突。

我们学院成立不久，就遇到一件喜事：杭州之江度假村副总经理代表萧山开元集团来我院联系旅游管理专业学生教学实习，提出为学生提供吃住，并发给学生生活用品，每月还发100元零用钱，对实习满意的学生还有奖励等条件。我们喜出望外，随即我和李刚同志（时任国土资源与旅游学院党委书记，现任皖南医学院党委副书记）到浙江开元集团及其下属单位杭州之江度假村、阳光大酒店等进行考察。一眼就能看出来，这些单位具有很好的学生住宿环境和优良的实习条件，于是双方就签订了协议。从此，改变了旅游管理专业实习经费不足的问题，促使学生实习从省内走向了省外，更重要的是扩大了学生视野，增强了学生对专业内涵的认识。记得国家旅游局来人暗访我院的一位实习生，他的言行让暗访同志非常满意，后来他实习的那个酒店老总还要求该学生毕业后到他们那里工作。

2000年，受教育部师范司委托，安徽师大国土资源与旅游学院和化学材料科学学院承担了第二期中小学骨干教师国家级培训任务。在申办的过程中，由安徽师大副校长王世华、继续教育学院院长俞士超、化学材料科学学院副院长方宾和我去首都师范大学等有关部门学习取经。记得那是盛夏，在市区打车，车里空调失灵，中午车内高温，可想而知，但换来了上海、辽宁、福建等11个省市38名中学地理骨干教师，于2000年10月至12月来我校集中培训。教育部、安徽师大高度重视，把这个国培班作为"一把手"工程实施。我院聘请了国内著名中学地理教育家王树声教授，北京大学胡兆量教授，南京师范大学间国年教授等全国著名地理学大家，整合了省内外及我校、我院的优良师资，把培训内容分成理论与技能、实践与考察、课题研究等几大模块。学员们除了在校学习外，还有黄山自然地理实习、屯溪徽文化实习、九华山植被实习，到安徽师大附中、马鞍山市第二中学、南京中华中学、陶行知教育纪念馆、南京雨花台革命烈士纪念馆、皖南事变纪念馆等地考察学习，最后做课题研究。经过全院上下共同努力，我们出色地完成了培训任务。我想趁这个机会感谢各位给学员培训的专家领导和支持我的人。我们付出了很多，收获很大，对于这一过程，我记忆犹新。我们扩大了高校地理学科面向全国中学地理教育的影响，因为当时全国只有五所高校承担了这个特殊任务。

教职工的生活福利、学科建设、人才培养是当时学院的主要工作。首先遇到的问题是，如何把以前丢掉的全省旅游管理自学考试主考权再争取回来，这是一个艰难的过程。因为当时我院创收的渠道主要依靠它，教职工对年终福利是很期待的。当时学校对教职工年终福利分配实行三七开的政策，即学校给经费70%，其余30%经费由学院承担。校内很多学院都无法负担这笔经费，我院筹措这30%的经费主要依靠平时办旅游培训班和自学考试。记得快过大年了，我和院党委书记李刚、副院长阁伍玖去九华山风景区管委会（因为和他们联合办了研究生班）收办班费用，以支付学院年终福利分配。由于冰冻路滑，车子往上爬3米，有时往下滑5米，不时有人推着车或用石头垫车轮子往前开。现在想想我都觉得后怕，如果车子失控，滑到山沟里，我们可能就没了。

刚开始地理专业本科每年招收理科生，旅游专业每年招收文科生，理科生高考不考地理，旅游专业考研究生属管理学范畴，文科生考数学会比理科生吃亏，两个专业第一志愿报考率总是不高。于是，我院向学校提出地理专业每年招收理科生70%、文科生30%；旅游专业每年招收理科生30%、文科生70%的计划，并获得批准，考生报考率很快就提高了，其中地理专业文科生报考人数连续多年爆满。

因为我是地理信息系统方面学科带头人，更需要去抢占制高点。2003年，终于获得全国评审专家的认可，我院成功申办了地理信息系统本科专业，同时又成功申报地图学与地理信息系统硕士授权点，本科、硕士研究生同时招生。同年，学院被授予地理专业一级学科硕士点（以前就有自然地理、人文地理硕士点）。

我当院长期间，学院紧缺优秀的专业教师，高层次人才引进困难。我当时想，一定要培养青年教师，克服教学人员紧缺的困难，把他们送出去深造，将来必有用。章锦河教授、朱永恒教授等，包括现任院长苏勤教授，他们外出深造，承诺毕业后回校工作。我书面向学校作了担保。现在还有人评价我，当时的决策很高明。

这里讲一件鲜为人知的我自己的事情。2003年年底，我因腰痛在弋矶山做CT检查，人已躺在CT床上检查，机器停顿了一下，一位负责任的医生征求我的意见，最好还要检查我的尾椎，结果发现尾椎有一个小囊肿，但必须通过核磁共振立体检查才能看出囊肿的具体部位。我当时在想，学院年终事情特别多，不能影响工作，忽生一念头，等过了年再做核磁共振检查。年后正月初八，我去医院做核磁共振检查，对于最终的检查结果，医生们意见各异，最后我采取了部分医生提出的注意观察变化的方案。十多年过去了，我一直没复查过，应无大事。当时只想好好工作，并没有想太多自己的事情。

采访人：您曾经肩挑行政、教学、科研重担，在做好行政工作的同时，做好教学、科研工作，您是如何平衡行政、教学、科研这三者之间关系的？

查良松：人的精力是有限的，我也不例外，我并没有把这三方面都做好。对于工作的平衡，我首先考虑行政，再考虑教学，然后考虑科研。我不可能将行政、教学、科研并重。关于行政工作，我几次都想撂挑子，结果不成。既然撂挑子不成，就要好好干，要对全院教职工负责，对组织负责。我深知自己当不了博士生导师，但我诚心诚意拜访了全国很多著名的地理专家，吃了不少苦去争取博士授权点。我当时的精力还比较旺盛，行政、教学和科研都没有落下。教学上我既上研究生课，又上本科生课，担任自然地理学、地理信息系统、土地管理等专业的研究生导师，工作量饱满。科研上成功申报了国家自然科学基金等项目，发表了一些学术论文，主编了国家级规划教材等。作为研究生培养的启蒙教练，我看到陈明星、仲雷、刘新卫、金宝石等几十位学生在各自专业领域茁壮成长而感到高兴。至于如何处理三者关系，我认为任何时候都不要有私心杂念，而应该认真办事，有意见当面讲，背后不谈论是非，尽量帮助别人，把时间、精力花在值得的人和事上。

采访人：从教这么多年，让您印象深刻的人和事有哪些？

查良松：我是1981年来安徽师大任教的，到现在算起来大概有38年了，一生中的主要部分都在安徽师大度过。在安徽师大，我是第一个在《地理学报》刊物上发表文章的，也得到了不少的荣誉，受到党和国家领导人的接见；主持了国家自然科学基金项目3项，还主持了不少其他国家级、省部级项目等。从1996年12月到2004年的上半年，我做了近9年的行政工作。尽管兼任行政工作，我也是三肩挑，教书、科研、行政都不落下。当院长时只领50%的（具体记不清了）院长补贴和学校科研关键岗位补贴。学校延退了一年，2014年退休。2019年3月18日受安徽扬子职业技术学院邀请，我担任该校航空旅游学院院长。在安徽师大这么长的时间，师大给了我很深的印象。20世纪八九十年代，我们院的领导对于学科建设就非常重视，例如，1988年，我申报的国家自然科学青年基金项目通过初审，被通知到西南交通大学答辩。在我出发前，系领导俞士超非常重视，并提供了必要的支持，包括路费。这对我人生转折的重要性不言而喻。对于答辩委员会成员，我还是第一次见，他们都是国家自然科学基金委员会面向全国邀请的大专家，当时答辩委员会主任对我们说，安排你们来答辩，绝不是搞形式主义，你们参加的答辩是差额的。那年我通过答辩，终于拿到国家自然科学青年基金项目，这成为安徽师大成功申报的第一个国家自然科学青年基金项目。

让我印象特别深刻的另一件事是，在我爱人办理农转非户口过程中，系领导俞士超等给予了很大的帮助。当时，我的家属在铜陵农村，那时办理农转非户口问题是很难的。恰逢中央组织部派人到安徽师大召开会议，调查了解知识分子的情况，根据我系党总支书记俞士超的特意安排，我参加了会议并汇报了我和爱人两地分居的具体情况。中央组织部特派员在听了我的汇报后指出，针对此事，要特事特办。他随即向我省组织部反映此事，过了两三天，省委组织部给我打电话说，此事已解决。从中我感受到了各级领导对教职工的关怀与厚爱。当时住学校的公房，实行打分分房，与家庭人数挂钩。因为我就一个人在单位工作，好多条件都达不上，综合评分上不去，就失去了分房资格。我记得，那时的校长丁万鼎提出一个方案，即从赭山校区盖的楼房中划出几套，分给贡献比较大的教职工居住，按贡献大小分房。我是其中一个，分到了新房，所以我很感谢丁校长。就同事方面来说，有很多人都给我留下了深刻印象，如谢一春老师，现为美国的终身教授，当时我给他辅导过数学、计算机语言等，后来他出国深造，在地理信息系统等方面发展得比较好。

采访人： 您曾多次前往国外考察高校并参与学术研讨会，您的这些经历对您的工作和发展有什么具体帮助？

查良松： 我这一辈子，去过美国、澳大利亚、新西兰、日本等，国外高校在教学和科研方面的一些经验值得借鉴。比如，国外在研究山地剖面参数变化问题上做得很踏实，他们已经观察了几十年，同时进行记录分析，而我们国内一般是借用他们的资料，或自己近几年观察资料，占有的第一手资料不是很充分。学会比较和提出问题，掌握分析问题的方法，是我在国外高校考察交流时的最大体会。

采访人： 就地理学科而言，您觉得安徽师大较国外高校有哪些优势和劣势？学校未来学科发展中哪些方面是需要加强的？

查良松： 从教学方面来说，我们肯定不比他们差，我们的管理程度比国外高校还高。国外高校侧重于培养学生的动手能力，而国内高校也不乏自觉、认真、扎实的好学生。在设备方面，我们存在如何购、用、管等问题。前些年进口的一些设备，有的很长一段时间都没有人用过，直至搁置报废，造成浪费，其中最关键的原因是，我们的外语水平比较低，看不懂英文的使用说明，或在使用时遇到了难以解决的问题等。

采访人： 您在安徽师大工作三十多年，对此您有哪些感受？

查良松： 学校人才培养，不但需要认真负责的教师，还需要有远见、有德识的辅导员，像辅导员章锦河（现任南京大学旅游系主任，教授、博士生导师）、曹卫东（地理与旅游学院副院长，教授、博士生导师）等，都是通过严格考核和遴选留下的，因为辅导员的一言一行对学生有很大的影响。

我一生的时光精华在安徽师大，进行自我总结，有曲折或不愉快的地方，但大部分时间还是充实和愉快的。我感受最深的有这几点：第一，南京大学和我的导师邹进上教授培养了我。记得我在南京大学硕士研究生毕业前夕，那是1981年，喻家龙先生去南京大学欢迎我到安徽师大工作，我放弃很多极具吸引力的单位邀请我加盟的许诺，为守信誉，我回到这里。第二，已故副校长文秉模、校人事处处长吴发祥、地理系主任钱济丰，多年为我评副教授而付出了努力。第三，系党总支书记俞士超为解决我家属户口等问题，寻求中央组织部特派员的支持和帮助，还于1988年夏季，为我申请我校第一个国家自然科学青年基金项目，为我去西南交通大学向国家基金委评审专家进行差额答辩提供各种便利。第四，刚来安徽师大，我家生活极其困难，得到了贾冠忠（现任地理与旅游学院党委书记）以及有关老师、学生和邻居的帮助。第五，校长丁万鼎和学校组织部门为照顾校内骨干教师，调整骨干教师分房政策，我分到了近90平方米的新房。第六，记得顾也萍、王宗英、杨积述、钱复生等老教师和同辈、年轻教师给予我的支持和鼓励，以及我与我的学生们和谐相处，既当了严师，又当了朋友。我还得到了国内外老一辈地理学家、旅游学家和年轻同仁的认可。

30多年的工作、生活感悟，总结起来就一句话，即自己的努力和贵人的帮助与支持。

采访人：您觉得当代学子要在专业领域有所建树，应该具备怎样的品质？

查良松：首先要老老实实做人。在学会做人的基础上做好学问，这是最重要的。比如说，我来安徽师大来当教师，就要严格要求自己，上好课，站稳讲台，才能受到学生的欢迎。当代学子要珍惜时间，做事要认真。其次要加强动手实验能力培养。不管是文科生还是理科生，都需要培养动手能力，就像购买的先进仪器一样，自己不会使用，怎么去教学生使用呢？现在的学术会议很多，要多参加学术会议，互相交流，互相学习，感受浓郁的学术氛围。

采访人：现在让您为安徽师大在职青年教师和在校学生题词，您最想写点什么？

查良松：现在我们学校老一辈的教师大多退休了，师资力量主要以青年教师为主。可以肯定地说，有些青年教师的水平是很高的。我是学校关工委报告团的成员和学院教学督导人员，每年都会给学生作报告、听评青年教师说课，并与青年教师和学生进行交流，从中我发现青年教师都有很强的事业心，可以明显感觉到他们的教学水平是很高的，他们备课一丝不苟，讲课条理清晰，课后还会主动征求意见，这是一种非常好的现象，表明青年教师的进取心很强。我希望他们自始至终都是认真的，只要坚持认真做事，总会有好结果；要教好书，站稳讲台，以教学为主，以科研为本，既要教学，又要科研，把两者统一起来。只做科研不去教学是不可取的，不上课就不是教师，不做科研就不是好教师，教师只教书，不做科研，教学质量也不会很高。另一个值得注意的问题是，青年教师很努力，也写了很多文章，但由于受英语水平的限制，涉及的问题难以很好地表达出来。不难看出，青年教师需要不断提升自己的英语水平。

此外，作为教师，要以身作则，言传身教，教育学生学会做人。即使学术水平很高，但是人品一般，甚至很差，这是致命的缺点。教师要老老实实做人，扎扎实实读书，提升自身素质，适应现在的社会，并能做好学问。所以，我希望教师能够把握好这个度。

张诚先生访谈录

采访时间： 2020 年 6 月 19 日

采访地点： 张诚先生寓所

受 访 人： 张　诚

采 访 人： 黄雅娜

整 理 人： 高　艳

张诚，男，1938年9月生，安徽怀宁人，中共党员，副教授。1953年以前一直在家乡民办小学读书，1953年考入安庆市第一初级中学，1954年被评为安庆市社会主义建设积极分子，1956年免试被保送至安庆高中（现安庆市第一中学），1959年就读于合肥师院外语系，1963年毕业分配至皖南大学（今安徽师大）工作，直至1999年1月退休。1984年3月—1988年9月任安徽师大外语系系主任。

采访人：张老师，您好！很高兴您能接受我们采访。首先，请介绍一下您在安徽师大的工作经历。

张诚：我于1963年毕业于合肥师院外语系，同年8月份被分配到安徽师大（当时是"皖南大学"）外语系任教，然后一直在这里工作到1999年1月退休。任教期间，我担任的主要课程是专业英语实践课，教学从基础英语开始，后来主要担任毕业班的高级英语教学，在这期间一段时间里担任过英语的泛读课程和写作课程教学。因此可以说，我的一生主要是在三尺讲台上度过的，即便后来在任职外语系系主任期间，每天面临着各种繁杂的工作，我的教学工作量也从未减少过。在担任外语系系主任之前，我的职位是专业英语教研室主任，后任职外语系系主任，但在1988年9月的时候因身体原因辞去系主任一职，遂于1989年2月份作为交流学者远赴美国桑福德大学（Samford University）访问讲学。桑福德大学建于1841年，是美国第87位最古老的高等学府，坐落于美国的亚拉巴马州伯明翰市，是亚拉巴马州最好的私立大学，也是亚拉巴马州最大的私立大学和本州唯一的由卡耐基委员会授权的私立博士/研究型大学，该校被"美国新闻与世界报道"评为全美最佳国家级学府之一，被《今日美国》（USA Today）和《普林斯顿评论》（Princeton Peview）评为全美前50个最有价值的私立高等学府之一。我在这所优秀的学校访学到1990年9月底回到安徽师大继续从事教学工作，直到1999年年初退休。以上就是我在安徽师大外语系的工作情况。

采访人：能否说说您的美国访学经历？在此经历中，您有哪些难忘的事情？

张诚：我是1989年2月作为交流学者赴美国亚拉巴马州伯明翰市的桑福德大学访问讲学的，对方负责与我交流的是玛格丽特·布罗得耐克斯博士。我赴美乘坐的是中国民航的国际航班，由上海虹桥国际机场起飞，经过约10小时的飞行后抵达美国旧金山国际机场。当晚住在该市的西湖宾馆，老板是上海人，主要接待赴美的中国客人。考虑到安全问题，宾馆老板在我办妥入住手续后，再三叮嘱下午四点半后就不要出门。第二天由宾馆代办转机手续，我继续乘坐美国国内航班经停孟菲斯，再转飞目的地——伯明翰市。到达目的地的时间比预定时间晚了好几个小时。原来外国人总是抱怨中国民航晚点，没想到美国民航也是如此，导致我的美国朋友约翰·卡特夫妇冒雨在机场等了好几个小时才把我接到他们家，吃完晚饭后又开车把我送到桑福德大学我住的公寓。那时候已经过了午夜，直到把我安顿好了以后，他们才开车回家。我先在住处休息了两天，第三天由该校教务处出面为我举行了欢迎宴会，参加宴会的人除卡特夫妇外，还有校长助理以及到过中国的其他教师，当时科茨校长出差在外，由其夫人出席作陪。

我在该校的教学任务就是两个班的汉语课，每个班的正式学员有8人，这是美国外语课的标准编制。除正式学员外，每班各有2~4名旁听生，卡特先生和布朗先生是常客。讲课的教材是由他们学校选定的，是中国台湾版的繁体汉字，旁边加注汉语拼音，这些汉语拼音与我使用的汉语拼音略有不同，主要表现在人名和地名的拼写上。这两个班的学员汉语基础不同，有的基本从零开始，有的有一定基础，所以分为初级班和中级班，教材的内容是从最基本的日常会话开始学习。这些学员学习汉语的目的，首先是想了解神秘的中国，为的是到中国旅游时跟中国人交流方便，有的则是出于专业的需要。我班有个历史系的学生，他对中国历史非常感兴趣，在1989年，他曾跟随布郎先生的团队访问过中国，他曾对我说，跟中国悠久的历史相比，美国只是个"small baby（小婴儿）"。

当学校校报记者采访我对学校生活的感受时，我直言不讳地说："我有一种与世隔绝的感觉，虽然周围的人对我客客气气，生活上也很照顾，就是听不到中国的声音。"我到他们的阅览室翻阅报纸杂志，只发现一本过期的英文版《北京周报》（*Peking Review*），而有关苏联的文章及电视节目却不难发现。

采访人：这次美国访学期间，您印象深刻的人有哪些？

张诚：第一，对美国大学生的印象。我觉得他们对社会的责任感是自发的、个体自我表现的且不需要领导号召或组织的。例如，在世界住房日那天正好下雨，我发现有学生搭建了塑料棚，并在里面住了一天。我问班上一个学生这是怎么回事，他告诉我要自主体验无家可归的感受；在世界粮食日那天，也会有学生不吃早餐，为的就是尝尝挨饿的滋味，提醒自己要珍惜粮食。

第二，对美国人民的印象。如果发生严重的自然灾害，联邦政府一般不会专门组织救援活动，但民间人士会自发地去救援。当年在大西洋沿岸的一个港口城市——查尔斯顿遭遇了百年未遇的飓风袭击，据媒体报道整个城市建筑物损毁严重，很多人无家可归急需外部援助。很多民间力量都纷纷加入救援队伍，其中一位退休多年的老者卡特先生也毅然决然地参加了这次救援活动。虽然从伯明翰到查尔斯顿中间隔了亚拉巴马州和佐治亚州，但他在那里待了很多天，直到灾民生活基本稳定了才回家。当我再见到他时，不仅晒黑了，人也瘦了。

第三，对我的朋友约翰·卡特先生的印象。卡特先生是我在美国期间接触最多的美国朋友，他退休前在桑福德大学教育学院任职。二战时，他曾是一位战斗机飞行员，那时就过中国目睹了当时中国人民的生活状况，改革开放后他再次来到中国时发现中国的变化很大，也为我们感到高兴！当他得知我们安徽师大外语系英文原版图书资料尚有不足时，就想在他们学校教师中募集多余的书籍。他把这一想法告诉了科茨校长，最后得到了校长的支持，校长还为卡特先生安排了一间办公室。他先是在校内征集，继而向社会征集，把征集到的图书分类整理，然后装包邮寄过来。由于征集的图书数量较多，我有时会抽空同他一道整理，装包后帮他搬上车，再运往邮局寄出。卡特先生自掏腰包出运费，先后寄了很多次，也给安庆师范学院邮寄过。有次科茨校长告诉我，卡特先生对做这件有意义的事感到非常自豪！自从我们两校建立友好关系后，他基本上每两年来中国一次，最后一次来我家时，我说希望他以后还会来，但他说自己已经78岁了，以后无法再来了，因为80岁以后就无法乘坐国际航班了。从那以后，我们就很少联系了，不知这位善良的老人是否还健在。

第四，对科茨校长的印象。在我赴美之前他就曾到访我校，学校领导在赭山校区行政楼会议室举行了座谈会，我应邀参会，并介绍了我们外语系的情况。会后由我与校外办的一位同志陪同他参观我们的校园，当他看到路边的棕榈树时，他很好奇这些树在冬天是否会冻死。他离开芜湖时，张海鹏校长亲自陪同去上海，直到把他送上飞机。我去美国的那年圣诞节，他请我去他家里做客，他住的是一个两层楼的独栋别墅，放眼周边是一片翠绿的草坪，远处是高大挺拔的红松林，目光所及之处没有任何别的人家，环境清幽。他告诉我房子是学校配备的。科茨校长家是一个四口之家，女儿正在他的学校读大学，儿子是中学生，夫人是一名全职太太。暑假期间，他让儿子在建筑工地当小工挣钱，为秋季开学筹费用，这在美国并不鲜见。他还告诉我，他们家以前比较穷，兄弟三人都在上学，父母手头拮据，所以读大学时他每年暑假都不回家，在学校做零工或者帮图书馆整理图书和打扫卫生，为秋季开学挣学费。在克林顿当总统时，他被任命为教育部部长，后来也许是操劳过度引起心脏病突发而去世，他比我小三岁，让人不禁唏嘘。

采访人： 您在我校外语系任职期间有哪些难忘的工作经历？

张诚： 我是1984年3月至1988年9月担任外语系系主任一职。当时系主任的产生办法是先由全系教职工进行无记名投票推荐，根据得票多少再由系党总支报请校党委任命。我还记得当时的党总支书记是汪令词，前一任外语系系主任是时佩铎。我当系主任时，时任校长是杜宜瑾，他于1983年8月至1987年8月任安徽师大校长。这期间，正值我国教育改革开放高潮时期，中外交流蓬勃发展。为了顺应时代发展的新形势，安徽师大高度重视外语学习，尤其是英语和日语的学习。为了让全校中青年教师更有成效地学习外语，培养适应社会发展的优秀人才，学校组织了若干期英语和日语的培训班，杜校长还亲自带头参加培训班学习。

在这股对外开放的浪潮中，校际交流也非常活跃。比如，杜校长首访日本，回国以后还围绕出访作了报告，这件事让全校教职工都印象深刻。后任校长张海鹏也去美国参加了与安徽师大有校际交流关系的桑福德大学的百年校庆活动。

此外，校外办的同志们也积极开拓与海外有关院校的校际关系，帮助我们外语系引进高质量的外文专家来壮大学校的师资力量。在他们的支持下，外语系于1984年暑假首次邀请美国纽约州立大学小石城分校教授塞赴明博士等人来安徽师大举办讲座。这次讲座主要介绍美国的一些文化和社会习俗，这是我们外语系在"文革"以后首次由美国教师直接给师生讲课，同时他们还参与了高级英语专业教研室备课活动。随后我们聘请了伍兹和泰勒两位美国博士来校任教一年，他们主要教授的是美国口语和美国文化。值得一提的是，他们都是志愿免费服务，我们学校只为他们提供食宿，这对我们可谓雪中送炭。我们还聘请了英国文学专家沃勒博士担任英国文学课教学并指导外语系研究生毕业论文等相关工作。

在积极引进外教的同时，我们也不时邀请国内具有一定知名度的教授来校做短期讲学。我印象比较深刻的有以下几位老师：一是国际关系学院巫宁坤教授，讲授英诗格律；二是上海外国语大学章振邦教授，讲授他自己编著的《新编英语语法》；三是安徽大学外语系杨巩祚教授，讲授关于如何运用外语思维。通过这些学术讲座活动，不仅活跃了学术氛围，充实了学习内容，也扩大了学生的视野，对启迪学生的思维有积极正向的作用。当时外语系乃至整个安徽师大的学习氛围是非常浓厚的，老师们兢兢业业地传道授业解惑，同学们勤勤恳恳地奋发图强！

采访人：您在担任外语系系主任时，在教学管理上做了哪些工作？

张诚：我在担任系主任期间，在教学管理上主要抓了两件事：

一是致力于提高教学质量。当时我们师大外语系年轻教师比较多，为了发挥集体的智慧和力量，我们开始强化教研室和教学小组的作用。教师要上好课，必须先吃透教材，找出文章的重点和难点，通过备课着重加以解决。具体的做法是：一篇课文先由某个教师重点准备，包括收集相关资料、打印教案，习题解答时可能存在的疑点等都要进行讨论，这样在集体备课时就会目标明确、重点突出、有的放矢，别的教师如有不同的看法可以提出讨论，备课任务由小组里的教师依次轮流承担。这样不仅能节约每位教师的备课时间，更能集思广益，提高备课质量，效果显著。当时按照系里规定，教研室每周都要活动一次，有时全室教师参加，由教师本人汇报教学情况，有时只让小组长参加。教研室主任和小组长要挤时间听所属教师的课，课后还要和任课教师交换意见，教师之间也要经常听课。教学效果好的教师，会不定期举行公开课，当天没有课的教师都要参加听课。系主任本人必须亲自听公开课，而且要实事求是地发表看法，既要肯定优点，也要提出意见。互相听课，不仅是对专业外语课教师的要求，也是对公共外语课教师的要求，因此，系主任也要抽时间听公共外语课。

二是注重加强学籍管理。需要提及的是，在一段较长的时间里，外语系没有一个学生因专业成绩不合格而留级的，就连补考也很少，这是有历史原因的。"文革"的前一年，即1965级的学生是通过高考入学的，接下来的四年没有招生，直到1970年秋季才开始重新招生。当时，高校选拔大学生的首要条件是思想政治好，尤其是有丰富实践经验的工人、贫下中农，他们不受年龄和文化程度的限制，此外还会招收上山下乡和回乡知识青年。第一届全校各系加起来才招收300人，其中外语系招了20人作为试点。时任外语系主任的是张一锋，他强调这20人要当作200人来培养，要求任课教师高度重视，摸索经验，为以后扩招创造条件。学制两年，他们毕业以后才招了第二届。以前的教材不让用，必须采用自编新教材，特别强调突出毛泽东思想。我记得第一篇课文就是五个字：毛主席万岁！（Long Live Chairman Mao），教师上课的时候一定要带着深厚的无产阶级感情讲解课文。由于学生不是通过考试入学，其所在的基层单位根据平时表现由基层党组织推荐上学，被推荐者本人必须具有两年劳动锻炼的经历，没有任何学历、年龄、婚姻状况的限制，所以学生的实际文化水平差异很大。在这20名学生中，有1966届高中毕业生，也有连初中都没有上完的学生，所以教师在上课时遇到的困难可想而知。为了让基础薄弱的学生跟上，就加派辅导教师。例如，有一位从安庆袜厂来的28周岁女学生就有一位专门的辅导老师；有的学生虽基础差，但进步很快，其中管必红就是较突出的例子，并被学校树为典型。

1976年召开全国科学大会，郭沫若发表了充满诗意的讲话《科学的春天》，接着召开全国教育工作会议，决定于1977年春季恢复全国统一高考，并明确规定凡符合条件的青年学生均可报名，不受家庭出身限制，一律按成绩录取，这就极大地激发了当时仍在农村插队劳动的下放知青的求知热情，使很多人圆了大学梦。这样的学生既有在广阔天地锻炼的丰富经验，又有比较扎实的文化基础，而且求知欲很强，十分珍惜来之不易的学习机会，教师讲起课来很得心应手。学校在教学管理方面提出了更高的要求，对考试成绩不及格的学生必须于下个学年之初补考，而且不能降低考题的难度，若补考仍不及格，坚决按留级处理。既然学校有这样的规定，作为系主任就有执行的责任。记得当时班上有个学生，担任学生会的干部，也许是社会活动过多导致无法安心学习，不仅主科成绩不及格，副科成绩也很一般，于是根据学籍管理的有关规定予以留级处理，这是在此之前的外语系历史上的第一次。但他自己提出主动退学，学校同意了他的要求，后来听说他去经商了，业绩还不错。在主要专业课程的设置上，我们的根本依据就是部颁教学大纲，在这方面我们是不折不扣地遵照执行。除此之外，我们还是尽可能去考虑学生毕业后的实际工作需求，为他们提供与专业相关的课程及实用技术。在高年级阶段，要求英语专业的学生选修日语或法语，这与当时的师资力量有关；俄语专业的学生被要求选修英语，每周6课时，与其本专业课时持平，为的是拓宽他们的就业渠道，据说有的俄语学生毕业后就直接改教英语了。此外，我们还开设了打字课，每周两节课，分小班教学，这是外语系有史以来的第一次。当时没有电脑，但打字的手法与电脑击键的手法基本一致，这就为学生以后学习电脑打下了基础。

此外，在俄语专业是否继续招生这个问题上，当时学校领导层没有形成统一的意见，主要是受到两个因素的影响，一个是俄语专业毕业生存在就业难问题，另一个是安徽大学撤了俄语专业。为了解决俄语教师的出路问题，学校领导在征求我的意见时，我明确表示应该保留俄语专业。我认为俄语专业要保留，但招生人数要控制，不能每届都招，可以考虑毕业了一届再开始招下一届，这样就能让现有的俄语教师都有事做，不至于"失业"。

在我任职系主任期间，我们经常邀请省内外的专家、教授来安徽师大讲学，同时，学校也为我们积极创造条件让中青年教师去国外访学进修。例如，我们曾派三位教师去英国进修，其中一位是作为高级访问学者，另外两位是去进修深造。一年后，他们都回校继续任教。为了迎接外教的到来，在学校的支持下，我们将教室里所有破损的门窗、课桌、椅子彻底修缮，重新刷油漆，教室的内外墙壁也粉刷一新，所有的一切设施都给人一种焕然一新的感觉。其他系的老师和我聊天时，开玩笑地说道："你们这是娶媳妇还是嫁闺女呀？"

还有一件事对外语教学具有重要的意义，那就是语音室的建设。当年世界银行为学校提供了一笔贷款，学校答应为外语系购置一套视听说设备，也就是设在赭山校区教学楼里的视听说教室。从此以后外语听说课老师上课必须手提收录机的历史结束了，课堂教学效果得到了显著改善，既增强了课堂教学的趣味性，又激发了学生的学习兴趣。

不过在我任职期间，也有让我心力交瘁、焦头烂额、苦不堪言，但还得去面对的事情，那就是职称评定。由于多年来没有评定职称，有很多教师到了中年还是助教，有的老教师已经年过花甲仍然以"教员"相称。按照当时的政策，教师职称与工资挂钩，这就使不少教师为了职称晋级不得不选择奋力一搏。这种心情是完全可以理解的，但具体做起来却非常棘手。那段时间我家中常门庭若市，搅得我无法备课，无时间批改作业，更无法休息，最后我"离家出走"，找了个自认为是"避风港"的地方，采取回避战术，谁知很快被人侦破。这些事情让我身心俱疲。但有的老教师的确淡泊名利，从不提任何要求。依照学校政策，老教师可以根据自己的教龄和实际工资水平授予相应的职称。我把学校政策分别告诉了有关教师，大部分老教师基本上都这样做了，唯独有一位老教师不为所动，当他的夫人催他时，他反而问夫人："你是想当教授夫人吧？"真是让人哭笑不得。我得知此事后，专门到他家说明情况，我告诉他这是校领导的关心，不能把它和名利思想混为一谈，这样他才想通，终于给他定了副教授。这位老师以前动过大手术，体质一直较差，但他活到了96岁，我想这与他淡泊名利、不事钻营的性格不无关系吧。

采访人：回望从教这些年，有哪些事情让您印象特别深刻？

张诚：谈到这个问题，不得不提及两件对安徽省的外语教学事业具有里程碑意义的事情。

第一件事是安徽省外国专家教学经验交流会。这次会议是在安徽师大举行的，系省外办和省教育厅牵头，我校外语系和外办联合承办。全省所有的外国文教专家、相关院系的负责人均应邀参加了这次会议。在会上，负责安徽省外交工作的时任副省长杨多良发表了热情洋溢的祝词。会议的主要内容包括两项：一是交流外语教学的经验，二是示范教学。我记得除了外国文教专家的经验介绍以外，我们安徽师大的外语系和安徽大学的外语系各有一位教师作了经验介绍。同时，我系专家芭芭拉·卡丝蒂尔在会议上进行了听说课示范教学，取得了非常好的效果。可惜的是，当时没有录像记录，安徽大学外语系参加会议的教师也遗憾地对我说："要是有个录像就好了！"我系基础英语二年级的一个班也举行了公开教学，效果也非常好，甚至得到了外国专家的高度赞赏，一度以为该授课教师是从国外留学回来的，当被告知是我们自己培养出来的，他们都甚感惊讶。

第二件事是安徽师大外语系与安徽大学外语系的学生学习经验交流会。这是我们两个学校共同主办的活动，举办地点选择在安徽大学。安徽省教育厅比较重视这次学习经验交流会，还专门指派有关负责同志全程参加并指导这次活动。在会议过程中，两校的学生代表依次在大会上介绍自己的学习经验，畅谈心得体会，气氛十分热烈融洽，取得了很好的效果。鉴于活动取得圆满成功，双方商定：制作一份会议纪要，以此纪要作为活动总结。我执笔起草了这次会议纪要。两校领导都非常重视此次学生学习经验交流会，安徽大学分管教学工作的校领导直接负责，著名教授巫宁坤也应邀全程参与活动。

采访人：在您任教的这段时间里，令您印象深刻的学生有哪些？

张诚：第一位学生是管必红。他是1970级英语专业的学生，毕业后先后在安徽师大附中和夜大学工作。1988年赴美留学，现居住美国费城，他和夫人朱承慧都是职业针灸科医师，并开了一家针灸诊所，据悉去他那里看病的人不少。他除了看病外，还积极参与社会活动，多年来一直担任费城华人工商联合总会会长，为当地华人华侨争取合法权益，有相当大的社会影响力。他热情接待来自国内的客人，曾接待过赴美访问演出的中国歌舞团，时任国家主席江泽民访美时，特地到费城拜望他在上海交通大学读书时的恩师顾先生，而陪同访问的就有管必红，因此他曾为顾先生撰写传记。就在不久前，管必红将中国古代法家重要人物管子（即管仲）的"依法治国"语录翻译成英语在互联网上发表。管必红还是美国的"中国人生科学会"会长。抗击新冠肺炎疫情期间，他发起组织了"代订防护口罩捐赠家乡工作组"，义务帮助华人华侨及社团组织根据其意愿订购医用防护口罩，捐赠指定受赠机构。

第二位学生是陶德海。他是1977级英语专业毕业生，也是当年那一届英语毕业生中唯一一个考取北京政法学院（今中国政法大学）的研究生。由于成绩突出，获得了王宽诚奖学金资助，赴美国密歇根大学攻读法学博士学位，获得法学博士学位后于当地开设了一家律师事务所，由于信誉卓绝，业务发展很快，曾经雇用9名律师，其主要的服务对象是旅美华人华侨，帮助他们维护自身合法权益。这些年他每隔两年回国一次，探望家乡父老和在中学任教的哥哥，每次回国都回母校看望昔日的老师和同学。在安徽师大90周年校庆的时候，他还向外语系捐赠了1万元人民币。我在旅美期间，与他时有电话联系。

第三位学生是衡孝军。他也是1977级英语专业毕业生，留校任教后赴英国伦敦留学获硕士学位，留英期间还编辑出版一本汉英成语词典。回国后用其所学努力提高教学质量，效果显著，深受学生欢迎，当时担任英国文学史课程教学工作。外交部为了充实外交力量，在全国相关高校挑选德才兼备和在英语国家有留学经历的年轻教师，他完全符合条件，也就理所应当地被选中。他被分配在中国驻美国纽约总领事馆任职，他除了正确宣传解释中国的外交政策，更是团结对华友好人士，争取中间人士，邀请他们到中国访问，以便亲身了解真实的中国。

第四位学生是夏力力。他也是1977级英语专业毕业生，留校承担公共英语课的教学，后被选派赴英国留学，回国后任大学外语教学部副主任，不久又奉调至外交学院，接着又出使海外。后来在纳米比亚大使馆任外交秘书，若干年后调任中国驻新加坡大使馆担任大使馆办公室主任一职，按年龄来看现在应该已经退休。

第五位学生是王东风。1982年毕业于安徽师大外语系，被分配至安庆师范学院（今安庆师范大学）外语系，他很早就对英汉翻译感兴趣，常有论文发表在《中国翻译》上。之后又在北京大学获博士学位，现任广州中山大学外国语学院院长和博士生导师，几年前安徽师大外国语学院曾专门请他来校做学术报告。

第六位学生是陶红峰。这位活跃在联合国翻译前沿的知名校友是我校1994届的毕业生，毕业后考取外交学院研究生，后被分配至中国驻联合国代表处工作，我们学院曾邀请他回校作报告，报告的题目是"从安师大到联合国"。

第七位学生是刘华。我校1977级英语专业毕业生，后被分配至省财政局，她有幸获得该局一个赴英进修名额进入格拉斯哥大学学习。她充分利用这样的大好时机，不满足于一般进修，而是放手一搏争取拿到硕士学位，结果如愿以偿戴上了硕士帽。一次我在合肥旧地重游住在合肥工业大学，她还专程来看望我，当我问到她在英国的学习情况时，她感慨地说："我自己都不知道这一年是怎么熬过来的！"她只记得每天天不亮就要起床到图书馆看书，晚上从未在十二点以前上过床，一年下来人瘦了一圈。回国后便担任安徽省外资引进办主任一职，为省内很多渴望引入外资的单位和企业牵线搭桥办成了不少项目。这是个炙手可热的职位，但她从不以权谋私，始终保持清廉。

第八位学生是童朝林。他毕业后分配至六安市第二中学教书，教学认真负责且教学方法灵活多样，因将教学和育人密切结合，深受学生和家长欢迎，后被提拔为校长。校长职位给他提供了发挥聪明才智的更大平台，在他的领导下学校从一所普通中学发展成为各项指标在省内领先的先进单位，他本人也获得了多项奖励。在一次颁奖典礼上，有电视台制作了一档专题节目，那天我无意间看到了这个节目，感到十分欣慰。他现在已经退休，但六安市教育局曾为了推广六安市第二中学的经验，以期整体提高六安的中学教育水平，专门开办校长培训班，由童朝林传授办学理念。他对昔日的老师尊敬备至，每逢教师节、春节等都常有问候，每次来芜湖都会登门拜望。

第九位学生是程保金。他是1994届英语专业毕业生，现为上海君之程律师事务所主任。安徽师大90周年校庆时，他特意给外国语学院每位教师送两瓶麻油表示敬意，可见他对外国语学院是有深厚感情的。

采访人：在我们师大外语系，您有印象深刻的老师吗？

张诚：第一位是张春江老师。我刚到外语系时认识的第一位老教师就是他，他当时每天都在打字室忙碌，但凡有打字任务，不管是公是私他都来者不拒并圆满完成。他打字时就像高明的琴师在弹钢琴，让人看得目不暇接，简直就是一种享受。一般人打字多用食指，而他是十个指头各司其职，按照对打字员的要求每分钟打100个字符已属不易，但张老师一分钟能打120个字以上并且很少出错。我当时跟他提出想学习打字的要求，他满口答应，并给我画了一张打字机的平面图，告诉我不同的手指管相应的键，他让我自己先练指法。张老师强调，一定要双手并用，开始要慢慢培养打字的手感，不能心急，要多练习，功到自然成。经过一段时间的练习，终于有所长进，但始终达不到他的速度和精确度。他当时住在西大门旁边的三栋平房朝南的一间房，和我们很多青年教师一样过着单身生活，他为人热情，常有青年教师去拜访他，或请教问题，或听他讲述见闻。他每次上课至少提前五分钟进课堂，在黑板上写一两句英语格言或成语让学生熟记。他讲课的方法灵活多样，注重调动学生的积极性和主动性，对学生总是循循善诱，以鼓励为主，从不板着面孔训人。学生上他的课个个情绪高涨，觉得是一种享受，他的学生几乎都是他的粉丝。由于他早年留学美国，本人又善于交际，所以在美国有很多朋友和熟人。我到美国后提到他的名字时，很多人都知道，还说他的英语讲得比他们当地人还好。"文革"结束后，随着知识分子政策的落实，更激发了他的积极性，他不仅努力教学，热情帮助青年教师，而且为学校及外语系的对外交流积极牵线搭桥，包括为出国深造和交流的青年教师当介绍人、写推荐信。正是他牵线搭桥，桑福德大学的科茨校长来我校访问并与我校建立校际交流关系，这是当时我校首次与美国高校建立正式的交流关系。为了帮助青年教师提高英语实践能力,他还多次主持过英语研讨会,每次就某个问题让大家用英语发表意见和评论。由于他的主持方式得法,每次研讨会都开得生动活泼,气氛热烈。那时《中华人民共和国劳动法》里并没有关于退休年龄的规定,他实际上一直工作到生命的最后一刻。

第二位是巫宁坤老师。他是20世纪70年代调入外语系的,此前被安徽大学下放到和县农村,魏心一在我校任党委书记时将其调来,他的夫人李怡楷随同调入在打字室工作,后来担任教学工作,应该说他们在外语系工作期间,不管是领导、教师,还是学生对他们都是很尊重的。他们的生活安定和谐,女儿巫一毛就是我们外语系毕业的,大儿子巫一丁是阜阳师范学院外语系的学生,后来也长期在我系听课。"文革"结束后,随着各项政策的落实,他们全家终于在20世纪80年代回到北京国际关系学院。退休后,全家移居美国。

第三位是张为元老师。他是当时我系年龄最长的一位老师,他的最大特点就是生活非常有规律,每天不论天气如何都坚持早锻炼,晚饭后散步。他的记忆力特别好,见到熟人立马能叫出名字,生活经验丰富,会种菜,还养过蜜蜂,他老伴去世早,儿女也不在身边,长期由一位保姆照料生活。他为人宽厚、对人谦和,特别是对年轻教师一视同仁,一律以老师相称,从不直呼其名,受到大家尊敬。他在来我校之前长期从事中学英语教学,积累了丰富的基础英语教学经验,所以他在对外语系学生的教学中特别注重培养学生的基本功,提醒学生要特别注意中学英语教学中常易犯的错误。

第四位是沈仲德老师。他在来我系之前一直在南京军事学院任教员,来我系后主要担任英语语法课教学。他所使用的语法教材完全是自己编写的,按他自己的说法,他是融各家之长结合师范教育的特点,把自己多年的教学经验融入其中,所以教起来得心应手,例句的思想性很强,非常具有时代特点,对学生毕业后的教学颇有教益。他是在当时的老教师中思想最活跃的一位,敢于发表自己的见解,实属不易。另外,他的板书十分规整且富有特色,值得学习。

其他20世纪60年代毕业的英语教师也是各有特色,专业领域各有侧重。比如,刘珠还老师在英国文学方面造诣颇深,不仅课教得好,而且有重要的译作发表;程乃萱老师在基础英语教学方面积累了丰富的经验,教学方法灵活多样,课堂气氛活跃,总能和学生打成一片,他曾担任外语系主任多年,对外语系的建设做出了很多贡献；乐金声老师是一位政治与业务兼备的老师，曾经出使英国，为外交工作贡献过力量，特别是退休以后还在不断地发挥余热，为老同志服务多年；古绪满老师在翻译理论与实践方面颇多建树，在多种学术刊物上发表过论文，退休以后又潜心创作小说，笔耕不辍，精神可嘉；王丽娟老师有丰富的基础英语教学经验，尤其是在语音方面有深厚的功底；顾晓敏老师在口语课（听说课）教学方面独当一面，教学效果令学生满意。

征钧先生访谈录

采访时间：2019年12月12日
采访地点：赭山校区退休教师活动中心
受 访 人：征　钧
采 访 人：黄雅娜
整 理 人：高　艳

　　征钧，男，1947年11月生，安徽芜湖人，中共党员，副教授。1978—1982年在安徽师大俄语系学习。毕业后分配至芜湖市第十四中学，担任英语教师兼校团委书记。曾任芜湖市第二十七中学、第三中学副校长。1991年8月调入安徽师大大学外语教学部教公共俄语课。先后担任大学外语教学部直属党总支书记、外国语学院党委书记。主讲公共俄语、专业俄语。1998年11月—2016年10月，出版独译或合译俄汉译著8部，参与编纂俄汉、汉俄词典7部。2009年9月为皖江学院申报并获批创办了俄语专业。2010年9月至今在皖江学院讲授俄语专业的多门课程。

　　采访人：征老师，您好！非常感谢您接受我们的采访。您为何在30多岁还继续选择考大学这条路？

　　征钧：我生于1947年，也就是中华人民共和国成立前，出身于书香门第，我的父亲是中学生物教师，曾任芜湖市中学生物教研组大组长，我的母亲是安徽省著名的优秀小学语文教师，她曾在1956年荣获省优秀教师，时任安徽省省长黄岩亲自为她颁奖，她是首批汉语拼音普及计划的指导教师，曾代表芜湖市到北京参加相关培训，之后回到芜湖市一直致力于本地的小学语文高质量教育。由于父母亲的影响，我们兄弟姐妹六人中有三人从事教师工作。1966年我19岁，高中毕业于芜湖市第一中学，高三那年准备正常参加高考，通过了体检等一系列高考前事宜，但是"文革"开始了。这对我最直接的影响就是全国统一高考制度被废除，我的大学梦也因此破灭了。"文革"期间，为了响应毛主席的号召，接受贫下中农的再教育，我于1968年12月被下放到泾县苏红人民公社联合生产大队当了三年农民。在农村的这段时间里，我一直勤恳努力，连续三年被评为泾县"上山下乡积极分子"。一直到1971年5月，我被上调至芜湖冶炼厂电解车间当了七年的一线工人，由于电解车间的酸雾浓厚导致工人们的身体健康受到了很大的伤害，厂里安排了技术人员设计安装通风管道来降低车间里的酸雾浓度，我看了图纸后立即就发现该图纸存在着许多问题并提出了修改建议，并且在施工过程中为工厂节约了很多材料。在工厂七年因各种突出的表现获得"全年满勤奖""先进生产者""技术革新能手"等多项奖励。1977年9月恢复了高考制度，我又重新燃起了大学梦，但是在那个年代，我的母亲曾经因为某些原因被划成"右派",这对我的家庭造成很大的影响,我们兄弟姐妹六人成绩都很优异,但高考因政审不合格而不予录取。工厂见我有过这样的家庭经历就不愿让我参加高考,直到1978年全国开始拨乱反正,我就顺理成章地在这一年参加了高考。尽管俄语不是我中学阶段最擅长的学科,但我一直喜爱俄语,不管是下放农村还是在工厂,在空闲时间我一直阅读大量的俄语图书。高考志愿填写的是理科,我想学医。但也填写了"专业服从""院校服从",希望抓住上大学的最后一次机会。当时安徽师大的俄语系招生明确提出希望招收中学有过俄语学习经历的学生,而且文理兼收,因此我就被安徽师大俄语专业录取。我们这代人生在那个动荡的年代,因为各种原因耽误了人生中最宝贵的12年,30多岁才进入大学也很正常了。

采访人: 您刚进入安徽师大学习时,有过哪些记忆深刻的经历?

征钧: 当时外国语学院还是外语系,只有俄语和英语两个专业。我们这一届俄语专业希望优先录取"老三届"中学过俄语的学生,"老三届"招完后再将剩余的名额给没有学过俄语的中学生。这样整个班级的年龄分布就很不均匀,家庭情况也参差不齐,当时班里年龄最小的冯华英同学只有17岁,她中学刚毕业就考上了安徽师大,而我已经31岁。我记得那些年龄小的学生不仅思维活跃,而且没有家庭负担,而我们这些年龄大的学生几乎都得兼顾学习和家庭,常常下课以后就要带孩子。我31岁入学,35岁本科毕业,当时国家规定35岁本科毕业的学生不允许参加硕士研究生考试,我就这样无奈地放弃了深造。我刚入校时凭借自己入学前的优秀表现被辅导员推荐担任外语系1978级学生会的宣传委员。学生会里人才济济,有一位入学前在剧团画布景非常优秀的女同学叫刘迎和,还有来自文工团的同学们个个都有一技之长,我们学生会在校内获得很多奖项,我也因此得到了加入中国共产党的机会。同时加入中国共产党的还有一位叫杜效明的同学,他是我们年级的文体委员并且擅长运动,这位同学毕业后去了省教育厅教育科学研究所,负责全省中小学英语的教学管理和学科指导,多次参与中小学英语教材的编写。

采访人: 您在大学读书期间,遇到过印象特别深的老师吗?

征钧: 读书期间有一位年轻的老师叫顾曰国,这位优秀的英语教师是安徽大学毕业的硕士研究生,他担任了我们俄语班二外(英语)的教学工作。顾老师尽管没有被英语系安排担任英语专业课的教学,但是他毫无怨言,认真给我们上好每一节课，对每位学生都是尽心尽责的。面对我们这批比他还年长 10 多岁的学生，他语重心长地对我们说："在我心里面，你们不仅是我的学生，同时也是我的兄长、姐妹。目前，省内中学没有开设俄语课，你们师范类的学生毕业后很有可能要去中学教英语。"于是他从实际出发，停止了许国璋英语教学，而把从初一到高三的中学英语课本给我们认真地教了一遍，解决了其中的重点和难点教学问题，从而为我们毕业后在中学能胜任英语教学打下了坚实的基础，使我们受益匪浅。我毕业后被分配到芜湖市第十四中学教初中英语，我教的十几位学生在 1984 年芜湖市初中学生英语竞赛中分别获得二等奖、三等奖。我们俄语班的汤先觉同学被分配到巢湖卫校教英语，成了中专卫校系统的名牌教师，后来主编了卫校系统英语教材，20 世纪 90 年代还被提拔为巢湖职业技术学院副院长，担任了巢湖市政协副主席。当时我们被顾老师的上课风格深深吸引，他的语音语调标准，讲课时潇洒自如，我们由衷地佩服和尊敬这位老师。2018 年，安徽师大 90 周年校庆时，顾老师来参加校庆活动，并邀请我和几个同学吃饭，依然保持着平易近人、待人谦和的品质。

大三时教我们俄汉翻译课程的是大名鼎鼎的翻译家王桂荣（力冈）老师。1981 年教我们课时，他已经出版了多本译著，其中有 1958 年诺贝尔文学奖获得者鲍里斯·帕斯捷尔纳克撰写的、给他带来世界声誉的长篇小说《日瓦戈医生》。王桂荣老师是该书中文译本的首位译者。他的俄文水平和中文水平都非常棒，所以他的译著水平也相当高。他那时教我翻译课，既讲解翻译理论，又注重翻译实践。他把《日瓦戈医生》俄文版中的片段分发给我们做翻译练习，然后参看他的译文，对比之后我们不得不佩服王桂荣老师的翻译水平之高，上了王老师的课，加深了我们对翻译理论和实践的理解。我在 1998—2016 年从事俄汉翻译工作中，深深地感到王桂荣老师当年的教学指导让我受益匪浅。

王桂荣老师的女儿王燕原来是芜湖市第二十八中的英语教师，1994 年自费去俄罗斯学习俄语。1995 年，王桂荣老师患了癌症，王燕被迫中断在俄学习，回来照顾生病的父亲。王老师弥留之际嘱托我把他的女儿调入安徽师大工作。我答应了他的请求，王燕的条件非常优秀，教学认真负责，因此我想办法把她调到了我所在的大学外语教学部担任俄语老师。

大学阶段教我们专业课的陈佐卿老师也是一位大家公认的好教师，他毕业于中国最早开设俄语专业的四川外国语大学，他的俄语功底扎实，英语水平很高，大学毕业后曾在核工业部任苏联专家的翻译。他是唯一能用俄语、英语教学的"双语老师"。他上课风趣生动，课堂教学如行云流水，引人入胜，他非常关心爱护学生，因此深受学生的爱戴。1980年10月，他通过战友关系请驻芜部队派来一辆军用大巴车，载着我们1978级的俄语班19位同学去南京参观我国自主建造的第一座长江大桥——南京长江大桥，给我们全班同学留下了终生难忘的美好回忆。1988年，陈佐卿老师被提拔为大学外语教学部主任，荣获省级劳模，享受国务院特殊津贴。

采访人：大学时，哪些同学给您的印象最深刻？

征钧：印象最深刻的同学有两位，目前他们都是国家级的专家人物。第一位同学就是之前我提到的我们班那位年龄最小的同学冯华英，她毕业以后去了中学担任英语教师，因本科不是英语专业毕业，在评中级职称这件事上受阻，我通过书信劝导她继续考研深造，并得到翻译家王桂荣老师的帮助，最终冯华英成功考取东北师范大学俄语系的硕士研究生。有了这个平台后，她随后又考取了北京大学外国语学院的俄语博士，毕业后应聘到商务印书馆任俄语编辑一直工作到退休，现已成为国内俄语专业的专家级人物。她在学术方面硕果累累，不仅参与了国家多本权威英汉词典、俄汉词典的编辑，同时也编纂了多部著作，其中《欧洲文学史》获得了国家图书奖、教育部高校外国文学图书奖等多种荣誉，《语言：人类最后的家园》获得全国外语研究类最高奖项——许国璋外国语言研究二等奖。不仅如此，她有30多篇俄罗斯文学评论和词典学学术论文发表在俄罗斯国家级学术刊物和中国国家核心刊物上。

第二位同学就是刘文飞，现已是首都师范大学外国语学院的教授、博士生导师，普京曾亲自为他颁发普希金奖章。他的研究成果数不胜数，在国内外都享有盛誉，因此享有北京斯拉夫研究中心首席专家、国务院特殊津贴专家等多项荣誉。

此外，还有一名叫张杰的同学继续深造后担任了南京师范大学外国语学院的院长，他对安徽师大有着很深的情谊，因此他在任期间每年都会给安徽师大提供一个保送读俄语硕士研究生的名额。

采访人：大学毕业以后，您曾经先后在多所中学任教，能谈谈您就业的经历吗？

征钧：大学毕业以后我就被分配到芜湖市第十四中学担任英语教学工作和

校团委书记。在任教期间，我带领同学们在校园植树，参加全市中学生合唱比赛、英语竞赛，并取得了优异成绩，也为改善教师待遇和校园环境做出了突出贡献。在芜湖市第十四中学任职两年后，1984年中央组织部下文要求干部年轻化、革命化、知识化，力求培养年轻的干部梯队，当时市教育局考核组去各个中学选拔优秀的年轻后备干部，考核人员来到我们学校考核后就将我提名教育局，教育局就任命我为芜湖市第二十七中学副校长。在这个岗位任职的时间很短暂，但我入职一个月左右，就采取了一些得力措施，解决了学校教师分房难问题。1984年5月教育部发文，要求在重点中学开设20%的小语种（俄语、法语、日语）课程。当时芜湖市教育局决定在芜湖市第二中学、芜湖市第三中学、芜湖市第十一中学（现为安徽师大附属外国语学校）三所学校初中部各开设两个俄语教学班。听到这个消息，我的内心很是激动。我认为校长可以培养，很多优秀的人都可以任职校长，但是俄语老师不是谁都能当的。在我一再恳求下，市教育局决定任命我为芜湖市第三中学副校长，同时兼中学俄语教学工作，负责学生的思想政治工作，我在芜湖市第三中学工作七年，表现也很出色。

采访人： 在中学工作多年的您，为什么最后会选择在安徽师大任教？其中的契机是什么？

征钧： 刚才说的芜湖市教育局在重点中小学开设小语种课，这项措施从1984—1990年共实施了六年，1990年新的教育局局长上任后将俄语课程从中小学课堂剔除。安徽师大外国语学院的前身是大学外语教学部和外语系，其中大学外语教学部负责全校公共外语的教学工作，外语系就专门负责外语专业的教学工作。那时候全国多数高校专注于英语四级通过率和人均分数，安徽师大也不例外。大学外语教学部的公共英语在陈佐卿主任的带领下教学效果非常好，每一年的英语四级通过率都在全国名列前茅，持续将近十年直到2000年后，学界提出学生为了通过英语四级刻苦学习，反而忽视了对专业课程的学习，才慢慢淡化这种劲头。当时在提高英语四级通过率的过程中遇到了很多难题，比如说当时的艺、体、美专业的学生英语底子薄弱，还有一些师范保送生的英语水平只有初中程度难以跟上大学英语学习的进程，这时候陈主任就让这批学生转而学习俄语，从而极大地提高了英语四级通过率。这样就有了一个俄语班，这个俄语班的教学老师是我当年的俄语老师刘洭，1990年年底，她被教育部公派去俄罗斯进修硕士学位。刘涯老师去俄罗斯后，这个俄语班的教师职位就空缺了，于是陈主任找到我，让我担任这个俄语班的俄语教学工作。来到这个班级以后，学生的学习热情极高，认真刻苦努力，我非常欣慰能教这样优秀的学生，同时学生对我的教学风格也给予了高度的评价。因此，安徽师大想调我进校任俄语教师。我得知这个消息后非常开心和满意，因为我是一个想潜心钻研教学的人，并不想做繁琐的行政工作，于是我立马同意了学校的邀请，当时的张海鹏校长亲自批准我调入安徽师大任教。1991年9月，我正式入职安徽师大，随后1994年大学外语教学部余通润书记退任后推荐我担任大学外语教学部党支部书记，1995年大学外语教学部的陈佐卿主任退休后推荐夏力力继任，我们两个在工作中相互配合十分默契，制定了教师教学质量考核办法，将学生成绩的提高作为考核教师教学质量的硬指标，措施推行之后极大地纠正了教师考核中的不正之风，使得一大批优秀的青年教师脱颖而出。

采访人：外国语学院成立初期，作为学院的党委书记，您有没有遇到什么困难与挑战？

征钧：2000年，大学外语教学部和外语系合并成立了外国语学院，我担任外国语学院党委书记。当时遇到的困难就是大学外语教学部和外语系这两个独立的单位合并成一个单位的融合问题，包括利益竞争、制定政策的平衡问题等，我必须站在一个公正的立场根据每个教师的教学特点制定奖励办法。外国语学院面临的另一个挑战就是，当时只在1977年和1978年招收了两届俄语专业的学生，之后停招了几年，一直到1984年才恢复招生并且保持着四年招一届学生的惯例，这就导致了俄语专业的毕业生数量过少，师资力量也十分匮乏。我当了书记以后坚持每年都招收一届俄语专业的学生，但是2005年俄语专业又暂停了招生，我得知此情况后去院里谈话，之后从2006年至今俄语专业又恢复了良好的每年都招生的态势，并且专业学生数量越来越多了。

在我担任外国语学院党委书记期间，于2002年帮助芜湖市第十一中学创办成省教育厅认可的全省第一所外国语学校——安徽师范大学附属外国语学校，于6月6日正式挂牌。

我一直从事的是安徽师大公共俄语的教学工作，2002年无奈之下只得接手专业俄语的教学工作，那时包括我在内只有两个俄语教师，我既要管理教师和学生的思想工作，又要备课教学，那段时间给了我很多的锻炼机会。我在任期间新增了日语专业，退休后新领导又增加了法语专业，我通过努力给学院引进了第一位法语教师。后来学院想申报俄语硕士点，我与另外两位教师都准备好了申报材料，但是我退休了，硕士点的申报没有成功，然而在安徽师大首批博士点（化学、生物、中文、历史）的设立过程中，我做了很大的努力。当时学校派我和王世华副校长去上海找有关专家提建议，我们去了上海奔波，最后不辱使命圆满完成了任务。我退休后新任的院领导——余国升书记、孙胜忠院长等是办事能力很强的人，在他们的努力下俄语硕士点成功获批设立，并且引进了十多位博士，包括直接引进副教授和教授，师资力量迅速壮大起来，安徽师大的俄语硕士点从2020年开始正式招生。同时，余国升书记还在安徽师大组织召开了多个大型的学术研讨会，外国语学院如今的发展越来越好了！

采访人：您教的学生，有没有特别让您骄傲的？

征钧：1991年9月—2001年6月，我在大学外语教学部教俄语。1993级俄语班里有来自美术系的陈克义和刘玉龙，还有来自音乐系的孙艺辉，他们当时俄语学得很好，毕业后都留校任教了。他们三人于2001年被教育部分派赴俄罗斯列宾美术学院、柴可夫斯基音乐学院读硕士研究生。学成回国以后，现在都已经评上了教授、副教授，担任硕士研究生导师。陈克义担任美术学院副院长，刘玉龙担任安徽师大皖江学院美术系主任。

2000年5月，外国语学院成立，我担任院党委书记。2002年9月因老教师退休，俄语专业教师不够，我因此担任2002级俄语班的专业俄语教学任务。当时教育部非常重视俄语的教学并每年举办全国高校俄语竞赛，选拔优秀的学生公派到俄罗斯留学。我发现有一位叫潘磊的学生天赋不错，悟性高，由于我平日工作忙碌就给他推荐书籍让其进行自学，如有疑难问题再找我交流。他每周都将遇到的问题罗列起来到我办公室交流沟通，我给他做竞赛指导，最终在2003年全国高校俄语竞赛中崭露头角获得了名次，他是我们安徽师大第一位由教育部公派留学的本科生。

我对2004年教的那届学生印象很深刻，当时他们考研录取率是48%，其中有两个男生考上了外交学院，分别斩获第一名和第三名。第一名的男同学叫葛德水，来自无为县一个贫困的单亲家庭，当时在我的指导下选择考外交学院，最后以第一名的成绩被录取。毕业以后在外交部工作，工作地点在哈萨克斯坦大使馆。提到这个，我要分享一件趣事：当时哈萨克斯坦大使馆有四名工作人员都是安徽师大的师生，包括李健、孙伟、葛德水三名安徽师大毕业生，还有一名安徽师大的俄语老师吴世红被借调至此工作。2008年6月，我退休了，当时安徽师大皖江学院的王世华院长听说俄语专业毕业生就业前景好，邀请我帮忙申报俄语专业，我为之写了一份申报材料，省教育厅批准皖江学院从2009年招生办俄语专业。我自2010年便受聘在皖江学院俄语专业授课，俄语专业毕业生每年考研录取率在皖江学院均名列前茅，俄语专业发展得相当不错。2016级俄语班学生张欣雨大一时，我教她们班俄罗斯国情与文化，大二时教她们班俄语语法，大三时教她们班俄汉翻译。她勤学好问，遇到学习上的问题总会在微信里联系我帮助解决。2019年，我带她去北京外国语大学参加全国高校俄语大赛，荣获高年级组三等奖，被公派赴俄罗斯留学，读硕士研究生。而同时参加比赛的国内一些知名大学的学生落榜了，三本院校学生在大赛中能获奖，这个成果在全国高校中实为罕见，这令全国高校俄语界对安徽师大皖江学院刮目相看。

采访人：您觉得安徽师大外国语学院进一步发展中还有哪些问题需要改进？对于外国语学院的师生，您有什么想说的话？

*征钧：*外国语学院普遍存在的一个问题就是，发表论文的期刊相对于其他专业来说太少，在国家核心期刊发几篇高质量文章简直比登天还难。很多老师还要负责学校公共外语课的教学，投入了大量的精力，因此，外国语学院很多老师都放弃了对职称评审的追求，导致一些优秀的女教师55岁就退休了。

对于老师，我希望他们能够成为专家学者，注重科研，但是我觉得为了科研去忽视学生的教学工作是不可取的。不过，评职称要与科研成果挂钩，很多事情是充满无奈和遗憾的。比如，日语专业的一位张老师教学非常负责，学生的评价也非常好，但是无法评上高级职称。我认为最好的解决办法就是，拓宽评职称的标准，将科研与教学两者平衡作为评职称的衡量标准。我常和老师们说要把学生当作自己的孩子或者弟弟妹妹，拿出对待亲人的真心对待学生。我一直鼓励学生继续考研深造达到自己发展的极限，因为人的一生很短暂，如果浪费了宝贵的大学时光，那将是追悔莫及的事情。总之，老师要把学生当作亲人，为他们指路，学生要把自己当作金子，努力让自己闪光！

附　录

江靖宇与安徽大学的新建

　　江靖宇是一位老革命家，1903年生，安徽桐城人。1923年秋，考入安徽法政专门学校，成为该校学生运动的组织领导人和"安徽省学生联合会的一位领导人"[①]。1927年春天加入中国共产党，同年参加著名的南昌起义，时任副官、副营长、营长。1938年年初中国人民抗日军政大学毕业后，随项英、周子昆到新四军军部，任政治部民运部科长。他是淮南津浦路东抗日根据地创始人之一，时任来安县委书记、县长，来（安）六（合）县委书记、县长，来六支队司令员、政委。后来，任皖南行政督察专员，新四军兼山东军区和华东军区高级军官教导团团长、政委，中国人民解放军华东野战军先遣纵队政治部副主任、第七支队政治部主任。芜湖解放以后，任皖南人民行政公署副主任、芜湖市长等职。

　　在江靖宇任皖南人民行政公署副主任、芜湖市长期间，正值国立安徽大学由安庆迁到芜湖。1949年4月安庆解放。6月，中国人民解放军南京军管会派首席军代表靳树鸿、副代表黎洪模及联络员郑玉林、朱全（徐静斐）四人到安庆接管了国立安徽大学。7月16日，长江洪水泛滥，圩破校园被淹，学校损毁严重，无法继续办学。10月，"华东局及南京军管会高教处决定将安庆的国立安徽大学与芜湖的安徽学院两校合并成立新安徽大学，校址设芜湖赭山，聘请许杰为主委"。随后，许杰即来芜湖，"设立安大筹备处开始接收前安徽学院一切设备；安庆前安徽大学所有图书仪器家具设备开始装箱搬运，准备迁芜"[②]。

---

①《访问郑曰仁谈话记录》，1982年7月7日。

②安徽师范大学档案馆藏：《安徽大学一九四九年大事记》。

293

11月，南京高教处副处长孙叔平先后来到芜湖和安庆，在国立安徽大学和安徽学院传达上级指示，并作迁校合并动员讲话。

1949年12月4日，国立安徽大学全体教职员工携带着除校园、办公楼及房舍外的全部图书、仪器、设备、用具（"图书仪器百余箱，家具万余件"），连同教职工家属、家具和八头奶牛，乘南京军管会派的一艘军舰（登陆艇）成建制地整体从安庆搬迁到芜湖，与三年前从合肥临河集迁来的安徽学院汇于芜湖赭山南麓，组成新中国成立后我省唯一的一所学科门类齐全的综合性大学——新安徽大学，揭开了安徽大学办学的新篇章，并一脉相承地在芜湖发展成为今天的安徽师大。

国立安徽大学由安庆迁到芜湖后，得到了皖南人民行政公署副主任、芜湖市长江靖宇的鼎力支持。

一、江靖宇派王郁昭到安徽大学任职

江靖宇和王郁昭是在中国人民解放军南下时认识的。王郁昭1926年生，山东文登人，1941年参加革命，1948年2月，江靖宇和王郁昭随军南下，编入中国人民解放军华东野战军先遣纵队，先后参加了解放开封、豫东、淮海、渡江等著名战役。芜湖解放以后，王郁昭任芜湖市军管会文教部主任秘书、军代表。由于王郁昭的钢笔字写得很工整，江靖宇的履历表、党员登记表都是王郁昭代为填写的。

1951年春节过后，2月下旬的一天，皖南人民行政公署副主任兼芜湖市市长江靖宇召见王郁昭。见面后，江靖宇先问了一下王郁昭最近的工作情况，接着说："安徽大学军代表靳树鸿调北京工作了，组织上选来选去，决定由你到安徽大学接替他的军代表职务，任校务委员，校办主任（主任秘书）。"

靳树鸿（号志怡）1917年生，河北深县人，1937年入党参加革命，大军南下时任二野金陵南下支队团政委。华东局南京军管会（主任宋任穷、副主任柯庆施）成立后，任南京军管会文教委员会副主任。他在接管国立安徽大学，以及按华东局高教处指示与许杰带领国立安徽大学全校师生迁校芜湖的工作中是做出了贡献的，他配合许杰在安徽大学做党的组织建设和管理工作，先后任学校秘书长和政治教育委员会主任。1951年2月11日，他调到华东局教育部人事处工作，后调到中央党校及轻工业部工作。2007年4月，校史编写组人员走访他时，他特别高兴，欣闻学校80华诞，90高龄亲笔题写了"八十春秋，薪火相传"题词。

许杰与靳树鸿在新中国成立初期
校园里合影

靳树鸿与齐坚如、刘乃敬、詹云青、
黄叔寅、吴锐、吴遁生合影

安徽大学军代表靳树鸿调离学校后，江靖宇就召见王郁昭谈话，派他接替靳树鸿的工作。当王郁昭提出大学教授都是大知识分子，自己年轻，又没有学历，知识浅薄，恐怕压不住台，难以胜任这项工作，搞不好会辜负党的信任时，江靖宇说："你是年轻一些，但根据一年来你的工作表现来看，你还是比较适合做知识分子工作的，能同许杰校长团结合作，至于学识浅可以在工作中继续学习嘛。"他还说："安徽大学校长许杰同志，是位民主人士、学者，著名地质学家，你去了以后好好协助他工作，相信你是可以搞好工作的。"第二天，江靖宇又约见皖南区党委副书记胡明、安徽大学校长许杰一起同王郁昭谈了话，见了面。这样，3月初王郁昭正式到安徽大学报到，任安徽大学军代表、校办主任。安徽大学当时的共产党员很少，不到20人，按照党章规定，不够建立党委的条件，于是市委决定，将与安徽大学一墙之隔的芜湖一中，共同组成一个党支部，王郁昭任党支部书记①，负责学校的思想政治工作，兼马列主义教研室主任，又主管人事、保卫工作，负责处理教务处、总务处和系科之间的协调工作，同时领导共青团和学生会等组织的工作。

---

① 柏晶伟：《为农业大包干报户口的人：王郁昭》，中国发展出版社2007年版，第48页。

二、江靖宇市长支持安徽大学校园的整合和建设

国立安徽大学迁芜湖与安徽学院合并后，用房非常紧张。教学、办公用房主要利用日伪时期日军警备部队建的三座军营大楼和路西一些平房及数处庙宇。为解决校舍、用房问题，学校采取了积极的措施，一方面是对旧有房屋进行改造，另一方面是抓紧建设新房。例如：1950年7月路西学生宿舍落成；1952年4月底大教室工程竣工；为了纪念新中国成立后第四个"五四"青年节而定名的"五四堂"，于5月4日那天晚上，全校师生员工举行落成典礼。此外，和芜湖市政府进行沟通，整合校园，将赭山上的芜湖一中校舍搬让给安徽大学。

为此，国立安徽大学主任委员许杰在给芜湖市政府的报告中，首先说明芜湖市立中学（以下简称芜中）赭山校舍之位置与我校之关系。他说：

芜中之赭山校舍在赭山顶上，我校之校舍则在赭山之下坡，但我校校舍面积较大，房屋较多，芜中房屋之西、南、东三面都被我校房屋所环绕；尤其芜中大门之东西两旁都是我校的房屋，大门西旁是我校学生宿舍、实验室、教室及办公室。因此，芜中出入都要穿过我校。就形势说，两校校舍连成完整的一片，有不可分割性。芜中之赭山校舍距市区太远，不便学生走读，若将赭山房屋转让我校，既可便于学生走读，又可免与我校夹杂一处，实为两便。

其次，许杰强调了芜中赭山校舍转让我校后，切合我校需要。他说：

我校自在芜湖建立后，房屋极感缺乏，实验室至今仍未全部展开，教职员宿舍尤为缺乏，查芜中赭山房屋有楼房2栋，小型图书馆1座，平房50余间，包括教室12个，小型办公室10间，宿舍41间及饭厅厨房等。在转让我校后作合理调配，则我校在目前所需要之教室、实验室及学生宿舍等均可得到解决，教职员宿舍亦可解决1/3左右。若我校自建这些房屋，在目前经费困难情况下，实不可能。转让后我校校舍可成为一个比较完整的规模。

芜湖市立中学在赭山上的楼房

1950年7月25日，芜湖市长江靖宇在《芜湖市人民政府代电》秘字第0422号文件中说：

　　国立安徽大学：查贵校房荒问题，经本府多次研究与有关方面会商结果，现已获得初步解决办法，就是同意将本市市立芜湖中学房屋全部让出，以供贵校使用，因赭山位居市郊，偏于西北一角，与市内相距甚远，不仅行政领导上殊感不便，且数百学生往返走读，在时间上亦多浪费，惟所顾虑者，芜中为本市规模最大之学校，如将校舍转让，势必先在市内勘基另建足够容纳之新厦，予以调换，但建筑百数十间房屋（包括教室、宿舍、办公室、图书室、饭厅等）所费不赀，经鸠工设计估价，各项工料按现时最低标准需大米两千余石，在目前我市财政困难情况下，全部负担，委实力有未逮，然事关教育，自当努力以赴，设法克服，以期在双方便利原则下奠定丕基。关于前次协商由贵校津贴大米一千石，应请确定，提早拨付，因粮价日趋低落（现在是按每石十九万元计算，今后再跌，一千石米不够，又得照价增加），其余之数由我市呈请行署补助及实施以工代赈解决之，如何？用特电请查酌见复为盼！

芜湖市长江靖宇秘午有印

一九五〇年七月二十五日

　　许杰还以国立安徽大学的名义给华东教育部书面报告，报告中论述了芜中赭山校舍之位置与我校之关系，芜中赭山校舍转让我校后切实符合我校需要，以及与芜湖市人民政府协商转让之具体办法。报告强调：

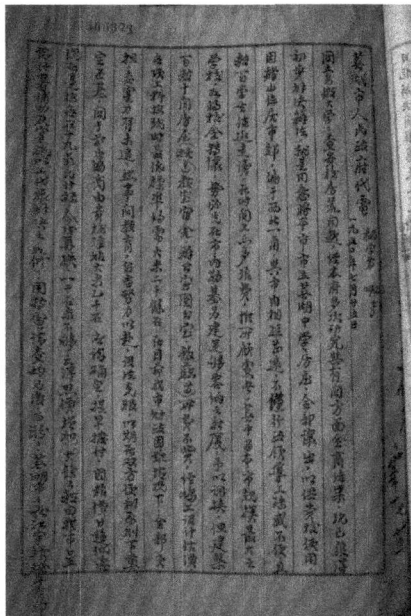

　　芜湖市人民政府为协助我校解决房荒，拟将在赭山之房屋全部转让给我校后，须在市内另建校舍，据芜湖市人民政府估计，兴建房屋（包括教室18个及办公室等）工料费最低须大米2000石，目前市府经费实甚困难，经市府与我校双方协商结果，由我校津贴工料费之半数，即大米1000石。至于市府应支付之大米1000石，由市府与皖南当局会商另行设法，（如采用以工代赈，在工赈款内支拨等办法），不另向上级额外申请教育经费项下之临时费。查我校自在芜湖建立以来，芜湖市政府一向热心赞助。此次协议转让芜中校舍，虽系两有裨益，但解决我校之房荒及树立我校校舍之规模，关系我校更为重大。如前所叙，两校校舍有不可分割性，此事既然迟早总要解决，不如及早解决，为此恳请钧部赐准，拨付大米1000石，以便交付市府，早将芜中新校舍建成，俾我校早日能解决困难奠定基础（倘核准过迟，恐秋收后米价下落，1000石米不够，又须增加若干石）不胜企感！

　　谨呈

　　　华东教育部

　　　附呈芜湖市人民政府致我校代电一件

　　　　　　　　　　　　　国立安徽大学主任委员许杰

　　　　　　　　　　　　　一九五〇年七月二十四日

许杰多次打报告给华东局和芜湖市并获批准，将赭山上的芜中校舍搬让给安徽大学。并由华东局拨款一亿九千万元补偿给芜中，其校舍转让给安徽大学，使安徽大学赭山校区连成一片，缓解了解放初期两校合并后的办学房荒。

在办理芜中校舍转让安徽大学的同时，为解决农学、林业、园艺三系实验场所问题，许杰与芜湖市长江靖宇及郊区土改委员会协商并获支持，结合1951年的土地改革，将校区东面、广济寺南180多亩土地及荒山划拨给学校，作为上述三系的实验场所，并准备按今后发展情况，继续增拨地亩[①]。

三、江靖宇与安徽大学校长许杰

许杰（1901—1989）号心吾，广德人，地质学家。1919年考入北京大学地质系，在校学习时加入中国共产党，1925年毕业后为躲避迫害隐于安庆建华中学执教。1930年由李四光介绍入中央研究院地质研究所。1943年任云南大学矿冶系教授。1945年加入中国民主同盟。解放战争时期，他曾去皖南山区向新四军游击队运送通信器材、药品和进步书刊。中华人民共和国建立前，他在中共地下党的领导下，团结和说服中央研究院的同事，共同反对国民党政府把人员和设备南迁。1949年新中国成立后，任中央研究院接管组组长。

1949年12月12日，国立安徽大学迁芜湖与安徽学院合并组成新安徽大学后，成立了学校的最高行政管理机关校务委员会，南京军管会高教处"聘许杰、靳树鸿、刘迺敬、吴锐、黎洪模、詹云青、吴遁生、齐坚如、黄叔寅、章振邦、刘名泉、程宗道等12人为校务委员"[②]，许杰同志为校务委员会主任委员。1952年度第二学期起改行校长制，由原校务委员会主任委员许杰任校长。第一副主任委员干仲儒、第二副主任委员方向明分任第一、二副校长。

国立安徽大学迁芜湖后，许杰仍然关心着遗留在安庆的校产校地，1950年10月21日派张浩然、胡保安、张峻山、刘典等4人前往安庆本校农场收租。同年12月1日，新安徽大学第29次校委会议定："关于我校在安庆房舍交涉出售经过，遵部令准予标售，经第六次行政会议议决，函张浩然相机办理，售价希望达到中熟米捌万石。"[③]

---

① 安徽师范大学档案馆藏：《人民安大》1951年12月4日，詹云青："庆祝二届校庆节"。

② 安徽师范大学档案馆藏：《安徽大学一九四九年大事记》。

③ 安徽师范大学档案馆藏：档案资料。

在校区建设方面，应安徽省委的要求，许杰积极在合肥征地建设新校。中共安徽省人民政府于1952年10月9日邀请许杰、胡式仪等6人前往合肥查勘新校址。他们在合肥受到省委、省政府及曾希圣主席的热心关怀和招待。此新校区于1954年7月建成，师、农二院独立建院后，安徽农学院于8—9月从芜湖迁新校独立办学，发展成为今天的安徽农业大学。

国立安徽大学与安徽学院合并组成新安徽大学后，许杰仍然沿袭了国立安徽大学的行政管理体制，学校主要行政机关为教务处、总务处、主委办公室、政治教育委员会。军代表靳树鸿任校秘书长，学校的行政事务工作直接由秘书处负责。1949—1950年，为适应解放初期学校的管理，许杰根据需要设立学校建设委员会、消费合作社、预算审核委员会、人民助学金评议委员会、政治教育委员会、师生员工代表大会筹备委员会、招生委员会、教工会安大委员会、暑期留校学生学习工作辅导委员会等①。许杰在接管国立安徽大学、为国立安徽大学的迁址芜湖后的改组和发展做出了重要贡献。

江靖宇与许杰是什么时间认识的？这涉及许杰是否担任过皖南人民行政公署副主任的问题。

1949年5月13日，皖南人民行政公署正式成立，行署驻屯溪市，分设芜当、宣城、池州、徽州四个专区，直辖屯溪市。魏明为行署主任。8月，行署移驻芜湖市。1950年12月26日，中央人民政府毛泽东主席任命江靖宇为皖南人民行政公署副主任。1951年10月5日政务院总理周恩来任命江靖宇为皖南行署财政经济委员会委员。1950年8月20日至29日，皖南区第一届各界人民代表会议在芜湖召开，参加会议的代表303名、列席代表101名，会议听取《为完成皖南区土地改革而奋斗》的报告和关于政府工作的报告。会议通过成立皖南区各界人民代表会议协商委员会的决定，并选举胡明为皖南区各界人民代表会议协商委员会主席，江靖宇、朱子帆为副主席。

当时，皖南人民行政公署副主任还有许杰。此许杰和安徽大学校长许杰是不是同一个人？有两条词条可以证明是同一个人。

其一，据《安徽近现代史辞典》载："许杰（1901—1989），安徽广德人。中国共产党党员、中国民主同盟盟员，地质学家和地层古生物学家。曾任皖南人民行署副主任，安徽省人民政府副主席，民盟安徽省委员会主任委员，地质

---

① 安徽师范大学档案馆藏：《一九五〇年大事记》。

部副部长兼地质科学研究院院长,中国科学院学部委员,第一至第六届全国人大代表,第五、六届全国人大常委会委员,民盟中央常委、中央参议委员会常委。1989年7月在北京病逝。"①该词条虽然未记载他任安徽大学校长,但是,他和安徽大学校长许杰的经历是一样。

其二,据《中华人民共和国资料手册》载,许杰,安徽广德人,1901年1月29日生,古生物学家,地质学家,1925年毕业于北京大学地质系。历任中央研究院地质研究所研究员,云南大学教授,安徽大学校长,安徽省人民政府副主席,皖南人民行政公署副主任,地质部副部长,中国地质科学院院长,中国科协常委,地质学会副理事长,中国科学院生物学地质学部委员、主任,古生物学会常务理事,苏联古生物学会名誉会员,国家地质总局副局长,中国民主同盟中央常委,一、二、三、四届全国人大代表,五届全国人大常委会委员。专著《宜昌建造与宜昌期生物群》《长江下游三角笔石化石》等,创造性地解决了三角笔石结构形态、分类及演化方面问题,丰富了古生物学科内容②。

如果上述两条词条可以成立,那么,江靖宇和许杰同是皖南人民行政公署副主任,他们在1950年就认识了,而且是同事。1951年冬皖南、皖北行政公署合并成安徽省。1952年2月,江靖宇任省政法委员会副主席兼民政厅厅长。1953年,许杰要求恢复党籍,经江靖宇、胡明、王郁昭三人作为介绍人正式办理了入党手续。

1954年年底,江靖宇任南京市委常委、副市长,分管政法、农林、统战、民政等几方面工作,直到他去世。

许杰于1954年2月调任地质部副部长。曾任安徽省副省长、安徽民盟主委,中国民盟第二、三、四、五届中央常委,第一至第六届全国人大代表,第五、六届全国人大常委,中国地质科学研究院院长等职,是我国笔石古生物学和生物地层学的奠基人。在他的倡导下,还先后组建了全国地质图书馆和地质博物馆。1988年(新华社北京9月28日电)9月28日,"中国著名地质古生物学家、85岁高龄的许杰教授,在联邦德国获得德国地质学会的最高科学奖——莱奥波尔德·冯·布赫奖"③。1982年,他82岁高龄时亲笔题词祝贺学校55周年华诞。1983年9月

---

①安徽省政协文史资料委员会《安徽近现代史辞典》编委会编:《安徽近现代史辞典》,中国文史出版社1990年版,第347页。

②寿孝鹤、李雄藩、孙庶玉:《中华人民共和国资料手册》,社会科学文献出版社1986年版,第806页。

③张应吾:《中华人民共和国科学技术大事记(1949—1988)》,科学技术文献出版社1989年版,第571页。

18日他回校参观访问，我校老教授宛敏灏、单粹民、张涤华、余俊生、光仁洪、程谪凡等陪同参观曾一起建设过的校园。他深有感触地说："1954年我离开时，这里是一片山岗草丛，转眼之间学校面貌大变啊。"

王郁昭长期在安徽大学工作，先后任主委办公室主任秘书（即办公室主任）、马列室主任、教务长、系主任、宣传部部长等职；文科各系迁合肥成立合肥师院后任副院长。1970年后任全椒县委书记、滁州地委副书记、书记；1983年任安徽省委副书记、省长。1987年调中央工作，先后任中央农村政策研究室副主任、国务院研究中心副主任、全国政协常委、中国扶贫基金会会长等职。他对学校感情笃深，学校70华诞时，专门题词："七十春秋　几经变革　唯我师大　相承一脉"。

七十春秋
几经变革
唯我师大
相承一脉

王郁昭
一九九八年三月

　　（作者：房列曙，安徽师范大学历史学院教授。本文原载于《安徽师范大学》公众号 2019年6月11日）

后　记

开展安徽师大第四期口述校史项目，既是为了完善和丰富馆藏文献，拯救和保护历史文化遗产，更是为了传承活的记忆，推进校园文化建设，弘扬安徽师大精神。这项工作的最大成效在于，目前完成了22位受访人的口述校史实录整理，并对此和部分校史人物进行了研究。

安徽师范大学"口述档案"丛书编委会现由分管校领导任主任，成员为办公室、宣传部、发展规划处、人事处、学生处、研究生院、科研处、社会合作处、财务处、离退休工作处、团委、档案馆等主要负责人；《赭麓记忆：安徽师范大学口述实录（第四辑）》编委会由档案馆馆长、校史研究中心主任任主编，委员为档案馆工作人员、安徽师大第四期口述史项目团队指导老师和成员。

本书围绕22位受访人展开，配以受访人的照片和简介。本书以受访人姓氏汉语拼音首字母顺序为序。呈现校史时，最大限度地利用口述、笔谈资料，尽可能真实地再现受访人的人生经历和感悟。

因为出于受访人口述，本书提供了研究安徽师大校史的第一手史料，这些史料中所披露的人和事多是未公开报道的，极具史料价值。美中不足之处是，无法绝对避免口述记忆因年深日久而出现的遗忘和记忆偏差等问题。因此，大家在引用时，最好能与受访人核对，或自行辨析，选择性采用。

此辑口述校史资料的挖掘整理和研究工作，学校领导高度重视，全面部署，各部门、各单位积极参与，大力协助，上下联动，高效运转，这是我们做口述校史工作的动力源泉。参与此项活动的安徽师大"五老"越来越多，他们都投入了极大的热情和精力，做出了极其重要的贡献。在此谨致谢忱。

由于我们水平有限，加上口述者记忆存在一些偏差，本书难免存在不当或错漏之处，恳请读者批评指正。

《赭麓记忆：安徽师范大学口述实录（第四辑）》编委会

二〇二一年二月六日